高等院校农林类专业通识课教材

大国三农

主编 张文泉 崔 英

副主编 戴 倩 谢大识 赵 升

参编 洪 豆 王礼煌 石海霞

贺汝来 朱 琳

中国轻工业出版社

图书在版编目（CIP）数据

大国三农 / 张文泉，崔英主编. --北京：中国轻工业出版社，2025. 2. -- ISBN 978-7-5184-5162-3

Ⅰ. F32

中国国家版本馆CIP数据核字第2025LS4388号

责任编辑：李寅寅　　责任终审：许春英　　设计制作：锋尚设计
策划编辑：崔丽娜　　责任校对：晋　洁　　责任监印：张　可

出版发行：中国轻工业出版社（北京鲁谷东街5号，邮编：100040）
印　　刷：三河市国英印务有限公司
经　　销：各地新华书店
版　　次：2025年2月第1版第1次印刷
开　　本：787 × 1092　1/16　印张：13.5
字　　数：320千字
书　　号：ISBN 978-7-5184-5162-3　定价：48.00元
邮购电话：010-85119873
发行电话：010-85119832　010-85119912
网　　址：http://www.chlip.com.cn
Email：club@chlip.com.cn

241068J2X101ZBW

前言

中国自古以来，以农立国。了解中国的“三农”问题，是为了更好地读懂中国。解决好“三农”问题，是实现中国梦的基础与前提，是确保国家粮食安全的迫切需要，是确保社会稳定、实现国家长治久安的迫切需要。2019年9月5日，习近平总书记回信寄语全国涉农高校广大师生要“以立德树人为根本，以强农兴农为己任”。编写本教材是为了弘扬和传播中华农耕文明、体现中国“三农”发展的制度优势、展现乡村振兴战略和农业现代化发展的美好前景。

本教材分为总论篇、农业篇、农村篇、农民篇、“三农”发展篇5个篇章、16个项目，充分解读绵延五千年的农耕文明、中华人民共和国成立以来尤其是改革开放40多年来“三农”的发展、脱贫攻坚的卓越成就、中国“三农”事业的国际贡献以及未来展望，深入讲解习近平总书记关于“三农”工作的新理念和新战略，全面展示我国政府关于“三农”工作的政策、举措。

本教材每个项目均设置了项目导航、学习目标（知识目标、能力目标、素养目标）、项目重点、项目内容、三农学思、思维拓展等栏目，其中穿插知识链接、课堂思政、榜样人生、拓展阅读、典型案例等内容；每一篇章中都包含一项实践任务，突出学用结合的特点。本教材的编写遵循农林类专业学生的发展要求，体现知识与能力的循序渐进，拓宽学生认识“三农”的视野，提高学生学习“三农”积极性。

本教材由张文泉与崔英担任主编，负责书稿的大纲制定与统稿工作；由戴倩、谢大识、赵升担任副主编，对书稿进行整理和校对；洪豆、王礼煌、石海霞、贺汝来、朱琳参与编写。同时，本教材在编写的过程中得到了娄底职业技术学院各位领导与老师的大力支持与帮助，在此一并表示感谢!

本教材主要面向高等院校农林类专业（如园林技术、园艺技术、畜牧兽医、农业经济管理、农村新型经济组织管理、农业机械）的学生，旨在为这些即将投身农业领域的“三农”人才提供全面且深入的“三农”知识体系。同时，本教材对于广大农业领域的从业者、基层农业技术推广人员，以及对农业发展感兴趣的社会人士也具有重要的参考价值，能够系统地了解我国农业、农村、农民在新时代背景下的发展脉络与核心要点，助力我国农业现代化事业蓬勃发展与乡村振兴。

本教材的编写深入浅出，贴近所需，但由于编者水平有限，书中难免存在不足之处，恳请广大师生在使用后提出宝贵的意见和建议，以便我们及时进行修订。

编者

2024年7月

目录

总论篇

农业篇

农村篇

农民篇

“三农”发展篇

总论篇

项目一 国之根基——大国三农

项目导航

本项目主要介绍“三农”问题的概念、“三农”问题的重要性、“三农”工作的艰巨性、我国作为传统农业大国的基本国情及解决“三农”问题的举措。

学习目标

知识目标

1. 了解“三农”问题的基本概念与重要性。
2. 了解“三农”工作的艰巨性。
3. 熟悉我国作为传统农业大国的基本国情。

能力目标

1. 能够大概地叙述我国解决“三农”问题的举措。
2. 能够与他人分享我国“三农”问题的背景。

素养目标

深化对“三农”的认知与感情，正确认识我国“三农”工作面临的形势和任务，全面了解与把握党和政府关于“三农”工作的政策和举措。

项目重点

“三农”问题的概念、重要性及解决“三农”问题的举措。

项目内容

一、“三农”问题的概念

“三农”问题指的是农业问题、农村问题和农民问题的总称，是指在广大乡村区域，以种植业（养殖业）为主，农民的生存状态的改善、产业发展以及社会进步问题。它涉及的是一个包括从事行业、主体身份和居住地域三位一体的复杂问题，这三个方面虽然各有侧重点，但仍是一体化的问题。

农业问题是关于农业生产、农业结构、农业科技等方面的问题，包括农业科技创新的推进、农业结构的调整以及农业现代化的发展等。农村问题则涵盖了农村基础设施、农村教育、农村医疗等社会事业的发展，以及农村稳定、农村治理等方面的问题。而农民问题则主要关注农民的权益保障、农民增收、农民职业培训等问题。

"三农"问题既是生产问题，也是社会问题；既是经济问题，也是政治问题，关系到我们每一个人的切身利益，是关系国计民生的根本性问题。解决"三农"问题需要多方面的措施，包括政策创新、科技投入、基础设施建设、社会服务体系完善等。近年来，我国对"三农"问题给予了高度关注，通过中央一号文件和一系列政策文件的发布，不断推动农业、农村和农民的发展，旨在实现农业现代化、农村繁荣和农民富裕。

知识链接

"三农"问题的主要内容

农业问题

生产效率：农业生产效率低，主要依赖小农经营，缺乏规模效应和市场导向。

结构问题：农业结构不合理，农产品供给结构与市场需求不匹配。

质量问题：农产品质量参差不齐，部分农产品存在安全隐患。

市场体系：农业市场体系不完善，农产品价格波动大，品牌建设滞后。

农村问题

基础设施：农村基础设施落后，公共服务不足，如交通、水利、电力等基础设施亟待改善。

经济发展：农村经济发展不平衡，城乡差距大，区域差距大，贫困地区多。

社会治理：农村社会治理不完善，基层组织建设不健全，民主法治建设不完善。

生态环境：农村生态环境保护问题突出，如水资源短缺、污染严重、生物多样性丧失等。

农民问题

收入水平：农民收入水平低，主要依赖农业收入，且波动性大，增长空间小。

素质水平：农民受教育程度低，科技应用能力弱，创新创业能力不足。

权益保障：农民权益保障不足，土地权益不稳定，社会保障不全面，医疗卫生保障不充分。

参与度：农民对农村事务、农业生产、农村发展、农村治理、农村文化等的参与度不高。

二、"三农"问题的重要性

党的二十大报告指出，"全面建设社会主义现代化国家，最艰巨最繁重的任务仍然在农村"，对"三农"问题的重要性进行了强调。这既是对新时代"三农"形势的清醒认识，也是告诫全党，不管工业化、城镇化进展到哪一步，“三农”的基础地位都不会改变，都要始终坚持把解决好“三农”问题作为全党工作重中之重。

“三农”问题是关系国计民生的根本性问题，是当代中国经济发展的首要问题：事关人的基本温饱，事关经济社会的稳定发展，事关伟大中国梦的实现。

（一）事关人的基本温饱

人类社会最基本的问题就是穿衣、吃饭。这个最基本的问题要靠农业来解决。农业对于人类而言相当于太阳，人类要生存，不能没有农业，这是永恒存在的。所以，农业永远是朝阳产业。农业是给人类提供食物的产业，没有农业为人类提供食物，人类就无法生存。农业关系到人类的穿衣、吃饭，事关人类的基本生存。

（二）事关经济社会的稳定发展

经济社会稳定发展，农业的作用不可替代。产业大类中，农业是第一产业，工业是第二产业，服务业是第三产业。农业作为基础产业，影响着第二产业与第三产业的发展。农业兴，万事兴；农业衰，万事败。解决国民经济问题，必须从农业开始。从1949年中华人民共和国成立到21世纪初，农业对国民经济的发展起到了非常重要的支撑作用。

（三）事关伟大中国梦的实现

“三农”的建设目标和中国梦本质上是一致的。中国梦就是中华民族伟大复兴的梦想，中华民族的伟大复兴一定要解决三个问题：第一，民族要强；第二，人民要富；第三，国家要美。中国梦归根结底就是要实现中国的“强富美”，而中国要强，农业必须强；中国要美，农村必须美；中国要富，农民必须富。因此，“三农”问题与中国梦是内在统一的。解决好“三农”问题，是中国梦的具体体现，是实现中国梦的主要抓手和途径。

三、“三农”工作的艰巨性

我国的“三农”问题很重要，同时又十分复杂。我们对“三农”工作的艰巨性要有充分的认识。

（一）农业依然脆弱

农业是弱质产业，这是农业产业的基本特点。农业有“一高一低”的特点：高是指风险高；低是指收益低，也称比较效益低。高风险主要指三大风险：一是自然风险；二是市场风险；三是社会风险。这三大风险始终考验着农业。

（1）自然风险。农业生产的对象是动植物，需要热量、光照、水、地形、土壤等自然条件。简而言之，即靠天吃饭。风调雨顺，农业就能丰收；反之，则会歉收。

（2）市场风险。“大市场小生产”仍然是我国的基本农情。我国农业是千家万户的小生产，面对着整个国际国内的大市场。农业生产者没有掌握市场信息，信息出现不对称，极易导致丰产不丰收、丰收不增收的现象。不增收就会挫伤农民的务农积极性，引发产业衰败。

（3）社会风险。在如今的自媒体时代，资讯发达，一则失实的消息很快会引发社会舆情，影响和摧毁一个产品甚至一个产业。在农产品的食品安全问题上就极易出现此类的风险。

因此，农业面临的风险来自方方面面，是弱质产业，且其弱质性将长期存在。

（二）农村依然落后

农村的落后体现在基础设施、社会事业、环境卫生等全方位的落后，且十分普遍。这些落后不仅仅是经济和文化的落后，更多的是思想上的落后。因此，客观地对待农村问题，在解决基础设施落后等问题的同时，必须从根本上引领农村发展新思想。

（三）农民依然紧缺

目前，农村呈现“空心”化趋势。农村青壮年劳动力多数选择离开家乡，走进城市。农村青壮年劳动力的严重流失，给当地乡村振兴和新农村建设带来了许多困难。解决农村“三留守”问题，搞好农村民生保障和改善工作，健全农村留守儿童、留守妇女、留守老年人关爱服务体系，坚持不懈推进农业开发，推进农村人居环境整治，为农民建设幸福家园和美丽乡村，是推进乡村振兴的重要内容。

四、我国作为传统农业大国的基本国情

我国作为传统农业大国的基本国情主要体现在以下几个方面。

（1）农业资源丰富但人均占有量较低。我国是一个农业资源相对丰富的国家，拥有广阔的耕地、林地、草地和水域等农业资源。然而，由于我国人口众多，人均农业资源占有量相对较低，这在一定程度上制约了农业生产的规模化和集约化。

（2）农业历史悠久且生产方式多样。我国有着悠久的农业历史，形成了丰富的农业文化遗产和多样的农业生产方式。从古代的精耕细作到现代的机械化、智能化农业，我国农业生产方式不断演变和进步，适应了不同时期的经济社会发展需求。

（3）农民数量众多且农村人口比重高。我国是一个农民数量众多的国家，农村人口占比较大。这使得农业在国民经济中占据重要地位，同时也体现农村发展对于国家整体发展的重要性。

（4）农业结构复杂且区域差异显著。我国地域辽阔，农业结构复杂多样，包括粮食、棉花、油料、蔬菜、水果等多种作物种植，以及畜牧业、渔业等多元化发展。同时，不同地区的自然条件和经济社会条件差异显著，导致农业发展的区域差异较大。

（5）农业政策扶持与改革深化。我国政府一直高度重视农业发展，通过制定和实施一系列农业政策来扶持农业生产、保护农民权益、促进农村经济发展。同时，随着改革的不断深化，农业领域的市场化、产业化、品牌化等趋势也日益明显。

以上这些特点决定了我国在农业发展中需要立足国情，继续深化农业改革，推动农业现代化，实现农业可持续发展。

五、解决“三农”问题的举措

对于我国“三农”问题，党中央、国务院提出了多项大政方针，多措并举，致力于解决“三农”问题。

（一）列入全党工作重中之重

党中央把解决“三农”问题列为全党工作重中之重。何谓重中之重？

（1）思想认识要到位。各级领导干部不能轻视，更不能忽视“三农”问题。

（2）工作布置要到位。改革开放40多年，共发布了26个关于“三农”的中央一号文件。1982—1986年连续发布了5个；进入21世纪，2004—2024年连续发布了21个。这些中央一号文件，不仅担负着解决14亿多中国人穿衣、吃饭问题的使命，更是寄托了党中央、国务院和社会各界关心与支持“三农”工作的一种情怀，也代表了广大农民对美好生活的一种向往。

（3）资源调配要到位。一是基础设施资源的调配。党的十八大以来，党和政府对农村的巨大投入，为农村修桥、修路、危房改造，包括用水用电的改造，使农村面貌发生了可喜的变化。二是干部人才资源的调配。为解决农村缺乏管理人才的问题，国家每年派出大量人才到农村工作，其中有许多大学毕业生通过“选调生和三支一扶”、大学生村干部等形式扎根到了农村，直接服务于“三农”建设。

（二）坚持工业反哺农业

中华人民共和国成立以来，我国的工业是在农业的基础上产生和发展起来的。没有农业的巨大支持，我国的工业不可能有如此巨大的发展。而农业的发展特别是农业的现代化发展，离不开工业的支持，农业实现现代化的三个基本问题即农业的水利化、机械化和信息化，都需要依靠工业的力量才能解决。当下必须全力推进工业反哺农业。

（三）坚持城市支持农村

党的十八大以来，党中央推行新的重大举措，即以人为核心的新型城镇化建设。新型城镇化与工业现代化、农业现代化要协同发展。城市支持农村发展是一项系统工程，需要政府、市场和社会各方面的共同努力。通过政策引导、资金投入、技术支撑和市场开拓等多种手段，推动城市与农村在资源配置、产业发展、生态保护和文化传承等方面的深度融合与协调发展，为实现乡村全面振兴和城乡共同繁荣奠定坚实基础。

（四）坚持多予少取放活

“多予”就是要加大对农业的投入，为农民增收创造条件。“少取”就是减轻农民负担，保护农民合法权益。2006年，全面取消农业税，这是中国历史上开天辟地的大事。“放活”就是盘活资源性资产、公益性资产和经营性资产等，搞活农村经营机制，消除体制束缚和政策障碍，给予农民更多的自主权，激发农民自主创业增收的积极性。“多予”是重点，“少取”是前提，“放活”是根本，三者是一个有机统一体。

课堂思政

作为农林类专业学生，要在毕业后服务国家“三农”事业，就要认真学习党的农业政策，了解“三农”的形势和发展趋势，同时，树立正确的职业观，端正职业态度，培养精耕细作的职业工匠精神，练好本领，精益求精。毕业以后，到农村去，参与社会主义新农村建设，发展现代农业，带领农民致富，在“三农”岗位上有所作为和成就，成为懂农业、爱农村、爱农民的“三农”人才，让人生有出彩的机会，成为家庭主梁乃至国家栋梁。

知识链接

中央一号文件

序号	颁布时间	文件名称
1	1982年	《全国农村工作会议纪要》
2	1983年	《当前农村经济政策的若干问题》
3	1984年	《中共中央关于一九八四年农村工作的通知》
4	1985年	《中共中央 国务院关于进一步活跃农村经济的十项政策》
5	1986年	《中共中央 国务院关于一九八六年农村工作的部署》
6	2004年	《中共中央 国务院关于促进农民增加收入若干政策的意见》
7	2005年	《中共中央 国务院关于进一步加强农村工作提高农业综合生产能力若干政策的意见》
8	2006年	《中共中央 国务院关于推进社会主义新农村建设的若干意见》
9	2007年	《中共中央 国务院关于积极发展现代农业扎实推进社会主义新农村建设的若干意见》
10	2008年	《中共中央 国务院关于切实加强农业基础建设进一步促进农业发展农民增收的若干意见》
11	2009年	《中共中央 国务院关于2009年促进农业稳定发展农民持续增收的若干意见》
12	2010年	《中共中央 国务院关于加大统筹城乡发展力度进一步夯实农业农村发展基础的若干意见》
13	2011年	《中共中央 国务院关于加快水利改革发展的决定》
14	2012年	《中共中央 国务院关于加快推进农业科技创新持续增强农产品供给保障能力的若干意见》
15	2013年	《中共中央 国务院关于加快发展现代农业进一步增强农村发展活力的若干意见》

续表

序号	颁布时间	文件名称
16	2014年	《中共中央国务院关于全面深化农村改革加快推进农业现代化的若干意见》
17	2015年	《中共中央国务院关于加大改革创新力度加快农业现代化建设的若干意见》
18	2016年	《中共中央 国务院关于落实发展新理念加快农业现代化实现全面小康目标的若干意见》
19	2017年	《中共中央 国务院关于深入推进农业供给侧结构性改革加快培育农业农村发展新动能的若干意见》
20	2018年	《中共中央 国务院关于实施乡村振兴战略的意见》
21	2019年	《中共中央 国务院关于坚持农业农村优先发展做好“三农”工作的若干意见》
22	2020年	《中共中央 国务院关于抓好“三农”领域重点工作确保如期实现全面小康的意见》
23	2021年	《中共中央 国务院关于全面推进乡村振兴加快农业农村现代化的意见》
24	2022年	《中共中央 国务院关于做好2022年全面推进乡村振兴重点工作的意见》
25	2023年	《中共中央 国务院关于做好2023年全面推进乡村振兴重点工作的意见》
26	2024年	《中共中央 国务院关于学习运用“千村示范、万村整治”工程经验有力有效推进乡村全面振兴的意见》

三农学思

“三农”是一个有机整体，农业是基础，农村是发展农业的依托，农民是关键。党的十八大以来，党中央高瞻远瞩，描绘了实施乡村振兴战略的宏伟蓝图，只有懂得“三农”，才能懂得中国。我国是一个传统农业大国，具有悠久的农耕文明。目前，我国面临农业生产结构复杂以及农业资源与环境压力大等方面的问题。在面临挑战的同时，也拥有实现农业现代化和乡村振兴的机遇。作为农林类专业学生，在解决“三农”问题中，如何贡献自己的光和热？

思维拓展

1. “三农”问题的重要性主要表现在哪些方面？
2. 解决“三农”问题需要采取哪些举措？

农业篇

项目二 中华农耕文明五千年

项目导航

农耕文明是支撑中国千百年发展的重要力量，也是中华文明源远流长的持久动力。本项目分为两大部分，第一部分主要介绍中华农耕文明，阐述农耕文明造就中华民族，并孕育出辛勤劳动的奋斗精神、和谐劳动的生态智慧、智慧劳动的创新精神；第二部分主要介绍传统农业的发展与伟大成就。

学习目标

知识目标

1. 理解中华农耕文明的内涵。
2. 了解农耕文明孕育的文化精神。
3. 熟悉传统农业的发展历程。

能力目标

1. 能够叙述传统农业的伟大成就。
2. 能够掌握基本的农耕知识，并灵活运用到生活中。

素养目标

深化对中华农耕文明的认知，从辉煌、绵延五千年的农耕文明历史中汲取智慧，鉴古知今，学史明智，厚植知农爱农情怀。

项目重点

中华农耕文明的深厚内涵及孕育的文化精神；传统农业的发展历程及伟大成就。

项目内容

一、农耕文明造就中华民族

农耕文明是人们在长期的农业生产中孕育的一种文明。我国属于农耕大国，孕育出优秀的农业文明，不仅给人们提供了稳定可靠的食物来源，同时也给社会带来了很多优秀的文化，丰富了社会经济，提高了劳动人民的文化内涵。

（一）农耕文明的含义

农耕文明是指由人们在长期农业生产中形成的一种适应农业生产、生活需要的国家制度、礼俗制度、文化教育等的文化集合。光照充足、降水丰沛、高温湿润的气候条件十分适宜农作物生长，雨热同期是我国非常优越的气候资源，是诞生农耕文明的重要条件。

农耕文明有自己的独特文化内容和特征，其主体包括国家管理理念、人际交往理念以及语言、戏剧、民歌、风俗、各类祭祀活动等。农耕文明除了带来稳定的收获和财富，造就了相对富裕而安逸的定居生活，还为进一步衍生出高雅的精神文化奠定了基础。

在漫长的发展过程中，农耕文明（图2–1）和游牧文明（图2–2）在各自的世界里不断发展、演变。在亚欧大陆的广阔土地中，北部形成了一条天然的草原地带，众多的游牧民族生活在此，南部及一些中部地区出现了一个个农耕区。从社会形态的发展阶段以及特点来看，农耕文明一直被认为要先进于游牧文明，这不仅仅是因为双方生存方式的不同，更为根本的则是农耕社会的发展进程始终要快于游牧社会。

图 2–1　农耕文明

图 2–2　游牧文明

从当时亚欧大陆各文明区的发展现状来看，古中国、古希腊、古罗马文明在繁荣昌盛之时，位于它们北方的游牧部落正处于尚未开化的状态，文明还没有产生。农耕文明相较于游牧文明有诸多方面的进步性，并且在这种进步性的长期影响下，农耕文明率先进入了国家形态。农耕文明和游牧文明作为两个截然不同的人类文明成果，它们共同构成了人类历史不断向前发展演变的重要因素和重要基础。

从历史上看，只有自然条件不能满足农耕的地方才能停留在游牧社会，凡自然条件能够满足农耕的地方，一定会进化到农耕社会。从事农耕，是古代人类实现定居的必然条件，而定居是一切高级文明产生的前提。

（二）农耕文明的发现

20世纪80年代，湖南道县玉蟾岩遗址发现的水稻种子将人类栽培水稻的历史提前到了10000年前，对探索水稻的演化历史具有重要的价值。20世纪90年代，农业考古学家发现了距今12000多年的人类驯化野生稻的历史遗迹。这一历史发现，对于中华文明、中华农耕文明的意义非常重大，直接将中华文明的历史推到了12000年前。人类驯化野生稻的历史遗迹，充分说明早在12000年前，古中国已经进入农耕文明。

曾经世界历史学界认为，中华文明之所以没有断代，一个重要原因是中华文明出现的历史最晚。因为出现得最晚，所以才没有发生过文明中断现象。还有学者认为，四大古文明，历史最长的应是“两河文明”，其发生文明断代的原因在于它9000年的悠久历史。

农耕文明是中华文明延续万年来的重要文化遗产和宝贵精神财富，也是中华文明经久不衰的思想动力。新时代不断传承发展农耕文明，既是时代发展的需要，也是实现中华民族伟大复兴的需要。

知识链接

湖南道县玉蟾岩遗址

湖南道县玉蟾岩遗址位于湖南省道县寿雁镇白石寨村，先后于1993年和1995年进行过考古发掘。洞穴中有多处灰堆遗迹，并出土打制石器，骨、角、牙、蚌制品，大量动物遗骸及很少量火候低、胎厚夹粗砂的陶片。此外，还发现有稻谷遗存，其中两枚经鉴定为栽培稻，并兼有野、籼、粳稻特征，属最原始的古栽培稻类型，为迄今所知世界上最早的栽培稻实物。该遗址的发掘对了解稻作农业和陶器的起源有重要价值。

玉蟾岩遗址文化面貌具有由旧石器文化向新石器文化转变的过渡特征。遗址发现了丰富的遗迹和遗物。揭露了铺垫碎石的居住面，铺设“白灰土”的防潮面以及多个平地烧火的灰堆等生活遗迹。出土的文化遗物包括石器、陶器、骨器、角器、蚌器、装饰品、动植物遗存等多个种类。遗址中出土的动物化石数量丰富，大部分标本仍是比较新鲜的状态。这些动物遗存大部分为人类食用所致，是狩猎经济的反映。鱼类标本的存在说明遗址上的人类也已开始了渔猎经济，是湖南史前时期首次出现的渔猎文化。遗址中早期陶器和水稻遗存的出现，是标志着人类文化发展史上改造自然的两大创造性行为事件，不仅表明湘南地区是我国最早发明制陶工业和最早开始向稻作农业方向转化的地区之一，也再一次证明中国南方是水稻农业的发祥地，是世界农业起源的中心之一，为人类农业文明作出过重要贡献。该遗址的发现为探讨陶器起源、农业起源的世界性学术问题提供了十分重要的考古证据。

（三）中华农耕文明的形成条件

生态兴则文明兴，最原始的农耕劳作方式出现在黄河、长江流域。华夏先民利用良好自然条件，开创了精耕细作的中华农耕模式。相较于世界其他文明古国，中华文明之所以能够持久发展，主要有以下几个方面的重要原因。

（1）优越的自然条件。中华农耕文明的形成首先得益于中国广袤而多样的地理环境，尤其是黄河流域和长江流域的优越自然条件。黄河流域，作为中华文明的摇篮，其土壤肥沃、降水适中、四季分明，为早期农耕活动提供了得天独厚的条件。黄土高原的深厚土层富含氮、磷、钾等营养元素，无需过多改良即可种植作物。同时，季风气候带来的雨热同期现象，使得农作物能够充分吸收阳光和水分，茁壮成长。长江流域则以湿润多雨、水源丰富著称，适宜水稻等水生作物的种植，推动了江南地区稻作农业的发展。

（2）稳定的社会结构。农耕文明的形成离不开稳定的社会结构。在原始社会末期，随着生产力的提高和人口的增长，氏族部落逐渐演变为更为复杂的社会组织。在这一过程中，农耕生产方式的确立为社会的稳定提供了物质基础。农耕活动需要长期定居和集体协作，这促进了家庭、村落乃至更广泛社会组织的形成。同时，农耕文明的稳定发展也需要相对和平的外部环境，以减少战争和动荡对农业生产的影响。在中国历史上，许多王朝都致力于维护农业生产的稳定，通过兴修水利、减轻赋税等措施来保障农民的生计。

（3）技术革新与文化传播。技术革新是推动农耕文明发展的重要动力。中国古代农耕技术的不断创新和传播，为农耕文明的繁荣奠定了坚实基础。从早期的刀耕火种到后来的铁犁牛耕，从简单的农具到复杂的灌溉系统，每一次技术革新都极大地提高了农业生产效率。同时，农耕技术的传播也促进了不同地区的文化交流与融合。例如，黄河流域的旱作农业技术与长江流域的稻作农业技术相互借鉴、融合，形成了更为丰富的农耕文化体系。

（4）文化传承与价值观念。农耕文明的形成还离不开深厚的文化传承和独特的价值观念。在农耕社会中，人们形成了勤劳、节俭、和谐、环保等价值观念，这些价值观念不仅体现在农业生产中，也渗透到社会生活的方方面面。勤劳是农耕文明的重要特征之一，人们通过辛勤劳作来获取生活资料和发展生产。节俭则体现了农耕社会对资源的珍惜和合理利用。和谐与环保则反映了农耕社会对自然环境的敬畏和保护意识。这些价值观念通过家庭、学校、社会等多种渠道得以传承和弘扬，成为中华农耕文明不可或缺的精神支柱。

总之，大自然馈赠给中华民族的，不仅是适宜于可持续生存发展的自然地理条件，还包括生态化的生产方式、生活方式以及生存智慧，其中蕴藏着中华民族、中华文明绵延不绝的深层奥秘。

拓展阅读

世界农业起源中心

世界农业究竟起源于哪里呢？比较常见的一种观点是：当今世界有三大农业起源区，一是中国起源中心区，二是西亚起源中心区，三是中南美洲起源中心区。除此之外，也有考古学家将北部非洲列为第四个重要的农业起源区。中国是这三大起源中心之一，目前考古学证明：至少在7500年以前，中国已有农业的形态。农业已经成为一个非常发达的产业。起源中心的标志是这个地方最早驯化了人工种植的作物和人工养殖的动物。现在世界三大粮食之一的水稻，经过历史的、考古的、人文的诸多证据证明，中国是世界上最早驯化水稻、最早发展稻作农业的国家。这是中国农业文明的一个非常坚定的一个起源的标志。中国作为世界最古老的农业起源地之一，还有一种特殊的起源方式：南北两种起源的农业形态。在三个起源地的文明中只有中华文明绵延5000年，持续不断。西亚文明历经战乱与各种变化，其古代的形态已经演变得面目全非。中南美洲作为16世纪新发现的新大陆，其文明也出现了断裂。所以唯有中华文明5000年绵延不断持续到今天，而且在21世纪还将实现伟大的复兴。

二、农耕文明孕育的文化精神

回溯5000多年的中华农耕文明，不禁为古人的智慧鼓掌，正是他们用一项项巧夺天工的创新，推动着中华民族的不断前行。农耕文明是中华民族先民生活的实践总结，是中华民族5000多年优秀传统文化的集中体现。回望历史，农耕文明如一部气势磅礴的歌谣，不同历史时期的同胞或浅吟低唱或引吭高歌，回旋的都是对这片土地炽热的爱，展现的都是始终如一的情怀。当翻阅蕴含着无限智慧的古籍时，赫然发现中华民族前行的密码。中华农耕文明在促进农业发展，带动社会进步的同时，也在深刻影响着中国的文化，一部中华文化也是一部中华农耕文化。

（一）辛勤劳动的奋斗精神

人类的生产劳动作为调节人和自然关系的感性活动，是显现和外化人的本质力量的活动。农耕文化的产生在很大程度上体现为一系列劳动工具的使用，这是中华民族在农业生产实践中不懈奋斗的具体体现。在孕育农耕文化萌芽的采集经济时代，我们的祖先打制了石磨盘和切割野生谷物的石刀等，后来陶文化的产生则是定居农耕文化的伴生物。当然，随着社会的不断发展和进步，传统的农耕方式已经被改变，农耕时代的生产工具，逐渐被机械化的新农具所取代。但是，不管是手工打制的石制工具，还是机械化生产出来的现代农具，无不展现出中华民族在生产劳动中所展现的奋斗之美。从采集、渔猎到农耕种植，华夏先民利用良好的自然条件，开创了精耕细作的中华农耕模式，这是人类生活史上的飞跃，也是人类适应自然能力和力量的极大提升。

（二）和谐劳动的生态智慧

在感叹祖先们利用自然、改造自然的勤劳与智慧时，更要对源远流长的农耕文明生出几分敬畏。在漫长的农耕时代，传统的农耕方式是以遵循自然法则、维护农作物和家禽家畜等与环境的统一性为基础的。传统的农耕方式保护并改善了原有的自然条件，也为物质再生产和精神再生产提供了支撑。有学者提出，农耕文明是一种善的文明，顺应天命、辛勤劳作、艰苦朴素和宽以待人是其本质。事实上，工业文明时期，资本贪婪逐利的本性使自然陷于被征服和被伤害的状态，进而引发了严重的生态危机和社会危机。而在中华农耕文明时期，尽管由于生产力水平相对低下，人相对于自然处在完全被动的状态，但人与自然的关系却处于消极和谐的状态。因为中国传统农业哲学强调天、地、人三位一体，并交互作用，这是中国古代宇宙观的基本内核。它对于农业生产的指导作用也体现了劳动应遵循的和谐之美，这种和谐之美伴随着人的本质力量的升华，也逐渐从人与自然的关系不断扩大到人与人、人与社会的关系。

（三）智慧劳动的创新精神

人类从采集食物到进行农业生产，是在长期的观察和尝试之后。在这一过程中，人的能动性、创造性逐渐增强。源远流长的中华农耕文化闪耀着我国劳动人民的无穷智慧和伟大创造力。中华农耕文化对世界农业的贡献有目共睹：世界三大农作物之一的水稻，是华夏先民首先驯化、培育并传播到世界各地的；世界灌溉工程遗产名录，我国有17处入选，占了全世界名录的四分之一；起源于黄河流域的“二十四节气”，深刻地揭示了四季轮回的客观规律，成为农耕时代社会生产、生活的时间指南，已被正式列入联合国教科文组织人类非物质文化遗产代表作名录；看物识天气，观物测收成，包罗万象的农谚是农民生产经验的总结，在科学技术不太发达的农业时代，农谚对于农业生产具有重要指导作用。

当中华农耕文明和西方工业文明这两种文明形态在晚清时期的中国相遇，双方不是平等对话、互学互鉴，而是进行了残酷野蛮的战争。以工业文明之长攻农耕文明之短导致的失败，让中华文明蒙羞，也为其后100多年评价中华传统文化和农耕文明时的全盘西化论和历史虚无主义埋下了伏笔。在与工业文明的交锋中，农耕文明的智慧光芒被遮蔽，中华文化的独特价值被疏忽。

中华农耕文明，作为中华文明深邃而坚实的根基，自古以来便孕育并塑造了中华民族独特的文化体系、社会结构与精神世界，是中华文明源远流长、生生不息的重要源泉。在这片广袤的土地上，勤劳智慧的先民们依托得天独厚的自然条件，发展出精耕细作的农业技术，不仅满足了生存的基本需求，更在此基础上逐步构建起了复杂而繁荣的社会文明。

农耕文明的兴起，促进了定居生活的形成，使得人们能够围绕土地聚居，进而催生了村落、城镇乃至国家的诞生。在这一过程中，水利灌溉系统的建设、农具的改良、农作物的驯化与种植技术的提升，不仅极大地提高了农业生产效率，也为社会分工、商品交换和经济发展奠定了物质基础。同时，农耕活动所蕴含的顺应自然、和谐共生的理念，深刻影响了中华民族的世界观、价值观，形成了尊重自然、天人合一的哲学思想。更为重要的是，农耕文明促进了文化的交流与融合。在长期的农耕实践中，不同地域、不同民族的人们通过贸易往来、技术传播和文化交流，逐渐形成了共同的文化认同和价值观念。这种文化的交流与融合，不仅丰富了中华文化的内涵，也增强了中华民族的凝聚力和向心力，为中华文明的持续繁荣提供了强大的精神动力。此外，农耕文明还孕育了丰富多彩的民间艺术、节庆习俗和宗教信仰，这些文化元素不仅是中华民族文化多样性的体现，也是中华文明深厚底蕴的重要组成部分。它们以独特的方式记录着历史，传承着文化，激发着民族自豪感，为中华民族的精神世界提供了丰富的滋养。

中华农耕文明不仅是中华文明的重要基石，更是中华民族历史与文化的深厚积淀。它以其独特的魅力和深远的影响，为中华民族的发展壮大提供了源源不断的动力，也为世界文明的多样性贡献了中国智慧和中国方案。中华文明是有根的文明，其根在乡村。从文明史的视角看，乡村振兴战略是中国历史螺旋式上升、中华文明返本开新的回归之路。屡次引领中华民族凤凰涅槃浴火重生的中国乡村不只是一个自然村落、文化符号，它“就像构成生命体的细胞一样，携带着中华文明演化的秘密和基因”，蕴藏着我们“从哪里来”的精神密码，更标定了我们“走向何方”的精神路标。

三、原始农业到传统农业的发展

（一）原始农业

在中国悠久的历史长河中，原始农业的出现不仅标志着人类社会从采集狩猎向定居生活的重要转变，也是中华文明璀璨篇章的序曲。在这片古老的土地上，勤劳智慧的先民们，在与自然的长期斗争中，逐渐掌握了种植作物与驯养动物的技术，开启了农耕文明的新纪元。

中国原始农业的起源可追溯至距今约10000年前的新石器时代早期。当时，随着气候的变化和人口的增长，单纯的采集狩猎已难以满足人类生存的需求。在这样的背景下，一些地区开始尝试种植野生谷物，并逐渐发展出较为稳定的农业生产方式。黄河流域和长江流域，因其独特的地理环境和气候条件，成为中国原始农业的主要发源地。

距今将近7000年的浙江余姚河姆渡遗址（图2–3）和浙江桐乡罗家角遗址，出土了世界上迄今最早的栽培稻遗存。近年来又在湖南澧县彭头山、湖南道县玉蟾岩、江西万年仙人洞和吊桶岩等地发现距今上万年的栽培稻遗存。这些发现表明，中国先民在长江流域较早地发展了以稻为主的水田农业。河姆渡遗址还出土了大量骨耜，表明当时已进

图 2-3　浙江余姚河姆渡遗址复原

图 2-4　直插式的耒耜

入耜耕农业阶段，在黄河流域的裴李岗文化和磁山文化中，发现了种类齐全的农具，表明这些地区已进入锄耕农业阶段。这些农具包括石锄、石刀耒耜（图2–4）等，极大地提高了耕作效率。

在畜养业方面，裴李岗文化和磁山文化时期，先民们已饲养猪、狗、鸡等家畜。到了仰韶文化时期，出现了栏圈等设施，可能已饲牛。龙山文化时期，家畜种类进一步增加，包括山羊、绵羊等。家畜的饲养不仅为人类提供了肉食和奶制品，还促进了农业生态系统的形成，增加了土壤的肥力，进一步推动了农业的发展。随着农业生产的稳定，人们开始定居下来，形成了村落和聚落。这些村落和聚落逐渐发展成为后来的城市和文明中心。农业的发展促进了社会分工的细化，出现了专门从事农业生产的劳动者和从事手工业、商业等其他行业的人群。这种分工不仅提高了生产效率，也促进了社会经济的繁荣。

中国原始农业作为中华文明的重要组成部分，其发展历程充满了艰辛与智慧。先民们在这片古老的土地上，用勤劳的双手和智慧的头脑，创造了辉煌的农耕文明。这一文明不仅为中华民族的繁衍生息提供了坚实的物质基础，也为世界农业史的发展贡献了宝贵的经验。今天，当我们回顾这段历史时，不禁为那些创造奇迹的先民们感到由衷的敬佩和自豪。

课堂思政

神农尝百草

在远古时代，人们以打猎、采摘野果和吃草籽为生。然而，哪些植物可以做粮食、哪些药草可以治病，人们并不清楚。因此，人们经常因为误食有毒的植物而中毒身亡，又因为没有药物来治疗而失去生命。为了解决这个问题，伟大的神农氏（也称为炎帝）决定亲自尝遍天下的花花草草，以确定它们的性质和用途。

神农氏带着一群人离开了家园，向着植物种类丰富的大山深处走去。他们经历了漫长的旅途，最终来到了一个群山连绵、峡谷交错、植物种类繁多的地方。在这个地方，神农氏开始尝遍各种植物。他每尝一种植物，都会详细记录下它的性质、味道和功效。同时，他还会将有益的植物放入红色的袋子中，将有毒的植物放入黑色的袋子中，以便后续的分类和研究。在尝百草的过程中，神农氏多次中毒。但他凭借着自己的智慧和勇气，以及身边人的帮助，成功地找到了解毒的方法。其中，茶叶和甘草是他最常用的解毒药物。有一次，他因尝了一种剧毒植物而生命垂危，幸得红灵芝的救治才得以脱险。通过尝百草，神农氏不仅发现了许多可以食用的植物和具有药用价值的草药，还发明了农具、教人们种植五谷等。这些发现为人类的生存和发展做出了巨大的贡献。

神农尝百草的故事是一个充满传奇色彩和深刻寓意的神话传说。不仅让我们了解了远古时期人们对自然和生命的探索与敬畏之情，也让我们感受到了中华民族勤劳智慧、勇于探索的伟大精神。

（二）传统农业

传统农业强调传承与习俗，以水土文化为中心，通过世代间的经验积累和技术传承，形成了独特的农业生产体系。传统农业不仅关注农作物的种植与收获，还涉及土地利用、农具制作、动物饲养等多个方面，是一个综合性的生产系统。传统农业以铁犁牛耕为其典型形态，以使用畜力牵引或人力操作的金属工具为标志，而我国在公元前2000多年前的夏朝进入阶级社会，黄河流域也就逐步从原始农业过渡到传统农业。传统农业经历了多个阶段，每个阶段都见证了人类智慧与自然环境的和谐共生。

1．传统农业萌芽期

随着生产工具的进步和土地利用效率的提高，传统农业逐渐萌芽。在这一阶段，人们开始掌握了一定的农耕技术，如灌溉、施肥、轮作等。同时，农具的改进也促进了农业生产力的提升。铁犁牛耕的出现标志着传统农业进入了一个新的发展阶段，农业生产逐渐走向集约化。

图 2-5　耦耕

为了掌握农时，人们除了继续广泛利用物候知识外，又创造了天文历。使用耒耜挖掘沟洫导致两个人协作的耦耕（图2-5）成为普遍的劳动方式，沟洫和与之相联系的田间道路把农田区分为等积的方块，为井田制的实行提供了重要的基础。耒耜、耦耕和井田制三位一体，成为中国上古农业的重要特点，也是中国上古文明的重要特点。

2．北方旱作农业形成发展期

在北方地区，由于气候干旱、水资源匮乏，旱作农业成为主要的农业生产方式。这一阶段，人们通过改良土壤、兴修水利、选育耐旱作物等措施，逐步提高了农业生产能力。小麦、玉米等作物的引入和普及，进一步丰富了北方的粮食作物种类，推动了农业生产的发展。

作为丰富的农业实践经验的总结，这一时期先后出现了《吕氏春秋·任地》《氾胜之书》《齐民要术》等杰出的农学著作。

3．南方稻作农业形成发展期

与北方不同，南方地区气候湿润、水资源丰富，适宜水稻的生长。在这一阶段，人们充分利用自然条件，发展稻作农业。水稻的种植技术逐渐成熟，形成了独特的稻作文化。同时，南方地区还注重农、林、牧的有机结合，实现了生态循环和可持续发展。

建立在南方农业对北方农业历史性超越基础上的全国经济重心的南移，是中国封建社会经济史上的一件大事，它肇始于魏晋南北朝，唐朝是重要转折，至宋朝进一步完善。“灌钢”技术的流行提高了铁农具的质量，筒车（图2–6）曲辕犁（图2–7）的出现标志着中国传统犁臻于完善，水田耕作农具、灌溉农具等均有很大发展。

图 2-6　唐朝的筒车

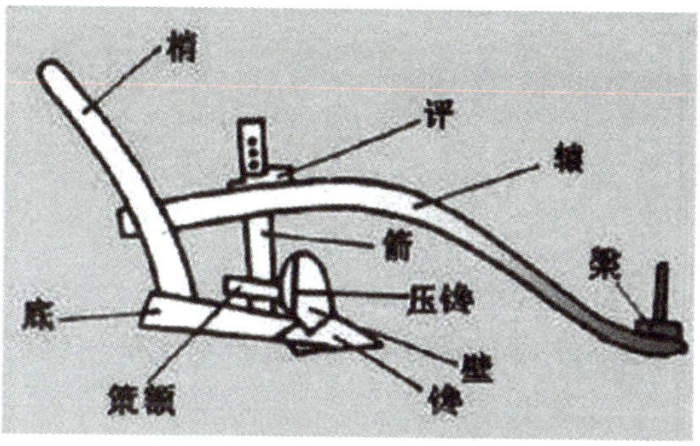

图 2-7　唐朝的曲辕犁

4．多熟制农业形成发展期

随着农业生产技术的不断进步和人口的增长，多熟制农业逐渐成为传统农业的重要形式。通过轮作、套种等方式，人们提高了土地的利用率和产出率。明清是精耕细作的深入发展期，主要特点是适应人口激增、耕地吃紧的情况，土地利用的广度和深度达到了一个新的水平。由于封建地主制的自我调整，明清封建经济继续有所发展，并孕育着微弱的资本主义萌芽。本时期江南地区的稻麦两熟制已占主导地位，双季稻的栽培由华南扩展到华中，南方部分地区还出现了三季稻栽培。在北方，两年三熟制或三年四熟制已基本定型。为了适应这些复杂的、多层次的种植制度，品种种类、栽培管理、肥料的机制和施用等技术均有发展。低产田改良技术有新发展。

农作物的品种也日益丰富多样，尤其是水稻品种更加丰富，满足了人们日益增长的物质需求。农业生产结构也发生了重大变化。水稻跃居粮食作物首位，小麦也超过粟而跃居次席，原产美洲的玉米、甘薯、马铃薯等高产作物的引进和推广，为我国人民征服贫瘠山区和高寒山区，扩大适耕范围，缓解民食问题做出重大贡献。棉花在长江流域和黄河流域的推广，引起了衣着原料划时代的变革。花生和烟草是新引进的两种经济作物，茶树、甘蔗等经济作物也有发展。在江浙和广东某些商品经济发达地区，出现陆地和水面综合利用，农-桑-鱼-畜紧密结合的基塘生产方式（图2-8），形成高效的农业生态系统。甘蔗、茶叶、染料、蔬菜、果树、蚕桑、养鱼等生产均有发展。大型综合性农书以《农政全书》《授时通考》《农桑辑要》为代表，地方性农书如《补农书》《知本提纲》等具有很高的价值，代表了中国传统农业科学技术的最高水平。

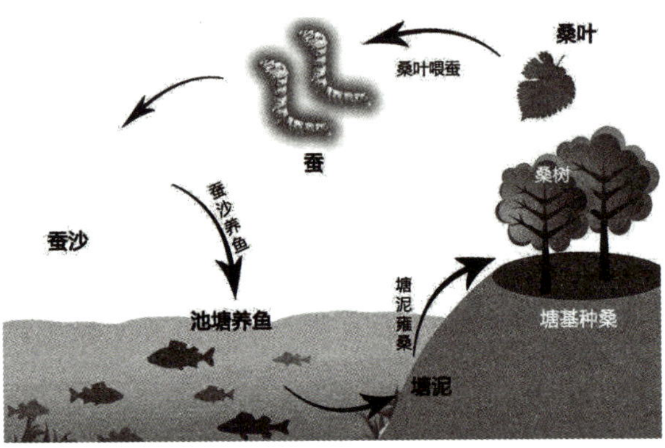

图 2-8　桑基鱼塘生态模式

拓展阅读

农业交流 海纳百川

中华农耕文明的历史是一个不断地对外开放、对外交流、互通有无的发展历史，中国农业的多元交汇并不仅仅体现在国内的融合上，更是在世界范围内进行着广泛的交流。

中国古代的农业交流在一些农作物的名字上得到了很好的体现，如胡椒、胡萝卜、番茄等。胡，就是汉朝的张骞出使西域打通丝绸之路，从西域引入的中国本土没有的、新的作物，像胡椒，大概是在汉朝的时候引入中国。番是指宋朝开设专供外国商人居住的藩方和用于翻货交易的番市，在广州、杭州等地设置管理海外贸易的市舶司后引入的作物，如番茄。另外明清以后，海上丝绸之路逐步发达。所以大量的作物是通过海洋的路径进入中国，如玉米、马铃薯、甘薯都是通过海上丝绸之路进入我国。如今，玉米成为种植面积最大的作物。

四、传统农业与中华文明的发展

传统农业之所以能循环利用资源，是由于古代关于天、地、人的“三才”思想在农业上的运用，即孟子所说，“故苟得其养，无物不长；苟失其养，无物不消。”用和养要平衡。“三才”是哲学，也是宇宙观，贯穿于古代政治、经济、道德、伦理之中，用于指导农业生产，是一种合乎生态原理的思想。严格地说，不是“三才”思想指导农业，而是原始农业孕育出“三才”思想。

原始人在漫长的采猎实践过程中，屡次发现不论采集或狩猎，都要取之有度、用之有节，否则，会遭到饥饿和各种灾害的惩罚。原始人是把周围的动植物甚至非生命的山岩、流水，都看作自己的同胞兄弟姐妹。“三才”思想正是在这种朴素的人与万物融合不分的基础上抽象出来的。

传统农业是与封建社会相始终的，随着传统农业的发展，“三才”思想在封建社会得到进一步充分的发挥，如春秋战国是传统农业全面推进的第一个高峰，二十四节气和七十二物候的形成，铁农具和畜力的应用，大兴水利灌溉，实行精耕细作，园圃、畜牧、养蚕等多业并举。

然而，随着人口压力不断加重，人均土地下降，传统农业难免被迫走上围湖造田、开发山区（特别是明朝玉米、甘薯引入之后），超越了环境负载力，重现原始农业后期森林破坏和水土流失的覆辙。当然，问题不全在于人口压力，封建社会对农业和农民的横征暴敛、追索无度，也是破坏用养平衡的极大因素。

中国古农书从西汉的《氾胜之书》到清末的《知本提纲》，讲述的始终是“三才”和阴阳五行理论，“三才”思想至此与现实脱离，已无能为力了。农业的不断衰败，迎来西方的实验农学。面对西方文明的冲击，中国掀起了五四运动反封建文化的高潮。

五、传统农业的伟大成就

中国农耕文明发祥于东西流向的黄河、长江流域，其独有的资源禀赋，形成独具特色的农业体系。考古发掘表明，黄河流域的黍粟农业和长江流域的稻作农业是同步起源的。这是与距今8000年前全新世气候转暖，北方气温较现今平均高2.3℃有关，那时的黄河流域无论植被、湖泊、雨量都很充足，黄土疏松肥沃，易于开垦。中华民族所拥有的这块土地，提供了一个非常独特的自然地理体系。这是中华农业文明能够绵延不断的一个得天独厚的条件。与南北流向河流孕育的古埃及、古巴比伦、古印度不同，中华农耕文明五千年，有着其他农业文明所不具备的独一无二的农业体系，这一农业体系为世界农业的发展作出了巨大的贡献。

中华传统农业的发展，有着非常得天独厚的自然条件，与西方的农业文明发源地所不同，中国农业发源地河流的流向是东西流向，就是沿着同一个纬度的一种农业的布局。中国独特的天然的地理和自然条件决定了农业的形态和布局。中国传统农业沿河流走向，以纬度变化，按400毫米与800毫米等降水量线，形成了北方畜牧、中原旱作与江南稻渔的三大农业区。这种东西向的农业布局，相对于南北向的农业布局，有一个特点：可以避免由于天然的自然灾害导致的一种农业的毁灭，甚至文明的衰落。同一个纬度地区的农业的类型是相同的，可以种植类似的作物，产生更加集约化、大规模的农业类型。比如在我国，河南、山东、河北、陕西这些地方都可以种植小麦，即使陕西的小麦歉收，河南、山东的小麦可以来做保障，就不会导致由于局部的自然灾害导致整个农业体系的崩溃。这是中华民族所拥有的这片土地上，提供的一个非常独特的自然地理体系，也形成了一个与此相适应的农业生产的布局。正是拥有得天独厚的自然条件，中国传统农业形成了独具特色的农业体系。

（一）天人合一的生产传统

中国传统农业在发展中形成了泽被后世的优秀生产传统，其核心精华可以概括为天人相参，精耕细作。

追求人与自然和谐的天地人“三才”理论，已成为中国传统农业的基本指导思想之一。“天人合一”思想是农耕文明最为重要的核心理念。直至今日，中国农业生产仍受环境气候影响，这种典型的“靠天吃饭”式生产方式，是“天人合一”思想产生的重要经济基础。

“天人合一”思想作为传统中国哲学思想，儒、道、释三家对其具体解释各不相同。但中心思想，存在着共通之处。《易经》言：“有天道焉，有人道焉，有地道焉。兼三才而两之，故六。六者非它也，三才之道也。”强调天有天道、地有地道、人有人道。虽三者各有其道，但三者之间是相互对应、相互联系的。天道就是天体运行，万事万物发展的规律；地道就是大地的特征和规律；人道即人生之道，是每个人应该遵循的准则、规范。天地之道是生成的原则，人道是实现的原则，三者缺一不可，这是“天人合一”思想的基本内涵。在此基础之上，就逐渐形成了人与天地自然和谐共生的理念。

生态兴则文明兴，生态衰则文明衰。纵观人类历史，国内外因生态环境受到破坏，导致文明衰落的案例数不胜数。古埃及的岩画上，猎豹追逐着刺猬，充分说明当时古埃及生态食物链已严重缩短；中国罗布泊的楼兰故城遗址，直至今日，仍然环境恶劣、人迹罕至。无数鲜明的例子都充分说明只有人与自然和谐共处，人类文明的历史才能够延续。在“天人合一”思想的基础上，中华民族形成了敬畏自然、保护自然的生产生活态度。曾有西方学者认为，中国人没有宗教信仰，所以没有“敬畏之心”，实则不然。中华民族自文化诞生之日起就对大自然存在着敬畏之心。

例如，儒家思想是中华传统文化中的主体之一，在其经典《论语·阳货》中记载：

“天何言哉？四时行焉，百物生焉，天何言哉？”另一部经典《荀子·天论》中说：“列星随旋，日月递炤，四时代御，阴阳大化，风雨博施，万物各得其和以生，各得其养以成，不见其事而见其功，夫是之谓神；皆知其所以成，莫知其无形，夫是之谓天。”儒家的孔子与荀子都阐明了一个道理：天地孕育了自然万物和人。这是中华民族敬畏大自然的重要表现之一。又如，古代皇帝会在每年的冬至日进行大型祭天活动，这是中国古代最重要的仪式，礼仪极其隆重并且繁复。尽管宗教并不是农耕文明的主流，但农耕文明中存在着对大自然的敬畏之心。

《吕氏春秋·审时》云：“夫稼，为之者人也，生之者地也，养之者天也。”从事农业，人的因素是一个基本的重要的因素，即“为之者人也”。任何农业生产离不开土地，没有了土地，农业生产无从谈起。土地能产多少？与地力、肥力是有密切的关系，即“生之者地也”。农业生产离不开外部环境，尤其是古代抵御自然灾害的能力很有限。什么时候种？什么时候收？怎样把自然资源最大化地用于农业生产，即“养之者天也”。可以看出，中国古代对于农业与环境的认识已经达到了极高的高度。

中华农业是世界历史上最讲究精耕细作的农业，比如中国人发明玉米里面套种黄豆，两者都受益，这就是对土地的集约化利用和原始农业技术创新。

（二）源远流长的农学思想

中华农业的实践史和思想史是中国农业发展不可或缺的根本遵循。“生于斯，长于斯”的中国先民们，对生养我们的土地有着炽热的感情，中国农业的发展离不开他们的智慧。中华农业文明是世界三大农业文明的起源地之一，中华农业文明也对世界贡献了源远流长的农学思想。现存最早的农业文献是成书于公元前239年的《吕氏春秋》。中国古代农书大体可分为综合性农书和专业性农书两大类：综合性农书，如《氾胜之书》《齐民要术》《王祯农书》《农政全书》《授时通考》等；专业性农书，如《茶经》《烟草谱》《木棉谱》等。其中公认的四大农书为：一是西汉的《氾胜之书》，它是西汉晚期的一部重要农学著作，也是中国现存最早的一部农书；二是北魏的《齐民要术》，它是现存最早最完整最系统的农书。三是元朝的《王祯农书》，它是一部从全国范围内对整个农业进行系统研究的巨著；四是明朝徐光启的《农政全书》，它是一部集古代农业之大成并吸收了西方科技知识的农学专著。通过这四本有标志性的农书，能够深刻地理解中华农耕文明的辉煌历史。几千年农业的不断发展，记载着不断升华的农学思想，这是中华农耕文明的一个非常直接的发展渊源。

（三）泽被后世的救灾体系

中华农耕文明五千余年不间断，与农业的保障制度有着巨大的历史渊源。这种制度，也决定了中华传统农业能够绵延五千年。

中国古代建立了一套泽被后世的救灾体系，正是在这种体系的保障下，农业虽然屡经灾害，但仍旧行稳致远。在存续时间较久的各个朝代，都形成过一些非常好的农业生产管理体系，最著名的叫“救灾体系”。英国著名汉学家李约瑟根据中国史书统计：中国每六年有一次农业失收，每十二年有一次大饥荒。在过去的2200多年间，中国共计有1600多次大水灾，1300多次大旱灾。很多时候，旱灾及水灾在不同地区同时出现。那出现这样一个重大的灾害的时候，农业怎么发展，怎么保障粮食的供应?《礼记·王制》云：“国无九年之蓄曰不足，无六年之蓄曰急，无三年之蓄曰国非其国也”，即“在粮库里面不存下九年够吃的粮食，就说明粮食储备不足；如果没有六年的粮食储备，就要开始着急；如果没有三年的储备，就要亡国了”。可见我们古人已经充分认识到粮食安全对一个国家、民族、社会稳定的重大意义。古代建立了义仓、社仓、常平仓、惠民仓、广惠仓、和籴仓、预备仓等样式繁多的粮食储备体系，有官方建立的，也有民间建立的，在灾荒救济中发挥着重要的作用。仓储系统主要建立在县城和小市镇，代表着国家对普通人民物质福利的承诺。常平仓制度即“以谷贱时增其贾而籴，以利农，谷贵时减贾而粜”，即“政府在丰收之年购进粮食储存，以免粮价过低伤害农民利益。歉收之年卖出所储粮食，以平抑市场的粮价”。值得一提的是，这种思想漂洋过海，在美国应对20世纪30年代的经济危机中发挥了重要的作用。当时的美国农业部部长华莱士（H.A.Wallace），引进了北宋王安石变法中的“青苗法”，用以解决农业领域出现的生产过剩问题。所以建立于中国古代的这套救济体系，已成为西方国家借鉴的一种制度。

课堂思政

中国有着自强不息的民族精神，有注重系统的整体思维，有重义轻利的高尚情操，中华文化中都是把个人的利益放在民族、国家利益之后，所以有“先天下之忧而忧，后天下之乐而乐”这样一种伟大的民族精神，这也是中华民族几千年绵延不断发展的一个历史。

回溯五千年的农耕文明，我国的先民用一项项巧夺天工的创新，推动着中华民族不断前行，在如此广袤的土地上养活了如此众多的人口，保证了中华文明薪火相传，绵延不息。历史是一面镜子，鉴古知今，学史明智，重视历史、研究历史、借鉴历史是中华民族五千多年的优良传统。回望农耕文明五千年，就是在寻找中华文明之火，从历史中汲取智慧，使得我们未来的路走得更好。当代中国是历史中国的延续和发展，新时代坚持和发展中国特色社会主义，需要更加系统地研究中国历史和文化，更加深刻地把握人类发展历史规律，在对历史的深入思考中汲取智慧、走向未来。

三农学思

人人都知道，中国有“四大发明”——造纸术、印刷术、指南针和火药。很少有人了解，中国还有“农业四大发明”。作为历史悠久的传统农业国家，中国古代取得了一系列杰出的农业技术成就，包括审时相物的物候历、泽润千秋的水利工程、巧夺天工的传统农具、择精取华的育种技术等，对人类生存和发展的贡献丝毫不亚于“四大发明”。在一些学者看来，“农业四大发明”的重要性或远超“四大发明”。作为农林类专业学生，对于中国“农业四大发明”是否有其他的认知？

思维拓展

1．农耕文明的含义及其形成条件是什么？
2．农耕文明孕育出哪些文化精神？
3．中国传统农业发展历史和成就有哪些？

项目三 新中国农业砥砺奋进创辉煌

项目导航

新中国农业发展，尽管艰难曲折，但在实现有限资源基础上养活、养好中国人的任务和目标上，成就卓著。中华人民共和国成立以来，特别是改革开放后，中国农业发展，不仅见证了农业改革开放的伟大成就，也为未来可持续发展积累了大量弥足珍贵的实践经验。本项目从中华人民共和国成立后中国农业发展的巨大成就及经验两方面进行叙述。

学习目标

知识目标

❶ 理解中华人民共和国成立以来农业发展的巨大成就。

❷ 了解中国农业改革之路中的经验。

能力目标

❶ 能够深入分析新中国农业辉煌成就的原因。

❷ 能够将课堂所学应用于参与农业技术推广等活动，提升将理论知识转化为实践操作的能力。

素养目标

加深对新中国农业发展历程的认识，激发爱国热情，培养为国家农业发展贡献力量的责任感和使命感。

项目重点

新中国农业的辉煌成就；中国农业改革的经验。

项目内容

一、新中国农业的辉煌成就

农业问题不仅仅是关系到农业本身与农村、农民，而是关系到整个国家经济社会发展的全局，关系到每一个人。新中国农业的历史在农业文明的发展史中是短暂的，在人类历史的长河中更是转瞬即逝。但在这短短几十年里，中国农业几经变革与发展。中华人民共和国成立之初，中国农业农村百废待兴。经过艰辛曲折的探索，中国农业农村发展取得了举世瞩目的成就。特别是改革开放以来，农业农村发展迅速，中国走出了一条特色的农业农村发展道路。新中国农业的辉煌成就，主要体现在农业生产全面发展、农业科技突飞猛进、农民生活全面提高和农村面貌全面改善等方面。

（一）农业生产全面发展

1．农产品产量增加

民以食为天，粮食是民生之本，我国由粮食供给全面短缺转变为供求总量基本平衡，成功解决了14亿人口的吃饭问题。在中华人民共和国成立初期，全国的粮食产量只有1.1亿吨。经过近30年的发展，到了改革开放初期，1978年增长到3亿吨；又经过了40多年的发展，截至2023年全国的粮食总产量为6.9541亿吨，连续9年稳定在6.5亿吨以上，连续多年远超世界平均水平。在此期间，耕地不仅没有增加，而是减少，但产粮的数量大幅度增加。人均粮食生产由1949年的209千克到1979年达到317千克，截至2023年人均粮食产量达到493千克。而联合国粮食及农业组织（以下简称“联合国粮农组织”）的标准是人均粮食400千克，我国现在已经超过该标准将近23%的水平，因此我国的粮食安全现在得到比较充分的保障。其他重要的农产品的生产水平也有了大幅度的提高，远远超过粮食生产的水平：人均的肉类生产水平增加了5倍，人均的水产水平增加了8倍，蔬菜、瓜果、园艺产品增加了18倍。

2．生产方式机械化

从“人扛牛拉”的传统生产方式，发展成了机械化、自动化、智能化的现代生产方式。我国农业生产方式实现了从人力畜力为主向机械作业为主的历史性跨越（图3-1），截至2023年全国农作物耕种收综合机械化率为73%，在部分领域、部分环节逐步实现“机器换人”，显著增强了农业综合生产能力。

图 3-1　农业机械化

（二）农业科技突飞猛进

1949年，中华人民共和国成立，中国农业科技发展开启了新的历史篇章。在历届中央领导集体的坚强领导下，在一代代农业科技工作者的共同努力下，我国农业科技发展面貌发生了翻天覆地的变化，中国农业科技发展发生了从小到大、从弱到强的历史性变化。我国农业科技整体水平已迈入世界第一方阵，截至2023年农业科技进步贡献率达到63.2%，为保障国家粮食安全、促进农民增收和农业绿色发展发挥了重要作用，已成为促进我国农业农村经济增长最重要的驱动力。主要表现在以下几个方面。

1．农业科技创新体系

中华人民共和国成立以来，从几个农业试验场，发展成全球最完整的农业科技创新体系。目前，我国农业科技创新体系从中央到地方层级架构完整，机构数量、人员规模、产业和学科覆盖面均为全球之最。

（1）在科研体系建设方面，在中华人民共和国成立前的北京、淮安、保定、济南等几个农业试验场的基础上，迅速建立了中央、省、地三级农业科研机构系统。改革开放迎来了科学技术事业发展的春天，政策环境、制度环境和投入支持环境得到了较大改善。截至2023年，我国地市级以上农业科研机构的数量达到了1035个。

（2）在技术推广体系建设方面，农业技术推广体系先后经历了艰难的创建期、市场和体制改革双重冲击下“线断人散网破”的阵痛期和新时代“一主多元”的融合发展期。各级农技推广机构认真履行先进实用技术推广、动植物疫病及农业灾害的监测预报和防控等职责，为农业农村持续稳定发展作出了重大贡献。

（3）在教育培训体系建设方面，我国农民教育培训体系先后经历了农民业余学校、识字运动委员会、干部学校、“五七大学”、各级农业广播电视学校和“一主多元”的现代新型职业农民教育培训体系，在提高农民科学生产、文明生活和创新经营的科学文化素质方面，起到了积极的促进作用。

典型案例

无人驾驶收割机：智慧农业再添新利器

无论在“大粮仓”黑龙江北大荒地区，还是浙江余杭，一辆辆无人驾驶收割机能精准高效地将田地收割得干干净净，仿佛是一位从事多年农活的“老人”。

对于无人驾驶，大众对于普通乘用车的技术较为熟知，由于人们对于传统农业生产的固有印象，对于农机的无人驾驶技术较为陌生。在数字技术的引领之下，配备有北斗卫星导航系统、多种传感器与控制器的无人驾驶收割机开始持证上岗。

与普通收割机相比，无人驾驶收割机可有效降低人的劳动强度，一个人可以同时操纵两三台收割机。同时，还可消除安全隐患、保障机驾人员安全，有效规避噪声、振动、暴晒、粉尘对人体的危害。

通过引入无人驾驶收割机这一类智慧农机，会使得农村的劳动生产率和单位土地的产出效率大幅提高，这也为破解“怎么种好地”，保障国内重要农产品有效供给和粮食安全，真正实现“把饭碗端在中国人自己手中”提供了全新思路。

2．现代农业技术体系

中华人民共和国成立以来，从“靠天吃饭”的传统生产，发展成良种良法配套、农机农艺融合的现代农业技术体系。

（1）在品种培育上，我国农业生产的种子来源在很长一段时期是农民自留种，以矮化育种、远缘杂交、杂种优势利用等为代表的重大技术突破，促成了5~6次作物品种更新换代，粮食作物单产从20世纪50年代初期1155千克/公顷增加到2023年的5845千克/公顷，良种覆盖率达到96%以上。

（2）在病虫害防治上，20世纪50年代初期，面临蝗虫成灾、小麦条锈病爆发蔓延、棉铃虫肆虐为害，几乎没有有效防治手段，经过几代人的努力，逐步建立起科学有效的病虫害监测预警与防控技术体系，确保不会发生大面积重大生物灾害。

（3）在设施农业上，从北方冬季只能吃上储存的萝卜白菜，到依靠设施农业生产，实现了新鲜蔬菜和水果的周年供应，打破了降水、气温、光照等自然条件对农业生产的限制，从塑料大棚、拱棚到现代日光温室和连栋温室，形成持续发展、总面积达到其他国家总和5倍以上的设施农业规模。

3．科技创新条件平台体系

中华人民共和国成立以来，从依靠“一把尺子一杆秤”的科研手段，发展成设施完备、装备精良的科技创新条件平台体系。我国农业科技条件平台建设从点到面、从小范围到大规模，实现了历史性转变，发生了翻天覆地的变化。

（1）在农业科研基础条件建设方面，先后出台了一系列的科研条件能力建设规划，配备了一大批科学仪器设备，实施了科研单位的房屋修缮、基础设施改善、仪器设备购置及升级改造，大大改善了各级农业科研机构科研基础条件。

（2）在科学与工程研究类平台方面，建设了农作物基因资源与基因改良国家重大科学工程、国家动物疫病防控高级别生物安全实验室等一大批国家重大科技基础设施，以及全国重点实验室和省部级农业重点实验室，拥有了一批农业领域的“国之重器”。

（3）在技术创新与成果转化类平台建设方面，围绕产业共性关键技术和工程化技术、重大装备及产品研发等，建成了一批国家工程实验室、国家工程技术研究中心、国家农作物改良中心（分中心），加速了农业科技成果的转化和产业化。

（4）基础支撑与条件保障类平台建设方面，围绕农业科技基础性、长期性工作，建成了一批国家野外科学观测研究站、农业部重点野外科学观测试验站、国家农作物种质资源库（圃）和国家农业科学数据中心，夯实了农业科学技术研究基础。

4．现代生产方式

我国农业生产方式从人畜力为主向机械作业为主转变。

（1）在农机装备研制方面，“东方红”200马力拖拉机填补了国内大马力拖拉机空白，先后研制了4000多种耕整地、种植机械、田间管理、收获、产后处理和加工等机械装备。

（2）在主要作物主要环节全程全面机械化方面，小麦生产基本实现全程机械化，水稻、玉米、油菜、花生、大豆、棉花机械化作业水平大幅提高，畜禽水产养殖、果菜茶、设施园艺等设施化、机械化取得长足发展。

（3）在农业生产信息化精准化智能化方面，经过近40多年的引进消化和创新发展，我国智能农机与机器人、无人机植保服务、农业物联网、植物工厂和农业大数据等板块飞跃式发展。

知识链接

植保无人机：为农产品种植“保驾护航”

传统农业生产需要耗费大量的人力、物力，同时，农业生产的效率却较低。植保无人机的研发成功，使传统农业生产的作业模式发生了变化，不仅节省人力、物力与财力，同时使生产效率显著提升。

植保无人机属于现代农业生产中的高新技术产品。由于其体积小，操作灵活，能够适应各种场地，比如，在田间地头就可以进行自由起降，极大地提升了实际应用的便利度。同时，植保无人机还可以进行低空作业，有效降低了操作难度与入门门槛，扩大了产品可使用的人群范围。

植保无人机能够按照农作物的需求进行精确的调整，还可以根据农作物的不同，调整喷洒作业的高度、路线及浓度，应用与操作更加智能化。另外，利用自动定位、远程控制与飞行导航等新兴技术，植保无人机可实现飞行程序的预先设定，实现自主喷洒、信息反馈与作业评估等功能，有效解放了劳动力。

随着植保无人机的广泛应用，农作物的病虫害防治作业将会进一步提升，全国农业机械化综合水平也会得到改善，此外，也能促进粮食、蔬菜等作物丰收，增产。

5．绿色发展方式

中华人民共和国成立以来，从“大水、大肥、大药”的粗放生产方式，转变为资源节约、环境友好的绿色发展方式。我国的基本国情、资源禀赋和发展的阶段性特征，决定了必须走“一控两减三基本”的绿色发展道路。

（1）在农业节约用水上，20世纪50年代以来，我国先后建成了400多个灌溉试验站，在旱作节水、滴灌喷灌等科技领域的理论方法、关键技术、重要装备以及管理规范等方面涌现出一大批优秀成果。

（2）在化肥农药科学施用上，从20世纪七八十年代增产导向的过量施用，向目前提质导向的科学施用转变，实现了化肥农药从过量施用到现在的零增长、负增长转变。全面推广了测土配方施肥、水肥一体化的施肥模式，实施了有机肥替代化肥行动，创制了一批高效低毒农药和生物农药，农作物生物防控技术迅猛发展。

（3）在农业废弃物资源化利用上，农作物秸秆从单纯的燃料化向燃料化、原料化、饲料化、肥料化、基料化等多用途综合利用转变。畜禽养殖废弃物由直接排放向集中处理、循环利用转变，农膜使用带来的耕地“白色污染”，正在通过机械捡拾、统一回收处理、生物降解等方式逐步得到控制和解决。

6. 中国特色农业科技自主创新道路

中华人民共和国成立以来，我国在推进农业科技事业发展中，继承、发扬和积累了一些宝贵的好经验和好做法，主要是始终坚持党对农业科技工作的领导，始终遵循农业和农业科技发展自身规律，始终坚持走中国特色农业科技自主创新道路，始终坚持推进农业科技体制机制改革创新，始终坚持集中力量办大事的制度优势，始终坚持规划引领和法制保障。

（三）农民生活全面提高

中华人民共和国成立以来，农民生活也实现了从温饱不足到丰衣足食，从绝对贫困到全面小康的历史性转变。农民收入大幅增加，消费水平显著提升，消费结构持续升级，生活水平实现质的飞跃。

农民生活全面提高表现在经济收入、生活条件、居住环境、文化生活和社会保障等多个方面。这些方面的改善不仅提升了农民的生活质量，也推动了农村社会的全面进步。

（1）经济收入的增加。随着农业现代化和农村经济的发展，农民的收入水平有了显著提高。农产品产量的增加、品质的提升以及农产品市场价格的稳定，都为农民带来了更多的收入。同时，农村工业化、农民转移就业等政策也为农民提供了更多的就业机会和收入来源。

（2）生活条件的改善。农村基础设施建设的不断完善，如农村公路、电网、饮水安全、住房安全等方面的改进，为农民创造了更好的生活条件。此外，农村公共服务设施的完善，如教育、医疗、社保等服务的普及，也提升了农民的生活质量。

（3）居住环境的提升。农村人居环境整治提升行动的实施，使得农村环境得到了显著改善。农村垃圾处理、污水处理、绿化美化等方面的改善，为农民提供了更加宜居的生活环境。

（4）文化生活的丰富。随着农村文化建设的加强，农民的文化生活也日益丰富多彩。农村文化活动、文化设施的普及，如文化广场、图书室、电影院等，为农民提供了更多的精神食粮，满足了农民对美好生活的追求。

（5）社会保障的完善。农村社会保障制度的建立与完善，如养老保险、医疗保险等，为农民提供了更加全面的保障，降低了农民的生活风险。

（四）农村面貌全面改善

中华人民共和国成立以来农村面貌的全面改善主要表现在基础设施建设、人居环境的整治与美化、公共服务的普及与提升、产业结构的优化与升级等多个方面（图3-2）。这些变化不仅提升了农民的生活质量，也为农村经济的发展注入了新的动力。

（1）基础设施建设取得了显著成效。政府投入大量资金用于农村基础设施建设，包括道路硬化、桥梁加固、通信网络覆盖等。这不仅改善了农民的生产生活条件，也为农村经济的发展奠定了坚实基础。如今，农村地区的交通更加便捷，通信更加畅通，农民的生活质量得到了显著提升。

图 3-2　新农村新风貌

（2）人居环境的整治与美化取得了显著成果。政府通过实施垃圾分类、污水处理、厕所革命等措施，使农村的环境卫生得到了显著改善。同时，绿化美化工程也让农村变得更加宜居，街道两旁绿树成荫，房前屋后花团锦簇，农民的生活环境焕然一新。这种变化不仅提升了农民的幸福感，也吸引了更多游客前来观光旅游，为农村经济的发展注入了新活力。

（3）公共服务的普及与提升也为农村面貌的改善作出了重要贡献。随着农村面貌的改善，教育、医疗、文化等公共服务设施逐渐向农村延伸。农民在家门口就能享受到优质的教育、医疗和文化服务，这较大地提升了农民的生活品质和幸福感。

（4）产业结构的优化与升级也是农村面貌改善的重要方面。政府通过扶持农村产业发展，推动农村产业结构的升级和转型，培育新型农业经营主体，提高农村经济发展的活力和效益。这不仅增加了农民的收入来源，也促进了农村经济的多元化发展。

二、改革路循序渐进

改革政策涉及农业农村发展的各个方面，其中最主要的改革政策是土地制度、市场制度、农业政策（农业税收与补贴制度）、民生制度（就业制度）。

（一）土地制度

中华人民共和国成立以来，伴随着农村土地制度改革，中国农村基本经营制度也随之完善。中华人民共和国成立初期，中国实行了平均地权的土地改革，由此形成了土地私营私有的经营方式和基本经营制度。1950—1952年开展土地改革，把地主的土地分给农民，变为农民的土地，也就是把原来的土地的所有权由地主的土地所有权变成了农民个体的所有权。1953—1956年，开始农业合作化运动，土地转为私有基础上的互助合作，完成了农民个体的土地所有制变为集体所有制。在1957—1978年的人民公社制度中，则实行土地集体所有、统一经营、按工分分配劳动成果的经营形式，并由此形成了“三级所有、队为基础”的基本经营制度。但此经营制度存在诸多问题，如缺乏利益机制，导致生产效率低下，产量水平低，质量差，效益差，难以达到温饱。1978年改革开放以来，随着家庭联产承包责任制的兴起和人民公社制度的瓦解，以家庭承包经营为基础、统分结合的双层经营体制得以建立（图3–3）。家庭联产承包责任制是适应社会主义市场经济体制、符合农业生产特点的农村基本经营制度。家庭联产承包责任制的实施极大地提高了农民的生产积极性，进而促进了农业生产效率的提高。相关研究结果表明，在改革开放初期的农业增长中，约50%的增长源于家庭联产承包责任制的实施；在改革初期的粮食增长中，约35%的粮食单产增长源于家庭联产承包责任制。

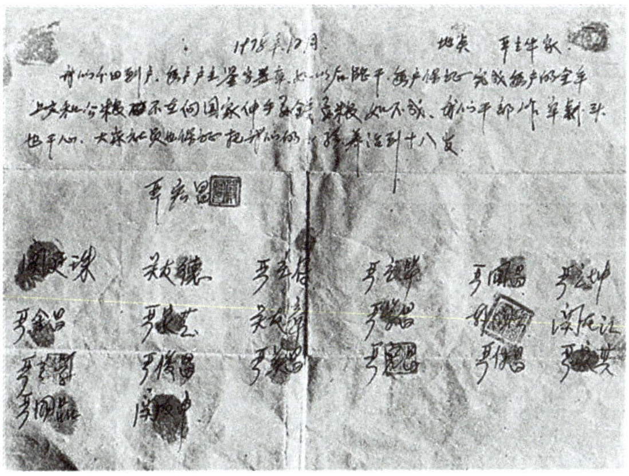

图 3-3　安徽省凤阳县小岗村 18 位农民签下“分田单干”的协议

20世纪90年代，家庭联产承包责任制的巩固和完善为中国农业发展注入持续的动力。1993年，中央决定将土地承包期从一轮承包的15年延长至二轮承包的30年。《中华人民共和国农村土地承包法》（2003年3月1日起施行）进一步明确规定“耕地的承包期为三十年”。进入21世纪，为顺应农民保留土地承包权、流转土地经营权的意愿，适应农村劳动力大量转移、农户承包土地的经营权流转明显加快和农业规模快速发展的必然趋势，中央提出并确定了农村土地“三权分置”的基本方向，并于2016年10月印发了《关于完善农村土地所有权承包权经营权分置办法的意见》。“三权分置”是继家庭联产承包责任制后农村改革又一重大制度创新，是农村土地制度改革理论和政策的重大创新与突破。更为重要的是，“三权分置”是农村基本经营制度的自我完善，符合生产关系适应生产力发展的客观规律，展现了农村基本经营制度的持久活力。2017年10月，党的十九大报告进一步明确提出，“保持土地承包关系稳定并长久不变，第二轮土地承包到期后再延长三十年”。随着这一重大战略决策的确立，农村基本经营制度得到了进一步巩固和完善。可见，中华人民共和国成立尤其是改革开放以来，中国农业发展所取得的巨大成就，正是农村基本经营制度所释放的显著制度绩效。并且，在乡村振兴的宏大背景下，土地集体所有、农户承包经营的农村基本经营制度不能轻易动摇，要保持长久不变。

土地制度改革的重大意义是什么？即建立了利益机制，打破大锅饭；调动了农民的生产积极性，让农民苦干加巧干。利益机制对奠定市场的作用起到推进作用，市场通过价格起作用，与产品的收益直接相关，土地制度改革最重大的意义在于此。

拓展阅读

农村改革第一步——家庭联产承包责任制的探索与推广

1978年11月24日晚，安徽省凤阳县梨园公社小岗村村民严立华家，挤满了全村

18户农家代表。在那间低矮破旧的茅草屋里，召开了一次关乎全村命运的秘密会议。在会上，一份不足百字、按满18个红手印的包干保证书横空出世。这18位敢于第一个“吃螃蟹”的农民，在签下那份“生死状”的时候，也许根本没想到，他们竟迈出中国农村改革的第一步，并从此载入史册。

签了“生死状”，就开始放手大干。据严宏昌回忆，小岗村于1979年秋天获得丰收，当年油料作物总产量17600千克，卖给国家12466.5千克，而小岗村实际油料任务是150千克，一下子就完成了百十年的任务。过去，生产队连一头猪都没办法贡献给国家，而这一年家家都留了1头猪，贡献给国家35头肥猪。

1982年1月1日，中国共产党历史上第一个关于“三农”问题的一号文件《全国农村工作会议纪要》正式出台，明确指出包括包产到户、包干到户在内的各种责任制都是社会主义集体经济的生产责任制，反映了亿万农民要求按照中国农村的实际状况来发展社会主义农业的强烈愿望。不论采取什么形式，只要群众不要求改变，就不要变动。

至此，农村改革更加迅猛地开展起来。家庭联产承包责任制迅速推广，充分调动了农民的生产积极性，促进了农业生产的迅速发展。许多地方改革一年下来即见成效，粮食产量明显提高，几年就变了大模样。至1980年底，全国实行包产到户和包干到户的生产队，从年初仅占生产队总数的1.1%上升至14.9%。1982年，中国农业获得少有的大丰收，农业总产值相较上一年增加11.2%，农村面貌出现了可喜的变化。

家庭联产承包责任制的探索与推行，触发了波澜壮阔的改革大潮。建设中国特色社会主义新农村的伟大实践，就这样在党和广大人民群众的创造中砥砺前行。

（二）市场制度

土地制度是在生产领域中的改革，而市场制度就是流通领域的改革。发展社会主义市场经济和农业市场化改革极大地释放了经济活力，是改革开放后我国农业农村发展的重要基础。在计划经济体制下，国家对农产品的收购和销售实行严格的管控，非常僵化。粮食是全面管控，数量、价格都由国家管控，按国家规定的价格销售，没有任何余地。蔬菜、瓜果、畜产品等实行派购，派购就是只管部分数量，超余部分有一定的自由。这种管控对生产者、消费者都有较大影响。消费者不能想买什么就买什么，采用票证制度，如粮票、肉票、奶票等。当时实行这一制度，最主要的原因就是产不够需。

市场制度改革与国家对市场经济体制的认可程度是密切相关的。1982年党的十二大报告提出“正确贯彻计划经济为主、市场调节为辅原则”，已经认识到市场有重要的积极作用，但由于受意识形态的影响，还是计划经济为主，市场调节起补充性作用。1984年

10月，党的十二届三中全会通过《中共中央关于经济体制改革的决定》，确定社会主义计划经济“是在公有制基础上的有计划的商品经济”，改革的重点逐渐从农村转向城市，以搞活国有企业为中心环节全面展开，称为有计划的商品经济。1992年邓小平同志南方谈话做了重要的论断：计划经济不等于社会主义，资本主义也有计划；市场经济不等于资本主义，社会主义也有市场。计划和市场都是经济手段。2012年党的十八大、2017年党的十九大就进一步明确“使市场在资源配置中起决定性作用，更好发挥政府作用”。

改革开放40多年我国取得的巨大成就既有市场的作用也有政府的积极作用。对农业来说，发展哪一产业让市场要发挥在资源配置上起决定性作用，让农民说了算，政府不强迫命令。但在有些方面市场发挥不了作用，或发挥不好作用，政府就必须介入。这种介入，不是干扰市场，而是弥补市场的不足。市场是什么？市场是消费者对美好生活的需要，是生产者利益的实现途径。所以，市场既反映消费者对美好生活的需要，也是生产者利益的实现途径。这两者通过市场实现利益最大化，激励生产及创新，最后实现两者的统一。政府的作用就是放、管、服。放是不要束缚市场的正常作用，要放开市场。管是规则的管理，要维护市场的规则，遏制坑蒙拐骗；要保护生态，监督食品安全。服就是服务，包括各种公共服务基础设施、高标准农田的建设、教育、培训等。仅仅靠市场机制解决不了或解决不好的事情，政府必须加强监管。

这是我国能够取得巨大变化的重要原因之一，也是未来继续前进，继续发展不可或缺的关键因素。

（三）农业政策（农业税收与补贴制度）

土地制度改革和市场制度改革，极大地提高了农民的积极性，但农民税费依然沉重。20世纪90年代末，农民需缴纳四项农业税收，五项统筹，三项提留，农村义务工和劳动积累工沉重的税费负担阻碍了农民收入的增加和生活的改善。进入21世纪，随着国民经济的持续快速发展，中国逐步具备了支持农业农村发展的财政实力。在21世纪之初为农民做了两件破天荒的大事，取消了历史悠久的农业税制度，并对农民进行补贴，建立农业支持保护政策体系。农业税收制度和农业补贴制度是一个镜像关系。

在农业税收方面，我国有着漫长的历史，最早可以追溯到这个2600多年前（公元前594年），春秋时期鲁国的初税亩制度是农业税的开端。1958年出台了《中华人民共和国农业税条例》，平均税率规定为常年产量的15.5%。当时税收主要是为了支援工业化和城市化的建设。改革开放之后，随着工业生产的发展，农业税赋逐步减轻至常年产量的3%。但除了农业税之外，还有很多其他名目的项目，包括义务教育收费等名目众多的“三提五统”收费项目，使农民的负担逐年加重，农民反响越来越强烈。怎样找到一种科学、合理、公平的农业税费制度？为减轻农民负担，增加农民收入，缩小城乡收入差距。国家从1998年开始酝酿农村税费改革。2000年安徽省率先启动试点，要求规范农村税费征收方式。农民除了缴纳7%的农业税和1.4%的农业税附加之外，就再也不承担任何费用。原计划从2003年正式建立新的制度，2004年就开始减。原计划是每年减一个百分点，连续减五年，五年之后就彻底取消。结果实际进展情况超出专家的预料，实行了两年，2006年就实现全面取消农业税。这是一个极其重大的历史事件，终结了延续2600多年之久的农民负担史，乡村党群关系、干群关系大为好转。2010年开始双管齐下，实行粮食直补。同时出台保护价格政策，制定一个最低价格，如果市场价格调到保护价格以下，国家按照保护价格全面收购。农业税的取消和支持保护体系的建立，是国家和农民之间取和予关系的一次重大调整，实现了农业支持从负到正的转变。它标志着我国农业发展进入了一个新的阶段。

总的来说，按照不同的目标采取不同的方式，国家通过农业政策给农业、农村、农民补贴实现了促进农业生产、保护农民收入、保护生态环境三大目标。随着时间的推移及经验的积累，农业补贴制度将会更加合理。

课堂思政

取消农业税——阳光洒满希望的田野

2006年1月1日，《中华人民共和国农业税条例》被废止，延续了2600多年的“皇粮国税”退出历史舞台。

当时，四川省南部县宋家坪村、河北省灵寿县青廉村、辽宁省阜新蒙古族自治县黑虎洞村等几个地方的农民，不约而同地做了一件事：为取消农业税立碑。农业税的取消，实实在在减轻了农民负担，又一次解放了农村生产力。此后，反哺农业、统筹城乡、强农惠农富农的步伐不断加快，国家与农民关系实现由取到予的历史性转变。

“这是一个举国欢庆的日子！”2006年1月1日那天晚上，听说国家取消农业税，山东省德州市平原县王凤楼镇水务村农民杨春岭激动地在日记中写道：“在农民的思想意识中，种地纳粮是天经地义的事，可是近年来国家对咱农民格外照顾，就连农业税都不交了，老百姓敲锣打鼓放鞭炮，大街小巷到处洋溢着浓浓的喜悦气氛，大家的高兴劲儿就甭提了。”翻看旧时的日记本，今年50岁的杨春岭感慨万千，“听到这个消息，我兴奋得几宿都没有睡好。”

农业税的取消，给亿万农民带来了看得见的好处——2006年全面取消农业税后，与农村税费改革前相比，全国农民每年减轻负担约1250亿元，人均减负140元左右。同时，财政安排资金用于支持农村税费改革的巩固完善。负担减轻了，农民种田的积极性得到了极大调动。回家乡、买良种、置农机……田间地头忙碌的身影多了，农村的人气旺了。

（四）民生制度（就业制度）

乡镇企业是打破了工农壁垒，而农民工是打破了城乡壁垒，开启了城乡融合之路。教育、医疗、最低生活保障、养老保障这个制度已经全面建立，这也是史无前例。农村改革就业制度的变化主要体现在两个方面：一是乡镇企业发展，二是农民进城务工。这一变化促进了农村劳动力的转移和非农收入的增加。乡镇企业，就是农村内部的第二产业、第三产业。

在计划经济条件下，只准务农，随着时间的推移，公社、大队、小队，集体可以办企业，慢慢地允许农民个体和私人来办，最终出现乡镇企业。到1987年乡镇企业的产值已经超过了农业的总产值。创办乡镇企业是农村工业化、城镇化的有效形式，也是中国农业劳动力转移的一条重要途径。乡镇企业在艰难曲折的发展过程中，为农业农村经济的发展起到了巨大的支撑和促进作用。不仅如此，通过实行种养加一体化、产供销一条龙，大力发展农副产品加工和储藏、保鲜运销业，乡镇企业与农业形成了协调发展、互为促进的关系。

改革开放后国家对于经济建设发展的限制程度不断降低，农村劳动力向城市和非农就业转移的数量也经历了大幅的增加。农民工这个很特殊的群体出现了，他们的户籍仍然在农村，但是进入城镇务工，并且每年从事非农业产业的劳动在6个月以上。农民工又有本地农民工和外出农民工之分：本地农民工在乡镇地域内从事非农业产业，基本上离土不离乡，有近1.2亿人；外出农民工在乡镇地域之外，有1.7亿多人。这两者之和是2.9亿多人口，已超过现在农业的就业者且每年都在继续增加。

三农学思

中华农耕文明五千年的伟大成就，造就了我国发达的古代农业，但近代我国进入半殖民地半封建社会，人民处于水深火热之中，直至中华人民共和国成立，我国农业得到了长足的发展。作为农林类专业学生，应该如何从新中国农业取得伟大成就中汲取力量？

思维拓展

1．中华人民共和国成立以来农业发展的巨大成就主要表现在哪些方面？

2．新中国土地制度改革的历程是什么？农业政策、民生制度各发生了哪些转变？

项目四 给农业插上科技的翅膀——现代农业技术

项目导航

农业行业给人的印象是面朝黄土背朝天、又脏又累、受自然条件影响大、收入低和无保障……21世纪以来，随着党和国家对农业越来越重视，各种助农惠农政策的持续落实，以及现代农业技术的推广应用，我国农业已经发生了翻天覆地的变化，农业已成为当今最具发展潜力的行业之一。本项目主要叙述现代农业技术的主要领域与我国现代农业未来的发展方向。

学习目标

知识目标

❶ 了解农业发展的演变过程。

❷ 熟悉新兴的现代农业技术。

能力目标

❶ 能够分析农业现代化的关键所在。

❷ 能够将所学的新兴农业技术运用于所学专业。

素养目标

改变对农民的传统印象，积极投身于现代农业创业之中，增强成为掌握科技知识的新型农民带头人的决心。培育“学农为农”价值观，塑造和培养“三农”情怀。

项目重点

新兴的现代农业技术；农业现代化的关键。

项目内容

一、现代农业技术发展改变传统农业

（一）农业发展的演变——从农业1.0时代到农业4.0时代

1. 农业1.0时代

农业1.0时代是以体力劳动为主，生产过程依靠人力、畜力来完成。农业1.0时代可分为原始农业阶段和传统农业阶段。

原始农业阶段为距今10000万年至4000年前的时段，也就是史称的新石器时代。一

般认为，采集活动孕育了原始的种植业，狩猎活动孕育了原始的畜牧业。

中国传统农业延续的时间十分长久，大约在战国、秦汉之际已逐渐形成。一直到现在，我国的某些欠发达地区的农业仍然处于传统农业的发展阶段。传统农业是由粗放经营逐步转向精耕细作，由完全放牧转向舍饲或放牧与舍饲相结合，利用、改造自然的能力和生产力水平等相较于原始农业均有所提高。

2. 农业2.0时代

农业2.0时代是机械化农业，是以机械化生产为主的生产经营模式，改善了"面朝黄土背朝天"的农业生产条件。同时，生物–化学技术的发展，广泛应用优质种源，大量使用化肥、农药，大幅度提高了农业生产的效益水平。

我国的农业机械化始于1958年。1958年，我国生产的第一台拖拉机诞生在洛阳第一拖拉机厂。我国农机行业起步较晚，但发展很快。中华人民共和国成立初期，农机行业总产值300万元，职工4000余人，只能生产一些简单的农业机械，主要是依靠进口。经过70多年的发展，我国已成为农机制造大国。据2024年全国农机化工作会议上提到的数据显示，全国农作物耕种收综合机械化率已达到73.11%，较上年提高了1.08个百分点。这一数据反映了我国农业机械化程度的持续提升，其中机耕率、机播率、机收率分别达到86.42%、61.91%、66.56%，也意味着我国农业生产方式已实现由人力畜力为主，向机械作业为主的历史性跨越。

3. 农业3.0时代

农业3.0时代以互联网和现代科学技术为主要特征。网络科技深度融入农业生产与管理、农业技术服务、农资流通和农产品运输与销售等各个环节，实现农业的自动化、精准化和定制化。互联网及现代科技与农业的融合，极大地提升了农业的生产效率和经济效益。

与传统农业相比较，现代农业具备7个方面的特征：①生产过程机械化；②生产技术科学化；③增长方式集约化；④经营循环市场化；⑤生产组织社会化；⑥生产绩效高优化；⑦劳动者知识化。

4. 农业4.0时代

随着云计算、大数据、移动网络和传感技术的发展，现代农业正进入4.0时代。

（二）设施农业技术让农业生产不靠天吃饭

设施农业是在环境相对可控条件下，采用工程技术手段，改变自然光温条件，创造优化动植物生长的环境因子，进行动植物高效生产的一种现代农业方式。设施农业是农业工程学科最典型的分支学科领域，属于高投入、高产出，资金、技术密集型的产业，是当今世界最具活力的高新技术产业之一。据统计我国人均耕地面积仅有世界人均面积的40%，而设施栽培的产量是露天种植产量的3.5倍，所以发展设施农业是解决我国人多地少问题的必然选择。为加快设施农业的发展，各地相继出台了多项扶持政策。在经济上，对设施农业实施减税与免税政策，并大幅度降低农户的贷款利息；在经济较为发达的地区，政府实行资金补贴制度，技术上由农技部门免费指导与培训，极大地推进了设施农业的发展。

典型案例

山东寿光蔬菜设施农业

寿光是著名的“中国蔬菜之乡”，农学巨著《齐民要术》的作者贾思勰诞生在青州益都（今山东寿光）。寿光三元朱村首创的“冬暖式蔬菜大棚”闻名全国，其蔬菜种植水平和市场营销辐射全国，始终居于全国前沿水平。寿光市蔬菜种植日光温室总数已达40多万座，有万亩辣椒、万亩番茄、万亩香瓜、万亩韭菜等十几个连片的蔬菜生产基地，形成了产、购、销一条龙的产业化经营格局（图4-1）。

图 4-1　山东寿光蔬菜小镇

（三）种源农业技术让农业生产节本增设

1. 优质种源

种源农业是利用现有的具有可遗传的种质资源，进行育种、繁种、推广、销售优质种子的农业，是国家的基础性核心产业，是促进农业长期稳定发展，保障国家粮食安全的根本。种源农业技术的核心是种子繁育技术，主要技术包括杂交育种、现代生物技术育种和航天育种等。此处重点介绍后两种技术。

现代生物技术育种是利用植物基因工程、细胞工程等技术和手段，加快传统育种的现代生物技术，涉及分子标记的选择育种、基因分离和转移、原生质体融合（体细胞杂交）、离体胚培养、花粉和花药培育等新兴育种技术，其中植物基因工程技术就是先将特定的目的基因分离，然后利用载体、媒体或其他的物理、化学方法将目的基因导入植物受体细胞，并整合到植物受体细胞的染色体（基因的载体）上，从而使目的基因在植物受体中得到表达，最终达到改变植物性状（如抗病、抗虫、抗逆等）以及快速培育植物新品种的目的。

榜样人生

中国农业科学院郭三堆研究员利用现代基因工程技术，培育出的转基因抗虫棉，打破了美国的垄断，使我国抗虫棉研究步入国际领先行列，在减少农药使用量、减少环境污染、增加农民收入等方面产生了巨大的效益，郭三堆研究员也被称为中国“抗虫棉”之父。

航天育种主要通过卫星或宇宙飞船等搭载植物材料，利用高能空间辐射、微重力、超真空、超净环境等空间环境条件，诱导植物出现遗传变异，具有变异频率高、幅度大、生理伤害轻、变异性状较快稳定、能出现传统理化诱变处理较少出现的特殊变异、大多数变异可遗传且不良性状少等特点。该技术目前被认为从某种程度上优于基因工程，不存在一些不可预测的风险问题，属于安全可靠的育种方法。因受限于航天技术，世界上仅中国、美国和俄罗斯等进行了航天器搭载的航天诱变育种。

拓展阅读

1987年8月5日，我国第九颗返回式科学试验卫星成功发射，首次搭载了水稻、小麦、青椒等一批种子，开始了作物航天育种的有益探索。经过长期的研究，我国航天育种取得了可喜的成果，育成了高产、优质、多抗的青椒、番茄、水稻、莲子和小麦等作物新品种和新品系。我国育成的太空稻新品种可增产20%，小麦可增产10%~15%，育成的粮食作物新品种在生产上大面积推广后，每年可为我国增产粮食30亿~40亿千克（李培夫，2006）。

2. 工厂化育苗

工厂化育苗是以先进的育苗设施和设备装备种苗生产车间，将现代生物技术、环境调控技术、施肥灌溉技术、信息管理技术贯穿种苗生产过程，以现代化、企业化的模式组织种苗生产和经营，从而实现种苗的规模化生产。工厂化育苗具有以下优点：①用种量少，占地面积小，且能保证品种纯度；②育苗时所用基质无病原菌和害虫等；③保证迅速出苗，健壮生长；④全根定植，无需缓苗，极大地提高了壮苗培育的效率；⑤大幅提高作物复种指数。

优质种源和工厂化育苗保障了农业生产能节本增效。

（四）生态循环农业技术保障山更绿水更清

单一的农业生产会产生大量的废弃物，从而对环境造成污染。生态循环农业就是运用物质循环再生原理和物质多层次利用技术，实现较少废弃物的生产并提高资源利用效率的农业生产方式。生态循环农业有以下特点：①减量化，尽量减少进入生产和消费过程的物质量，节约资源使用，减少污染物的排放；②再利用，提高产品和服务的利用效率，减少一次性用品污染；③再循环，物品完成使用功能后能够重新变成再生资源。

习近平总书记曾在浙江安吉县余村调研时，首次提出“绿水青山就是金山银山”的重要理念和科学论断。要保障我国山更绿水更清，必须大力发展循环农业。新时期发展生态循环农业，总的要求是认真贯彻落实中央关于生态文明建设的决策部署，着力推进农业资源利用节约化、生产过程清洁化、产业链条生态化、废弃物利用资源化，促进农业绿色发展。

典型案例

上海宝山区推进秸秆综合利用，加快生态循环农业建设

为有效解决全区水稻秸秆利用难题，上海市宝山区农业农村委员会结合地区食用菌产业优势，加强与农业企业合作，启动超大食用菌-水稻秸秆综合利用项目，探索秸秆基料化、肥料化等利用方式，促进宝山区农业废弃物的循环利用。该项目年消耗2万吨稻草，可以解决全区水稻秸秆的再利用，依托特殊发酵工艺，使稻草软化、分解，将稻草变成食用菌生产原料，然后制成方包进行发菌，生产鲍鱼菇，整个工艺仅约30天，全程不使用任何有害物质，不产生任何有害气体和污水，减少稻草对环境的污染，继续创造价值。同时，基质化后的稻草和其他辅料混合，经过处理以后可以变成有机肥料，继续变废为宝，实现农业废弃物的高效循环利用。

（五）智慧农业技术打造4.0版现代农业

智慧农业是农业生产的高级阶段，是集新兴的物联网、大数据和云计算技术于一体，依托部署在农业生产现场的各种传感节点和无线通信网络，实现农业生产环境的智能感知、智能预警、智能决策、智能分析和专家在线指导，为农业生产提供精准化种植、可视化管理和智能化决策。从广泛意义上讲，智慧农业除了智能生产外，还包括农业电子商务、农业电子政务、农业休闲旅游和农业信息服务等方面的内容。

1．农业物联网技术——实现现代农业生产智能化

在农业生产环节，利用物联网技术实现农业生产环境信息的实时采集、稳定传输和智能决策，为农作物生产、设施精准管理和智能调控提供科学依据，提高作物产量和品

质，提高水、肥等农业投入品的利用效率。

典型案例

物联网技术在水产品养殖中的综合应用

农业物联网技术在水产养殖行业中得到较广泛的使用。例如：江苏省无锡市通过水产养殖国家物联网应用示范工程，使应用农业物联网技术的水产养殖面积达到1733.33公顷，主要是对水产养殖环境（溶解氧、水温、酸碱度、氨、硫化氢、亚硝酸盐、化学需氧量等）进行智能监控，并根据实测数据，进行数学模型分析，向养殖大户发送手机短信，及时提供天气预报式的水质预报预警服务。此外，还为养殖户提供投喂决策、疾病远程诊断等服务，实施水产养殖全程质量追溯。据测算，使用水产养殖智能监控系统可节本增效20%左右，亩均可增收1000元以上，极大地提高了渔民收入。

2. 农产品质量安全——实现从农田到餐桌全程可追溯

习近平总书记在2013年中央农村工作会议上强调，健全农产品质量和食品安全追溯体系，尽快建立全国统一的农产品和食品安全追溯平台。最终实现农产品生产、收购、储存、运输、销售和消费全链条可追溯，用可追溯制度倒逼和引导生产。

典型案例

"从农田到餐桌"！江西省九江市彭泽县建立水产品质量监管新模式

近年来，彭泽县坚持源头严控、过程严管、风险严防，全程推进水产品网格化管理、标准化生产、源头化溯源、规范化执法，创新建立水产品质量安全监管新模式。先后获评国家有机产品示范区、全国绿色有机农产品示范县、部省共建绿色有机农产品基地"县级先行标杆"等荣誉称号。

建立网格化管理机制，推动质量监管"全覆盖"。创新建立"三级四员"工作机制，成立彭泽县原生态农产品创建工作领导小组，并在全县17个乡镇均成立了包括虾蟹、彭泽鲫等水产品在内的农产品质量安全监管机构，配备监管人员，165个村组建了以村党支部书记为组长，村级两委会为成员的村级协管机构，全面构建县级管理员、乡级监管员、村级协管员、企业内控员的"四员"制度，健全了县、乡、村三级水产品质量安全监管体系，切实做到"区域定格、网格定人、人员定责"。

建立标准化生产机制，推动质量监管“全提升”。以特色水产品为重点，依托彭泽县虾蟹科技小院和彭泽鲫科技小院——两大国家级科技小院的技术支撑，加大水产品标准园建设力度，以点带面，带动规模经营主体按标生产，凯瑞公司荣获农业农村部第一批国家现代农业全产业链标准化示范基地。在抓好农业标准化生产的同时，积极推动水产品“品牌化”认证，太泊湖彭泽鲫、芦花彭泽鲫、绿富美大闸蟹等一批著名品牌闻名省内外。

建立源头化溯源机制，推动质量监管“全链条”。依托江西省农产品质量安全大数据智慧监管平台管理，建立完善水产品质量安全追溯体系，市级以上示范合作社、农业龙头企业、家庭农场等主体和投入品监管对象全部纳入水产品质量安全监管追溯平台，建立水产品生产经营主体信息库。大力推行“区块链溯源+合格证”合二为一开具模式，对主要产品实行源头赋码、销售贴码、一品一码，监管部门通过二维码追溯系统对农产品“从田地到餐桌”进行全过程监管，群众通过二维码“扫一扫”可以清楚地了解农产品生产过程，让群众买得放心、吃得安心。

建立规范化执法机制，推动质量监管“全方位”。创新建立线上线下协同监管机制，线上，利用监管移动终端开展巡查检查，重点检查使用禁限用农兽药、投入品使用不规范、不落实安全间隔期休药期规定、生产档案不完善等问题，切实发挥监测效能。线下，强化巡查检测，农业、市场监督、发改等职能部门各司其职，联合行动，对水产品从养殖到流通环节再到批发零售市场、生产加工企业进行无缝隙全域监管。

3．农产品电子营销——实现青年人的创业梦

（1）农产品电商创业（F2B和F2C）。F2B即农产品直供模式，当前这种模式主要集中在城市，省去了中间渠道，将产品直接从产地运送至城市的学校、食堂、机关、酒店等机构。这种模式已经在全国范围内广泛运用，有的已经获得了一定额度的风险投资。F2C即线上多渠道模式，对于多品牌农业基地的产品，可以借助淘宝等电商平台，实现农场与家庭的对接，采用预售和订购的模式来销售农产品。

（2）农特微商创业。2015年，农特微商兴起，并出现井喷式增长，只要有地标性的特产，具备农特微商发展的基础，就可以进行农特微商创业。截至2024年9月，全国累计已有978家企业被认定为国家小型微型企业创业创新示范基地，其中有效期内获得示范基地认定企业455家。此外，农特微商还积极打造全国物流网络，为农特产品的配送创造物流条件。

（3）农村旅游平台创业。农业互联网化的趋势，不仅带动了农村市场的商品买卖以及服务，同时也促进了农村旅游业的发展。对于一些生产地标性特产的地方，可以通过

搭建农村旅游体验平台，在为消费者提供乡村旅游以及特色产品体验的同时，带动农特产品的销售。

二、科技进步，引领农业现代化发展

邓小平同志早在1982年10月就提出："农业的发展，一靠政策，二靠科学。"习近平总书记在2013年10月中央经济工作会议上指出："农业的出路在现代化，农业现代化关键在科技进步。""我们必须比以往任何时候都更加重视和依靠农业科技进步，走内涵式发展道路。"

食为民天，农为政本。党中央历来重视农业，改革开放40多年来发布了26个有关农业的中央一号文件，为我国农业现代化建设提供了强大的政策保障。

与城镇化、信息化和新型工业化相比，我国农业现代化还是"短腿"。2024年7月24日国务院新闻办举行的"推动高质量发展"系列主题新闻发布会上，农业农村部副部长张兴旺表示，党的十八大以来，我国整个农业科技发展取得了长足进步，2023年农业科技进步贡献率达到了63.2%，这个数据比2022年大体上提高了10个百分点。但整体科技水平与国际先进水平比较，还存在一些差距。

党的十九大报告提出"实施乡村振兴战略"，党的二十大报告提出"全面推进乡村振兴"。农业科技进步是实施乡村振兴战略的重要支撑和基础。随着乡村振兴战略的实施，我国现代农业的发展将走上绿色、生态、高效和可持续发展的快车道。

（一）依靠科技进步是基于国情的选择

我国耕地少，水资源缺乏，是典型的人多地少国家，我国人均耕地面积不到世界平均水平的40%，且中低产田占比在2/3以上，同时随着工业化和城市化进程的加快，耕地面积还在不断减少；而我国人口众多，对农产品的需求巨大，目前全球年粮食贸易总量只有4亿吨，仅相当于中国年消费量的2/3。面对这一基本国情，要保障农产品的有效供给，只有依靠科技进步，走产出高效、资源节约的农业现代化道路。

我国自然灾害频繁，环境承载能力较弱，目前我们用占世界1/3的化肥，生产了占世界1/5的粮食，这种靠要素投入的低水平生产，又加重了环境负担，是不可持续的。所以，我们要摒弃过去依靠"大肥大水"的资源消耗型发展模式，转而依靠科技进步，走产品安全、环境友好、可持续发展的农业现代化道路。

（二）农业现代化亟待加快农业科技创新

现代农业是科技化农业，主要依靠科学技术创新来提升农业技术水平，依靠技术培训和推广来提高农业劳动者的技术素质和生产技能。现代农业正在成为以生物技术和信息技术为先导的科技高度密集产业。目前，我国正处于由传统农业向现代农业转变的关键时期，农业发展正面临着资源与市场的双重约束、经济增长与生态保护的双重压力、农民增收与粮食安全的双重挑战。面对新形势、新变化，我国现有农业科技难以适应现代农业发展的需要。发展现代农业，特别在转变农业发展方式、提升农业整体竞争力、增强农业科技服务能力、农民持续增收与统筹城乡发展等方面，必须加快农业科技创新。

随着农业生产规模化、集约化程度的不断提高，家庭农场、农民专业合作社和农业企业等逐步成为农业生产的重要组成部分，对关键生产环节的技术服务产生巨大需求。因此，加快农业科技创新，提高科技服务的质量和水平，也能为农民持续增收提供保障。

（三）科技创新驱动农业现代化的必要性

1. 应对挑战与机遇

随着信息技术、生物技术和新材料等领域的快速发展，农业领域面临着新的机遇和挑战。科技创新能够帮助农业领域更好地应对这些挑战，把握机遇，实现可持续发展。

2. 提高生产效率与质量

科技创新可以推动农业生产方式的转变，提高生产效率和质量。例如，智能化的农业装备、精准化的农业生产管理系统以及现代化的农业技术，可以使农业生产更加高效、环保和可持续。

3. 突破资源环境约束

科技创新有助于突破资源环境的刚性约束，走生态低碳之路。通过科技手段，可以更加科学地利用和保护农业资源，实现农业可持续发展。

（四）科技创新驱动农业现代化的重要性

1. 支撑农业现代化

科技创新是农业现代化的重要驱动力。通过科技创新，可以推动农业产业结构的优化升级，提高农产品的附加值和市场竞争力，实现农业现代化。

2. 促进农村产业多元化发展

科技创新有助于促进农村产业的多元化发展。通过发展农村电商、乡村旅游、农产品加工等新业态，可以形成多元化的经济结构，提高抵御市场风险的能力，增加农民的就业机会和收入来源。

3. 提升农业国际竞争力

科技创新可以提高农产品的国际竞争力。通过引进和培育新品种、新技术，可以提高农产品的产量和质量，满足国内外市场的需求，提升农业的国际地位。

为了推动农业现代化进程，需要加大科技创新力度，加强农业科技创新体系建设，提高农业科技创新能力和水平。

（五）学好农业科技知识大有作为

随着我国现代农业建设持续推进，农业应该成为大中专院校毕业生就业创业的重要领域。

大学毕业生投身农业适应时代潮流。2024年中央一号文件指出“促进县域城乡融合发展。统筹新型城镇化和乡村全面振兴，提升县城综合承载能力和治理能力，促进县乡村功能衔接互补、资源要素优化配置。优化县域产业结构和空间布局，构建以县城为枢纽、以小城镇为节点的县域经济体系，扩大县域就业容量。统筹县域城乡基础设施规划建设管护，推进城乡学校共同体、紧密型县域医共体建设。实施新一轮农业转移人口市民化行动，鼓励有条件的县（市、区）将城镇常住人口全部纳入住房保障政策范围”，这给“三农”事业和广大的涉农企业提供了广阔的发展空间。农业企业立足于农业，有良好的产品空间，农业企业对知识人才的需求大，为大学毕业生提供了广阔的就业空间。而大学毕业生理论强实践弱，投身农企，在生产一线实践，就能很快掌握农业生产的技能，得到全面的专业历练。大学毕业生现在选择涉农企业，一开始可能很辛苦，但是通过自己的双手去创造自己的未来，过程是特别美好的。大学毕业生投身农业，就是一种适应时代潮流的表现。

榜样人生

羊肚菌是一种珍稀食用菌品种，素有“菌中之王”的美誉，营养价值高，市场前景好。但其对人工栽培技术要求高，而湖南地区降雨量大，不利于羊肚菌的生长，存在的技术壁垒一直难以打破。娄底职业技术学院村干部定向培养班2019级毕业生易强强毕业后返乡任湖南省冷水江市渣渡镇和平村党支部副书记，带领乡亲对全国300多个羊肚菌品种进行对比试验、分离培育、驯化栽培后，成功研发出一款产量稳定，适合湖南地区种植的羊肚菌品种——“芊炎一号”。紧接着，他又在“芊炎一号”的基础上研发出第二代产品——“芊炎二号”。“芊炎二号”个头大，抗高温，出菇爆发性强，产量比“芊炎一号”还要高出30%。

如今，在易强强的努力下，和平村羊肚菌种植产业已经形成了集种植、加工、销售的完整产业链，直接带动37人就业，间接带动614人从事相关产业。此外，易强强还向合作社、大型种植户、农户提供菌种、技术指导和保底回收。2024年易强强带动更多的农户从事羊肚菌的种植，同时研发新的品种，慢慢地扩大种植规模，“让羊肚菌成为家乡的一张特色名片。”

羊肚菌产业从无到有、从有到优，既为乡村振兴、当地村民增收提供了动力，也吹响了美丽乡村振兴的号角——广大青年既是追梦者，也是圆梦人。作为“村干部定向培养工程”培养出来的大学生“村官”，易强强扎根基层，在农村这片广阔天地中，释放青春激情，追逐青春理想。这里，已成为逐梦青春的最佳战场。

课堂思政

大学毕业生投身于现代农业创业，并不是去做传统概念中的农民，而是成为掌握科技知识的新型农民带头人。掌握农林技术的大学毕业生，回农村创业、做新型农民正当时，也是科技转变现实生产力的重要形式，从事现代农业创业一定大有作为。

三农学思

在全面贯彻习近平新时代中国特色社会主义思想和党的二十大精神、实施乡村振兴战略，建设创新型国家的时代背景下，新时代农业竞争的实质是科技的竞争，农业现代化实现的关键必须依靠农业科技创新。当前我国农业农村现代化还面临若干重大问题，唯有依靠农业科技创新来解决。同时，新一轮科技和产业革命蓄势待发，信息、能源、材料和生物等技术领域不断突破，技术进步呈现出群体性、融合性重大革新态势。科学、技术和产业发展之间的互动关系越来越紧，相互渗透越来越深，转换周期越来越短。作为农林类专业学生，应该如何将所学知识技能与新时代农业科技需求相衔接，促进农业科技整体跃升，为促进乡村振兴奉献自己的光和热，共圆农业现代化的中国梦？

思维拓展

1. 列举出新型现代农业技术。
2. 农业现代化的关键是什么？

项目五 保障粮食安全——把饭碗牢牢地端在自己手上

项目导航

我国是人口大国、解决好吃饭问题始终是治国理政的头等大事。改革开放40多年以来，我国取得了巨大的发展成就，其中一个重要标志就是解决了14亿多中国人的吃饭问题，即温饱问题。这也是中国历史上绝无仅有的奇迹，即便在诸如文景之治、贞观之治、开元盛世、康乾盛世等国力鼎盛时期，也都没有解决全国性的温饱问题。这一成就不是凭空而来的，它完全来自国家对粮食安全的高度重视和扎实工作。本项目主要叙述中国粮食安全的重要性与保证粮食安全的举措。

学习目标

知识目标

1. 了解中国粮食安全的重要性。
2. 熟悉保证粮食安全的重要举措。

能力目标

1. 能够分析国家粮食安全战略等政策对粮食生产、流通、消费等环节的影响。
2. 能够从粮食安全问题分析保障粮食安全的措施。

素养目标

树立强烈的社会责任感和使命感，加强对国家粮食安全问题的关注度和责任感，认识到粮食安全是国家安全的重要组成部分，自觉投身于保障国家粮食安全的伟大事业中。

项目重点

中国粮食安全的重要性；我国保证粮食安全的具体措施。

项目内容

一、粮食安全是国家安全的重要基础

一个国家的安全，从经济学角度看包括三个方面：粮食安全、能源安全、金融安全。粮食是人类社会的刚性需求，故而粮食安全尤为基本，关系人们基本的生存权利。

粮食安全指保证任何人在任何时候能买得到又能买得起为维持生存和健康所必需的足够食品。1974年，联合国粮农组织将粮食安全定义为：粮食安全从根本上讲指的是人类的一种基本生活权利，即“应该保证任何人在任何地方都能够得到未来生存和健康所需要的足够食品”，它强调获取足够的粮食是人类的一种基本生活权利。1983年，联合国粮农组织对这一定义作了修改，提出粮食安全的目标为“确保所有的人在任何时候既能买得到又能买得起所需要的基本食品”。

纵观中国历史发展规律，粮食富足则国家昌盛就有基本保障。“国以民为本，民以食为天”“仓廪实而知礼节”“手中有粮，心中不慌”“洪范八政，食为政首”等，这些警句、谚语、俗语都告诉所有的中国人一个基本经验，即粮食必须确保安全，否则其他一切都是没有保障的“空头支票”。任何一个朝代或执政者忽视粮食安全，或者缺乏宏观视角解决不好粮食问题，就容易造成“饿殍遍野”“人相食”“易子而食”等历史悲剧。

从近现代到改革开放以前，中国的发展经验教训中，同样有着深刻的记忆。1840年鸦片战争爆发时，中国人口为41281万，大体相当于中华人民共和国成立之初的人口水平。道光年间自然灾害频发，长江流域还发生了千年不遇的特大洪水，加之本身因饥饿贫困引发的太平天国运动带来了激烈的社会动荡，粮食基本供应根本无从保证，人口在1862年（同治元年）降至最低点22542万。1959—1961年，我国经历了连续三年的困难时期，全国性的粮食短缺和饥荒，至今仍是中国人的集体记忆。

关于粮食安全，习近平总书记在2013年12月23日中央农村工作会议上强调，“我国13亿多张嘴要吃饭，不吃饭就不能生存，悠悠万事，吃饭为大。只要粮食不出大问题，中国的事就稳得住。”

党的十八大以来，以习近平同志为核心的党中央始终把解决粮食安全问题作为治国理政的头等大事，重农抓粮一系列政策举措有力有效，我国粮食产量站稳6.5亿吨台阶，实现谷物基本自给、口粮绝对安全。我们把饭碗牢牢端在自己手中，为保障经济社会发展提供了坚实支撑，为应对各种风险、挑战赢得了主动。2017年10月18日，习近平总书记在党的十九大报告中指出：“确保国家粮食安全，把中国人的饭碗牢牢端在自己手中。”这是基于深刻的历史教训与现实迫切要求提出的国家粮食基本政策原则，即自给自足。由此，中国粮食安全问题再一次引起世人关注，粮食安全工作进入了新阶段，提出了更高的要求，提到了更高的战略高度。习近平总书记在党的二十大报告中指出：“全方位夯实粮食安全根基，全面落实粮食安全党政同责，牢牢守住十八亿亩耕地红线，逐步把永久基本农田全部建成高标准农田，深入实施种业振兴行动，强化农业科技和装备支撑，健全种粮农民收益保障机制和主产区利益补偿机制，确保中国人的饭碗牢牢端在自己手中。”这是居安思危的深长考量，是对世情、国情、农情的深彻洞察，也是一个大党、大国、大局的深远谋划。

（一）中国人的饭碗要牢牢端在中国人的手中

粮食自主供给是一个国家发展的重要保障。中国古代社会的粮食品种主要有：黍、稻、菽（大豆）、大麦、小麦、薏米等。中国人普遍用“五谷杂粮”来泛指粮食。我国北方以种植粟、黍为主，南方以种植水稻为主。当代中国的粮食作物主要有：麦、水稻、大豆、玉米、薯类。全球化背景下，现在世界上的粮食种类各具特色，美国的玉米、大豆，泰国的香米等，价廉物美，广受消费者欢迎，大大丰富了粮食的来源。那么是否就可以认为我国能够任意地在国际市场上大批量采购粮食，并作为我国粮食的主要供应来源呢？答案显然是否定的。其原因大致有以下几点，而这些也正是我们要将饭碗牢牢端在自己手中的原因。

1．完全依赖国际市场等于放弃粮食主权

国际市场无法满足我国粮食的巨量需求。截至2023年，全球粮食贸易量为4亿多吨，仅占我国年消费量的2/3。我国14亿多人口总量决定了每年粮食需求基本总量，即使我国把国际市场上的粮食都买过来，也不够吃一年。因此，完全从国际市场上购买粮食十分危险，将使我国处于完全受制于人的被动状态。同时，国际粮食市场供求关系很不稳定，粮食供应总量年际波动较大。完全依靠国际粮食市场解决中国人的吃饭问题是不可行的。

2．完全依赖国际市场的不可预测性因素众多

原产地在别国的国际市场粮食，从产地到达消费国，再到人们的餐桌，其间容易受到军事、政治、外交及极端天气等诸多因素的影响，不能及时满足国内市场需求。比如，委内瑞拉是经济结构单一的国家，其粮食消费严重依赖国际市场。近年来，其与美国的关系紧张之后，美国采取了严厉的经济制裁措施，直接导致其国内食品价格飞涨，乃至国民经济濒临崩溃，致使其政府一度陷入几乎垮台的境地。

3．完全依赖国际市场将影响国内农村地区的基本稳定

尽管当前我国的城镇化水平有了很大提升，但仍没有改变我国是农业人口大国的基本事实。截至2020年，居住在乡村的人口为50979万，依然是一个庞大的群体。第一产业比重虽然持续降低，但作为传统农业大国，广大农村地区仍有大量人口依靠务农种粮来维持生计。假如粮食消费主要依赖进口，势必造成广大农村出现大量无法及时转移的富余劳动力，极易发生社会稳定问题，进而影响整个国家的安全与稳定。

4．完全依赖国际市场有悖于大国责任担当

中国要在国际上树立大国形象必须承担国际社会责任。2014年，联合国粮农组织发布的《粮食不安全状况2014》报告指出，世界饥饿人口已达10.2亿，创历史最高水平。不少亚洲、非洲、拉丁美洲国家仍有很多贫困地区和难民，饱受饥饿的痛苦。若因中国大量购买粮食而导致国际粮食价格过高或供给不足，便易引发人道主义危机。因此，从履行国际社会责任道义而言，中国更要立足于自身的粮食安全保障，立足于自己的粮食

生产能力，不能争夺国际市场粮食资源，特别是不能与贫困国家和地区的人们去争夺粮食。

（二）目前我国面临的粮食安全隐患

当前我国面临的粮食安全风险中，以下四点尤其应引起我们的注意。

1. 中国的人口持续增加

粮食需求与人口数量息息相关。1949年我国人口约为5.4亿人，2023年增加到14.1亿人，增加了8.7亿人，平均每年增加1173万人，年均增长率为1.3%。粮食需求量使我国粮食供给压力巨大。与此同时，世界人口同样在增长，粮食供应面临捉襟见肘困境。这成为我国实现“两个一百年”奋斗目标的重大课题，需要集中力量确保我国的粮食基本产量和供应。

2. 城镇化推进过程中占用大量耕地

2024年2月29日，国家统计局发布的《中华人民共和国2023年国民经济和社会发展统计公报》显示，2023年末全国总人口140967万人（不包括港澳台地区），比上年末减少208万人，其中城镇常住人口93267万人。与此相伴的问题是大量的城市建设用地、工业生产用地需求与耕地存量之间的突出矛盾。例如，随着城市的迅速扩张，很多城市修建飞机场，但修建候机楼和跑道的同时，还要修建机场公路、宾馆、商场等，这些都要占用大量基本农田。如何实现农业生产用地与城镇化用地间的平衡，正考验着中国人的集体智慧。

3. 随着经济社会的发展，人民生活水平不断提高，食物消费结构日趋高级化

目前我国人均GDP已经基本达到1万美元，进入了一个新阶段。我们的食物结构也随之在发生着重大变化——以淀粉类为主的消费结构，逐渐转变为各种肉类、蛋奶类物占比更高的消费结构。看似基本的粮食消费降低了，而实质上粮食通过饲料等形式转化成了更复杂的肉禽蛋奶等食物。根据相关文献，食物与粮食的转换系数为：谷物为1、蔬菜为0.2；食油为3.1、肉类为4、家禽为2.8、蛋类为3；水产品为2.5、食糖2.5、酒为2.5。由此可知，我们对粮食的消耗较之前显然是更大了。2018年全球各国肉类消耗量（包括猪肉、牛肉、羊肉、禽肉）数据显示，我国的肉类消耗量达到8829.6万吨，高出第二位欧盟28国近1倍。

4. 粮食总产量接近极限

粮食单产增速虽然不断有新突破，但综合现有土地供应量、政策环境、技术条件等主要因素，粮食总产量已基本见顶。根据国家统计局的数据，2004年全国粮食单产为4620.5千克/公顷；2017年为5506千克/公顷，比2016年增加54千克/公顷，增长1.0%。在经过连续10多年粮食总产量增加之后，由于全国性土地政策变化，2018年全国粮食产量为65789万吨，比上年减少371万吨，减产0.6%。同年，虽然由中国“杂交水稻之父”袁隆平率领的研究团队培育的水稻品种“湘两优900”，创造了每公顷产量超过18吨的

纪录，但是出于对土地资源及优质良田的保护，整体的粮食总产量提高将不再成为国家的主要目标。超级水稻的数据，目前还只是试验田理论数据，不是大面积生产数据，即使要全面推广，也受时间、耕地条件等诸多因素的限制。

此外，还需强调的是，危机意识在粮食安全面前尤为重要。粮食问题不仅是经济问题，更是非常严肃的社会问题和政治问题。中国历朝历代的农民起义，多由荒年之后的粮食危机引发，带来社会剧变和生灵涂炭。中华人民共和国成立初期，粮食供应紧张。1953年，中央政府决定实行粮食统购统销政策，包括粮食计划收购政策、粮食计划供应政策。1955年8月25日，国务院全体会议第十七次会议通过《市镇粮食定量供应凭证印制暂行办法》，随后粮食部向全国发布这一暂行办法，各种粮食票证进入社会。1993年，粮油实现敞开供应，粮票已无用武之地，被正式宣告停止使用，长达近40年的“票证经济”就此落幕，老百姓再也不用为找不到粮票发愁了。殷鉴不远，我们不能忘记历史，不能放松对粮食问题的警惕。

榜样人生

“杂交水稻之父”袁隆平

禾下乘凉梦，一梦逐一生。他是用毕生努力发展杂交水稻的追梦人；他躬耕田野，脚踏实地把科技论文写在祖国大地——他，就是袁隆平。

20世纪五六十年代，亲历过饥馑岁月的袁隆平选择农业报国。1953年从西南农学院毕业后，袁隆平来到湖南省安江农校工作，一心扑在农学研究上。袁隆平认为，杂种优势是自然界中存在的普遍现象，可是在传统理论中，水稻恰恰没有杂交优势，它是一种自花授粉作物。一株水稻只要一开花，雄花自然就会给同株上同时开放的雌蕊柱头授粉。

1961年7月，袁隆平在安江农校周边的田里发现一株鹤立鸡群的水稻。水稻播种后，高产的性状没有再现，反而出现严重的性状分离。他根据孟德尔的豌豆实验推测，发现的这株水稻是一株天然的杂交水稻。有了这个分析以后，他就认为既然自然界能够长出天然杂交稻，在自然界应该也可以找到雄花是败育的、雌花是正常的天然雄性不育株，那么人工也可以培育出杂交稻。

为了寻找天然雄性不育水稻，1964年到1965年，在安江农校附近的稻田里，袁隆平一垄垄、一行行地检查了几十万株稻穗。他冒着高温，在田里晕倒了爬起来继续找，坚持不懈地找了两年，终于找到了6株天然雄性不育稻株。他立刻利用它们反复试验、反复论证。

此后，袁隆平与他的学生李必湖、尹华奇成立“三人科研小组”，开始了水稻雄性不育性的研究。1964年到1970年间，袁隆平师徒几人用栽培稻的雄性不育株，先后与近1000个品种做了3000多个杂交试验，以期在后代中获得稳定的雄性不育水稻。但结果却不太令人满意，达不到始终保持不育。这也意味着无法进行大规模生产。

袁隆平反复思索、比较，敏锐地意识到，他们所用的杂交材料，亲缘关系还是比较近，如果再把杂交材料的亲缘关系拉大，用一种远缘的野生稻与栽培稻进行杂交，效果也许会更好。

1970年，袁隆平的助手在海南南红农场工作人员的帮助下，在当地一处沼泽中发现了后来被称为“野败”的雄性不育野生稻。袁隆平以它为母本，培育出了200多粒“野败”的第二代不育株稻种种子。从第一株天然杂交稻到“野败”，经历了将近十年时间，杂交水稻研究终于找到了突破口。

像袁隆平一样，我国一代又一代科学家怀着深厚的爱国主义情怀，凭借精湛的学术造诣、宽广的科学视野，前赴后继、接续奋斗，为祖国和人民作出了彪炳史册的重大贡献。

二、确保谷物基本自给、粮食绝对安全

化解粮食安全风险，避免出现粮食安全危机，需要充分认识我国在粮食安全问题上存在的各类短板，并针对这些短板及时开展工作。进入21世纪以来，党中央和国务院就此工作先后出台过许多重大举措。以下将围绕国家采取的相应举措以及目前仍旧存在的明显短板问题进行说明。

（一）多策并举，努力保证粮食安全

1．严防死守土地数量

严防死守土地数量，即要守住18亿（1.2亿公倾）亩耕地红线。18亿亩耕地红线是经过科学测算得来的。我国每年增加上千万人口。根据国家统计局提出的我国粮食消费标准和农业农村部等有关部门的研究，2030年人均粮食需求量应为440千克，全国粮食需求总量为7.04亿吨。粮食生产总量取决于耕地数量、播种面积单产、粮食总产量与粮食播种总面积之比、复种指数和天气。国家统计局公布的数据显示，2019年我国稻谷单产7059千克/公顷，同比增长0.5%。我国耕地的复种指数逐年提高，由1952年的131%提高到2000年的158%，继续提高的空间有限。粮经比（粮食作物和经济作物之比）虽然会进一步降低，预计到2030年的粮经比将降到62%，但仍高于当前世界平均水平46%。按以上算法到2030年，如果我国粮食完全自给，需要耕地1.298亿公顷；如果实现粮食95%的自给目标，则需要耕地1.23亿公顷。

2008年10月，国务院印发《全国土地利用总体规划纲要（2006—2020年）》，其中土地利用的目标和任务提出6项约束性指标和9项预期性指标。6项约束性指标，即集中耕地保有量、基本农田保护面积、城乡建设用地规模、新增建设占用耕地规模、整理复垦开发补充耕地义务量、人均城镇工矿用地，其核心是确保18亿亩耕地红线——中国耕地保有量到2010年和2020年分别保持在18.18亿亩和18.05亩，确保15.60亿亩基本农田数量不减少，质量有提高。

2. 严防死守土地质量

作为珍贵的土壤资源，黑土地性状好、肥力高、适宜农耕，东北典型黑土耕地面积约0.185亿公顷。多年来，为了保障粮食供给，东北黑土区耕地资源长期透支，化肥药投入过量，导致黑土变“瘦”。监测数据显示，近60年来黑土耕作层土壤有机质量下降1/3，部分地区下降50%。由此可见，土地质量保护问题是一个非常严峻的问题。我们不但要把18亿亩耕地保护下来，而且要保护高品质的土地。

事实上，在当前土地资源需求的挑战下，“耕地保卫战”从未停止。为此，国家对耕地保护采取的基本政策是“占补平衡”。守住18亿亩耕地红线，关键是要把“占一补一”落实到位。工业化、城镇化占用土地，占用一亩必须补上一亩，而且不能“以次充好”。各地都尝试各种办法。例如，上海的工业化、城市化速度很快，但上海同样是采取这个土地政策。从哪里补土地？第一，上海全市统筹。比如在崇明岛东滩实行造地行动，通过围垦滩涂，扩大土地规模，变成基本农田，并将该指标补充城市发展急需的地。第二，整理农村道路和宅基地，整理出来变成农田。第三，拆除违章搭建，将其所占土地恢复为耕地。再如，黑龙江省作为粮食主产区，严格执行耕地占补平衡制度，耕地连续17年实现占补平衡有余。近年来黑龙江省落实土地整治和高标准农田建设任务6.13万公顷，使其承担的国家粮食安全“压舱石”的作用越来越坚实稳固。黑龙江省还在全国率先出台了保护区内矿权退出及处置意见，据黑龙江省自然资源厅统计，截至2019年3月，签订退出矿权协议89个，避除生态红线矿业权582个。关闭注销小煤矿367个，对1570个砂石土矿进行了分类排查整改。联合农业农村部门对15404个违法违规大棚房分类整改4626个，恢复耕地173.6公顷。通过以上各种方式，努力做到“占补平衡”。

3. 做好“藏粮于地”和“藏粮于技”

我国长期以来习惯于藏粮于仓、藏粮于民、以丰补歉的策略。耕地占补质量严重不平衡，耕地总体质量下降，致使粮食生产能力不足，只能尽可能扩大粮食播种面积和提高单产，利用丰年的节余弥补歉年的不足。这就带来了高额的仓储费用，形成了财政的巨大负担，同时也影响了其他作物的发展和农民收入的增加，特别是不能保证我国的粮食安全，如果连续几年歉收，就给粮食的供应带来很大压力。针对这一问题，党中央、国务院高度重视粮食安全，将“藏粮于地、藏粮于技”战略作为保障国家粮食安全的重要抓手。

“藏粮于地”是指确保土地的可持续发展能力。在粮食供过于求时，采取轮作休耕一部分土地来减少粮食生产数量，粮食紧缺时又将这些土地迅速用于生产粮食，通过耕地的增加或减少来维持粮食供求的大体平衡。实行土地休耕，虽然不生产粮食，但粮食生产能力还在，并且土地休耕后还可提高地力，实际上就等于把粮食生产能力储存在土地中。

“藏粮于技”是通过研究开发粮食科技，用科技手段维持粮食供求平衡，坚持应用一代、储备一代、开发一代，根据粮食市场的平衡状态，适时地采用相应的技术，始终保持科学技术的接续能力，实现土壤健康、种植合理。还要通过涵养土壤，推广优良品种，采取标准化高产高效绿色技术模式，提高粮食生产效率和水平。

4．落实中央和地方两个责任制

保障国家粮食安全，中央承担首要责任。中央财政每年从重大水利设施建设、中低产田改造、科技创新推广、信息化服务、市场体系完善、农产品质量安全、主产区转移支付等方面，加强对粮食生产的支持。

同时要求各级地方政府树立大局意识，增加粮食生产投入，自觉承担维护国家粮食安全责任，不能把担子全部压到中央身上。坚持“米袋子”省长负责制，即要各地行动起来，共同加强粮食生产能力、储备能力、流通能力建设，切实保护耕地。

5．充分用好国际市场

中国饭碗主要装中国粮，并不意味着完全不进入国际市场。在国内粮食生产确保谷物基本自给、口粮绝对安全的前提下，为了减轻国内农业资源环境压力、弥补部分国内农产品供给缺口，国家每年都保持着合理规模的国际市场农产品进口。在面向国际市场，把握有利时机，适当引进的同时，鼓励有条件的农业企业在国外建立粮食生产基地和粮食收储中心，降低国内资源压力。

（二）目前凸显的短板问题

1．水利问题日趋严峻

1934年，毛泽东同志提出“水利是农业的命脉”，切中了农业古国和大国的要害。俗话说，“有肥无水望天哭，有水无肥一半谷”。水在粮食生产中是最活跃的因子，对粮食产量具有决定性影响。中国是结构型缺水国家，沿海地区缺农业生产的优质水，北方地区，特别是华北、西北和东北都是严重缺水。水资源短缺、时空分布不均是我国的基本国情。近些年来，随着人增地减水缺的矛盾日益突出，保障粮食等农产品供求平衡的任务更加艰巨，而农业比较效益持续下降又制约了农田水利投入的积极性，农田水利建设组织难、管理难等问题突出。一方面缺乏科学规划，资金投入分散、使用效率低；另一方面工程建设、运行维护机制不完善，同时农田灌溉用水方式粗放，投入和保障扶持也不到位。

截至2023年末，我国75%以上的粮食产量、80%左右的粮食产量增加量均来自粮食主产区。一旦粮食主产区在粮食生产方面出现问题，势必会严重影响我国的粮食安全，从而引起社会的动荡。粮食主产区的粮食产量受多方面因素的影响，其中最重要的无疑是农业基础设施的投入使用情况，而农田水利设施又是重中之重。虽然国家政策一直在扶持包括农田水利设施在内的各项农业基础设施的发展，但是我国的农田水利设施依旧薄弱，薄弱的农田水利设施等农业基础设施已经严重阻碍了我国粮食主产区粮食的生产和农业现代化的建设。例如，河南省作为中部的产粮大省，它的水利骨干工程完好率没有达到50%，近40%的农田还要靠天产粮；而位于东北的产粮大省黑龙江由于缺乏大型的江河控制性工程，农田的有效灌溉面积甚至达不到全国平均水平的一半。所以，有必要对我国粮食主产区农田水利设施的投资情况进行分析，进而加强和完善我国粮食主产区的农田水利建设，保证粮食的安全生产。

2. 种子产业发展滞后

粮安天下，种子是粮食安全之母，也是农业的核心竞争力。在关键时期，一粒种子可以绊倒一个政党，可以控制一个国家，也可以毁灭一个民族。我国种业目前处于初级发展阶段。我国在种子原始创新方面与世界农业先进国家存在很大差距。国际种子联盟（International Seed Federation，ISF）数据显示，全球种子市场价值持续增长，2012年、2015年全球种子市场价值分别为450亿美元、538亿美元，分别比21世纪初的304亿美元增长48.0%、77.0%。根据贝哲斯咨询发布的转基因种子市场研究报告显示，预计到2028年全球转基因种子市场规模将达到862亿美元，2023—2028年的复合年增长率为12%。以我国市场为例，大约有35家跨国种子企业在我国设立科研机构、合作或单独成立公司，主要集中在棉花、玉米、水稻、花卉、蔬菜等农作物品类上，其中包括孟山都、杜邦先锋这类行业巨头，它们凭借强有力的科研实力和高效的管理体系快速抢占中国市场。据《中国农业知识产权创造指数报告（2013年）》显示，进口种子已全面进入中国市场，占比越来越大，大豆为70%、向日葵为60%、甜菜高达95%；而玉米、水稻等大田作物的进口种子，在我国一些地区市场占有率高达60%以上。

3. 农民种粮和各地区抓粮积极性不足

当下单纯依靠种植粮食作物，种植成本是多少呢？据相关学者统计：水稻种植的总成本为970元/亩，水稻每亩收成550千克，按市场价计算，总收入为1980元/亩。扣除种植成本，水稻净收入为1010元/亩。由于种植成本不断上升，各类财政补贴成为保护农民种粮积极性的重要保障。

如果没有其他经济作物，单纯种植粮食作物，那么种一亩粮的收入还不如在外1~2天的务工收入。现行的农业补贴政策存在一定程度的“吃大锅饭”现象，没有精准施策，没有体现让多生产粮食者多得补贴的愿望。

同时由于农业本身是收益率非常低的产业，也影响了各地区干部抓粮食生产的主动意识。如不及时强化对主产省和主产县的财政奖补力度，逐步建立健全对主产区的利益补偿机制，保障产粮大县重农抓粮得实惠、有发展，只会导致生产粮食越多者越吃亏的局面更加扩大。

4．粮食的生产浪费及消费浪费严重

据国家粮食主管部门测算，截至2023年底我国粮食产后仅农户收获、储藏、运输、加工等环节损失浪费总量每年达350亿千克以上，相当于2亿人1年的口粮。

（1）粮食收割过程不当易有损耗。一些收割机司机为了赶工期，收割时机器行进速度普遍高于正常要求速度，往往导致米粒还未与秸秆彻底分离，就被抛出收割机外。

（2）储藏粮食不科学，引来虫吃鼠咬霉变。粮食收割后损失最大的环节是农户储存。据国家粮食主管部门2023年抽样调查，农户储粮损失最严重的是东北地区，平均约为10.2%；其次为西北地区，约8.8%；长江中下游和黄淮海地区分别约为7.4%和5%。农户储粮损失中，鼠害造成损失最严重，造成损失的根本原因是储粮设施简陋，储粮条件差，缺乏科学技术。

（3）不合理散装运输，造成运输损耗。近年来，粮食产销衔接、跨省流通、区域调剂任务越来越重，但我国粮食流通过程“散装、散运、散储、散卸”的四散化比例较低，原粮从收购环节到加工环节需要反复经过打包、拆包、再打包的过程，浪费比较严重。

（4）为了迎合许多消费者对粮食卖相“精、细、白”的追求，原粮要经历多次加工过程，导致粮食过度加工。据国家粮食主管部门测算，我国每年在粮油加工环节造成的粮食浪费达750万吨以上。

（5）我国在粮食消费环节的浪费损失也同样触目惊心。联合国粮农组织和国家粮食主管部门数据显示，中国每年生产的粮食中有35%被浪费。这种“舌尖上的浪费”引起人们的广泛关注。我国从改革开放之初的不能温饱到如今的物质富足，仅用了四十几年的时间，经济从一极到另一极的迅速转变，使许多人的心理产生了极度放松，对食物浪费熟视无睹，坦然相对。对此，除了继续宣传，倡导绿色生活，倡导简朴、简单、简约的生活，引导更多人积极参与“光盘行动”外，通过立法来遏制粮食浪费恐怕也是必要的。

拓展阅读

“谁知盘中餐，粒粒皆辛苦。”这是中国孩子耳熟能详的诗句。

在河北正定工作时，习近平同志在机关食堂和大家一样排队打饭，有时来晚了就没菜了，一样两个馒头一块卤豆腐。而当他下乡吃饭时，一定要在乡镇食堂，粮票、饭费一定要如数交纳。公务接待则是以缸炉烧饼、猪头肉为主打的便餐，或者

干脆就是饭菜合一的一盘饺子。

在福州工作期间，习近平同志同样节俭务实。福州举办首届工艺美术节时，各地客商蜂拥而至。他想出一个两全其美的好办法——用福州本地的风味小吃接待客人。客人们吃得很高兴，也借此机会推广了风味小吃。后来，福州市甚至省里的接待办都经常用太平燕、鱼丸、锅边、芋泥等福州小吃招待客人。

党的十八大后，中央八项规定狠刹享乐奢靡不正之风。习近平总书记率先垂范。广东的自助餐、河北的大盆菜、古田的红米饭、梁家河的油馍馍……考察调研时的一餐一饭，处处彰显节俭朴素的优良作风。

“勤俭节约的习惯应该保留下去。我家里到现在啊，盛在碗里的，一个饭粒都不能丢了。从我父亲那时候传下来，糟蹋粮食良心上要受指责的。”习近平总书记在参加2018年全国两会山东代表团审议时，深情地说。

餐桌上的节约，尊重的是辛劳，折射的是美德。

习近平总书记在2013年中央农村工作会议上指出，中国文化中有很多关于节约粮食的内容，应该从小给孩子们灌输，弘扬勤俭节约的好风尚。要加强节约粮食工作，从餐桌抓起，从大学食堂和各个单位食堂、餐饮业抓起，从幼儿园、托儿所以及各级各类学校抓起，从每个家庭抓起，让节约粮食在全社会蔚然成风。

三农学思

作为农林类专业学生，应该认识到粮食安全的重要性，增强自身的粮食安全意识和素质。通过学习、宣传和参与等多种方式，积极参与到粮食安全工作中去，为保障国家粮食安全贡献自己的力量。

思维拓展

1．中国粮食安全的重要性有哪些？

2．目前我国粮食安全面临的问题有哪些？

3．保证粮食安全的举措有哪些？

项目六 保障食品安全——从田间到餐桌的风险治理

项目导航

民以食为天，食以安为先。食品安全关系人民群众身体健康，关系社会健康稳定发展。2014年1月，习近平总书记在内蒙古考察大型乳制品企业时强调："食品企业要生产出高质量的放心食品，确保人民群众'舌尖上的安全'。"党的二十大报告提出："强化食品药品安全监管，健全生物安全监管预警防控体系。"在数字技术深度融入经济社会发展、深刻影响社会治理方式的今天，以数字化赋能食品安全治理，是落实食品安全战略、提高公共安全治理水平的重要途径。我们要充分发挥数字技术的支撑和保障作用，创新食品安全治理，织密织牢食品安全全链条全覆盖的防护网络，确保人民群众"舌尖上的安全"。本项目主要叙述如何保障食品安全。

学习目标

知识目标

❶ 了解目前食品安全存在的问题与隐患。

❷ 理解食品安全的重要性。

❸ 了解保障食品安全的措施。

能力目标

❶ 能够深入理解国内外食品安全法律法规、标准体系及政策导向。

❷ 通过学习，具备对食品安全风险进行识别、评估、预测及应对的能力。

素养目标

树立强烈的食品安全责任意识，始终以保障公众健康为首要任务。增强社会责任感，积极参与食品安全知识的普及与宣传，增强公众食品安全意识，为构建和谐社会贡献力量。

项目重点

食品安全存在的问题与隐患；保障食品安全的具体措施。

项目内容

一、食品安全问题的新定位

2012年纪录片《舌尖上的中国》热播，引起了“吃货”们的热捧，人们对新鲜的食材、美味的食物趋之若鹜。美味固然重要，但人们在追求美味食物的同时，也越来越重视食品（含农产品，下同）的安全。食品安全已成为全社会最关注和最重要的问题之一。食品的安全能否得到保障直接关系到人民健康，也直接体现了社会诚信和道德。

近年来我国花了很大的力气抓食品的安全工作，取得了一定成效，但是食品质量安全，基础仍然比较薄弱，质量安全事件时有发生，成为我们的心头之痛。食品安全社会关注度高，舆论的燃点低，一旦出问题很容易引起公众恐慌，甚至酿成群体性事件。当前，我国食品安全问题主要体现在以下几个方面。

（一）食品生产环境受污染

随着社会的发展，大气污染、水污染、土壤污染等严重破坏了初级农产品的生产环境，进而影响了食品的食用安全。优质的生产环境，是农作物茁壮成长、保证食品质量安全的基础，但现阶段，我国的农业用地、农业用水污染却较为严重，主要体现在工业废水废气的随意排放，农药化肥过量使用，造成农作物重金属（如铬、镉、铅、汞等）超标，酚类物质、苯类物质、致病性微生物污染等。这些都会导致农产品的质量下降，使食品的安全性得不到保障。

（二）食品生产加工领域问题突出

根据2021年修正的《中华人民共和国食品安全法》有关规定，食品添加剂是指为改善食品品质和色、香、味以及为防腐、保鲜和加工工艺的需要而加入食品中的化学合成或者天然物质，包括营养强化剂。由于食品工业的快速发展，食品添加剂已经成为现代食品工业的重要组成部分，并且已经成为食品工业技术进步和科技创新的重要推动力。《食品安全国家标准 食品添加剂使用标准》中强调，在食品添加剂的使用中，除保证其发挥应有的功能和作用外，最重要的是应保证食品的安全卫生。目前我国食品添加剂大约有23个类别，2000多个品种，包括酸度调节剂、抗结剂、消泡剂、抗氧化剂、漂白剂、膨松剂、着色剂、护色剂、酶制剂、增味剂、营养强化剂、防腐剂、甜味剂、增稠剂、香料等。

但是，一些食品生产企业或个人，因利益驱使，在食品生产过程中过量使用或违规使用一些添加剂，甚至是工业化学试剂。这导致的食品安全事件层出不穷。例如2005年的“苏丹红”、2011年的“瘦肉精”等事件无一例外地都对消费者的健康安全构成了严重威胁，并引发了社会恐慌。

（三）食品流通领域管理不规范

根据《流通环节食品安全监督管理办法》的有关规定，食品经营者应当依照法律、法规和食品安全标准从事食品经营活动，建立健全食品安全管理制度，采取有效管理措施，保证食品安全。由此可见，食品流通环节是食品安全保障工作的重要一环，但也是食品安全事件频发的重要节点。一些企业由于缺乏相应的管理知识，在食品收购、运输和储藏方面往往缺少安全防范意识和相关的保障措施，无法按照规范化的制度进行相关流程操作，导致食品安全问题的发生。还有的企业利用食品安全管理方面的漏洞，在缺乏有效管理的农村市场、城乡接合地区或校园附近出售假冒伪劣食品。此外，食品安全流通中因缺乏完善、明晰的规章制度，进货查验制度、质量承诺制度、问责追究制度无法得到有效落实，混乱现象较为普遍，所有这些因素都促成了食品安全风险事件的爆发。

（四）食品监管和法律保障不完善

目前我国在食品安全监管制度建设方面和法律保障方面仍存在一定程度的不完善性。

1．监管主体不明确

在2021年修正的《中华人民共和国食品安全法》及《党和国家机构改革方案》出台之前，食品安全监管职责划分不够明确，职责规范不够清晰，许多部门如市场监管部门、卫生部门、食品安全部门，职责交叉、含混不清，势必影响食品安全监管工作的有序开展。

2．食品安全法律法规体系不完善

食品安全法律法规体系不完善，可操作性差、协调性差，导致在执法过程中执法人员无所适从。国家标准、行业标准和地方标准层次结构不够合理、清晰，基本标准、产品标准、方法标准间不够协调配套，一些规定流于形式。例如，《中华人民共和国食品安全法实施条例》虽然对食品安全监管的风险监测与评估、食品安全标准等提出了明确的要求，但是食品安全监管主体的多元严重制约了食品安全监管效率的有效发挥和提升，也阻碍了中国食品安全法治建设的规范化进程。

3．检测体系不健全

虽然近年来检测技术发展迅速，为食品安全、食品监管水平的提升作出了重要的贡献，但仍然存在不足之处：一是食品安全检测体系尚不完善，缺乏连续地全面地对食品污染和食源性疾病暴发预警的科学基础；二是存在检测标准不完善，检测能力有待提升，检测设施设备缺乏自主知识产权、依赖国外检测设备的现象，这些都导致了潜在的食品安全问题。

食品安全问题涵盖了农产品生产过程、食品加工过程、储存流通运输过程等，面对曝光的食品安全事件，老百姓深陷于困惑和恐慌中：从问“吃什么安全”到质问“还能吃什么”，从中折射出如今食品安全问题的严峻性。

拓展阅读

过去20年震惊全国的食品安全事件！警钟长鸣

1. 2003年浙江金华毒火腿事件。“敌敌畏金华毒火腿”被央视《每周质量报告》曝光，之前在2002年金华市有关部门的一次调查中，发现使用违禁药物生产火腿的企业就有25家之多。

2. 2006年苏丹红鸭蛋事件。央视《每周质量报告》2006年11月12日报道，在北京市场上，一些打着白洋淀“红心”旗号的鸭蛋宣称是在白洋淀水边散养的鸭子吃了小鱼小虾后生成的。但当地养鸭户却表示是在鸭子吃的饲料里添加了一种“红药”，这样生出来的鸭蛋呈现鲜艳的红心。这种红药就是苏丹红，毒性很大可以致癌。

3. 2008年三鹿“三聚氰胺奶粉”事件。2008年6月28日，兰州市的解放军第一医院收治了首宗患“肾结石”病症的婴幼儿。孩子从出生起，就一直食用河北石家庄三鹿集团所产的三鹿婴幼儿奶粉。后来卫生部证实，三鹿牌奶粉中含有的三聚氰胺，是不法分子为增加原料奶或奶粉的蛋白含量，而人为加入的。全国有逾30万婴儿受此影响，6人致死。

4. 2010年地沟油事件。当时全国普遍存在地沟油现象，地沟油最大来源为城市大型饭店下水道的隔油池。这些地沟油主要是销往食品油加工企业，制成食品和火锅底料等。长期食用可能会引发癌症，对人体的危害极大。

5. 2011年瘦肉精事件。当时也是全国普遍存在。把“瘦肉精”添加到饲料中，可以增加动物的瘦肉量。但对人体危害巨大，会出现肌肉震颤、心慌、战栗、头疼、恶心、呕吐等症状，特别是对高血压、心脏病、甲亢和前列腺肥大等疾病患者危害更大，严重的可导致死亡。

6. 2013年“神农丹‘毒生姜’”。2013年5月9日，山东潍坊农户使用剧毒农药“神农丹”种植生姜，被央视焦点访谈曝光，神农丹主要成分是一种叫涕灭威的剧毒农药，50毫克就可致一个50千克重的人死亡。

7. 2013年湖南“镉大米”。2013年5月，湖南省攸县3家大米厂生产的大米在广东省广州市被查出镉超标事件经媒体披露。长期接触一定剂量的镉主要导致肾脏损害。

8. 2016年，走私僵尸肉事件。2015年6月1日，海关总署在国内14个省份统一组织，开展打击冻品走私专项行动，打掉专业走私冻品犯罪团伙21个，共查获42万吨僵尸肉。

9. 2018年五毛零食问题。央视《每周质量报告》曝光了校园周边廉价零食存在的问题，如滥用添加剂、使用非法食品添加剂等，引发了对儿童食品安全的担忧。

10. 2023年泰国假香米事件。用香精勾兑而来的“泰国假香米”，揭示了多家米业公司生产的本地大米，经过简单处理后冒充泰国香米进行销售。这一事件再次搅动了消费者的神经，涉事企业受到了不同程度的处罚。

11. 2024年预制菜安全问题。2024年央视3·15晚会曝光了阜阳市春天食品有限公司等企业使用未经严格处理的槽头肉（淋巴肉）制作梅菜扣肉，这种肉含有大量淋巴结和脂肪瘤，对人体健康构成威胁。

二、食品安全的重要性

（一）事关老百姓的身体健康

“国以民为本，民以食为天，食以安为先”。中国共产党从建党开始就以为人民服务为宗旨，人民群众的身体健康是党和政府所关注的。习近平总书记在党的十九大报告中指出，“中国共产党人的初心和使命，就是为中国人民谋幸福，为中华民族谋复兴”“实施食品安全战略，让人民吃得放心”，吃饭问题是老百姓幸福感、获得感中最基础的问题，所以舌尖上的安全是事关老百姓的切身利益的头等大事。

（二）事关现代农业产业的发展

中国是一个农业大国，中国农业正在向现代农业方向发展，食品安全既关系人民群众身体健康和生命安全，也事关现代农业产业的发展。一旦发生重大食品安全事件，就可能重创行业发展。例如，2024年央视3·15晚会揭开了梅菜扣肉预制菜的美好面纱，揭露了幕后不为人知的黑暗。槽头肉虽然在市场上地位不高，但被某些企业用来制作预制菜，这种偷工减料的行为令人震惊。这种未经严格检验的槽头肉中可能潜藏着各种健康隐患，引发了消费者对于食品安全的深刻担忧。安徽省阜阳市作为梅菜扣肉预制菜的主要产区之一，存在大量生产企业，但部分企业选择为了利润最大化而不择手段地选用劣质原料，这种不负责任的行为不仅伤害了消费者的利益，也动摇了整个食品产业的信任基础。

（三）事关社会的安定和谐

社会的安定和谐靠个体维护。食品安全事件的发生会导致老百姓内心恐慌和焦虑，甚至对社会治理失去信心，必将影响社会安定和谐，

党的十九大报告指出，“中国特色社会主义进入新时代，我国社会主要矛盾已经转化为人民日益增长的美好生活需要和不平衡不充分的发展之间的矛盾。”改革开放初期老百姓对食品的需求主要是吃饱和吃好，现在还要吃得安全，吃得健康，吃得保健养

生。经济增长方式也由高速转化为高质量，目前农业生产实施供给侧结构性改革，也就是要供给老百姓质量好、价格低、有安全保障的食品。

三、食品安全的艰巨性

从农田到餐桌，整个产业链的从业者素质、行业监管、政府职能都会影响到舌尖上的安全，因而保证舌尖上的安全面临一系列艰巨的任务。

（一）地少人多水缺粮缺

“地少人多水缺粮缺”是中国的基本国情，中国的960多万平方公里国土中耕地只有约1.2亿公顷（63.5%质量差，每年以40万公顷的速度减少），目前有14亿多人口。我国有约2亿农户，每户所拥有的耕作土地面积少。

针对这一基本国情，农业发展的根本出路是依靠科技进步。袁隆平院士研究团队在2017年有三大科技创新打破世界纪录：①超级稻的亩产量突破了世界纪录，原来估计亩产量达到1130千克，2017年实际收成1149千克；②海水稻，盐碱地里种出粮食，达到每亩620千克；③去镉稻，通过基因编辑技术与水稻杂种优势利用技术的集成创新，培育出低镉杂交稻，可有效阻断水稻对镉的吸收，降低水稻的镉含量，避免食用镉含量超标的稻米对人体的危害。袁隆平院士的梦想是：“水稻像高粱一样高，稻穗像扫帚一样长，谷粒像玉米一样大，我在农田里走累了就能在水稻底下乘凉。”他的梦想真的实现了，他的水稻在试验田里平均能长到1.8米高，最高可达到2.2米。

（二）农业生产经营方式落后

我国农业生产经营方式的特点是小、散、弱。目前，我国耕地相对分散，不能开展大范围的农业生产，导致农业机械化不适应、农技人员进不去、专业和标准化生产建不起来，生产效益和科技含量低，而抗风险能力弱，收入提高难，阻碍农业发展。因此，要根据各个地区农业发展现状实行适度规模经营，农业经营方式要与农业生产发展相适应，不断改革创新，促进农村经济发展。

（三）从业者技术和法律意识淡薄

农业从业者包括农民、奶农、畜禽养殖户、农场主和监管人员等。在地少人多水缺的情况下，盲目投入农药、化肥和添加剂以获得农产品产量提高，长年累月会导致农业自身产生污染，甚至农业面源污染的危害。《第一次全国污染源普查公报》显示，2007年全国农业源中主要水污染物排放（流失）量——化学需氧量、总氮和总磷排放量分别达到1324.09万吨、270.46万吨和28.47万吨，分别占全国排放总量的43.7%、57.2%和67.4%。根据《2015年环境统计年报》数据，2015年农业源中主要水污染物排放（流失）量——化学需氧量排放量为1069万吨，氨氮排放量为72.6万吨，分别约占全国总排放量的48.1%和31.6%，农业面源污染防治形势严峻。

2018年6月20日，联合国粮农组织和国际水资源管理研究所发布的《农业水污染全球评论》显示，在许多国家，当今最大的水污染来源不是城市或工业，而是农业。

做好生产环境的安全管理，培养懂农业、爱农村、爱农民的“三农”工作队伍，加强科普和法制宣传，推进农业标准化建设，建立健全农业执法监管体系尤为重要。

（四）食品安全监管难度大

农业生产既是“产”出来的，也是“管”出来的。从农田到餐桌，食品安全监管难度的确很大，据统计，一头猪从出生到摆上家家户户的餐桌，有8个部门监管；一杯牛奶从奶牛饲养到喝进人们嘴里有13个部门监管。此外，一些新生事物如网络餐饮的快速发展也给食品安全管理带来了新挑战。

食品安全监管涉及部门多、情况复杂，当前我国食品安全监管还存在问题，也进一步加大了监管难度。

1．法律体系亟待完备

我国食品安全监管难度大，法律体系亟待完备是关键因素之一。当前，食品行业发展迅速、业态多样且产业链复杂，从田间到餐桌环节众多，现行法律在部分新兴食品领域存在空白或规定模糊之处，例如一些新型的合成食品、网络食品定制等缺乏明确的规范准则。不同法规间存在交叉与冲突，导致监管部门在执法时职责界定不清，出现推诿或重复执法现象，影响监管效率与效果。处罚力度与违法成本不相匹配，一些小型食品企业或商贩因违法成本低，心存侥幸制售不安全食品，对法律威慑力不够重视。而且，随着国际贸易增加，进口食品的监管法规也需与国际标准更好地衔接，以应对跨境食品安全风险，完善的法律体系是提升食品安全监管水平、保障公众健康的迫切需求，只有构建起系统、严密、协调且具前瞻性的法律框架，才能为食品安全监管提供坚实基础与有力保障，有效降低监管难度，提升整体食品安全水平。

2．食品安全监管行政权力有待改善

我国食品安全监管在行政权力方面存在诸多有待改善之处，这极大地增加了监管难度。

（1）监管权力分散于多个部门，如农业农村、市场监管、卫生健康等部门，各部门之间的职责存在一定交叉与模糊地带，容易导致权力分割、协调不畅，出现分段监管衔接不力的情况，使得部分食品问题在部门间“踢皮球”，难以实现全流程无缝隙监管。

（2）基层监管机构存在权力与资源不匹配的问题。基层是食品安全监管的前沿阵地，但却面临着人员不足、专业技术缺乏、检测设备陈旧落后等困境，有限的行政权力在应对繁杂的基层监管事务时显得捉襟见肘，难以对数量庞大的食品生产经营主体实施有效监管，一些小作坊、小摊贩等常处于监管薄弱环节。

（3）行政权力的监督制衡机制尚不完善。在食品安全监管过程中，对于权力的行使缺乏足够的内部监督和外部约束，可能导致权力滥用等行为，影响监管的公正性和权威

性，降低监管效能，使得食品安全问题难以从根源上得到有效遏制，亟待通过优化权力配置、强化基层权力保障以及健全监督机制等措施加以改善，以提升食品安全监管的整体效能。

四、食品安全风险治理的制度创新

食品安全关系每个人的身体健康和生命安全，保障食品安全就是保障民生。屡屡发生的食品安全事件使政府意识到必须健全食品安全法律制度，才能使人民的生命健康权等基本人权得到保障。目前，我国已经出台了《中华人民共和国农产品质量安全法》《中华人民共和国食品安全法》等食品安全基本法，相关法律法规还有《中华人民共和国进出口商品检验法》《中华人民共和国消费者权益保护法》等。另外，各地也根据本地的实际情况制定地方性法规来规范食品安全问题。除此之外，食品安全标准在食品生产经营的过程中也是一项强制性要求，制定公布了乳制品安全标准、真菌毒素以及食品添加剂的使用等一系列国家标准，覆盖了食品安全的各个方面。

（一）食品安全法规与政策

在我国，有两部法律确保从农田到餐桌的食品安全，即《中华人民共和国农产品质量安全法》与《中华人民共和国食品安全法》。

1.《中华人民共和国农产品质量安全法》

《中华人民共和国农产品质量安全法》于2006年11月1日起施行，并于2018年进行了修正、2022年进行了修订，共八章五十六条，内涵丰富，有四个重要创新：①建立了农产品质量安全风险评估制度，首次在立法上明确了食品安全风险评估制度；②针对农产品的产地环境污染问题，建立了农产品禁止生产区制度，即要求县级以上地方农业部门根据保障农产品质量安全的要求，结合农产品品种的特点，对生产区域的大气、土壤、水体方面的有毒因素进行综合分析检测后，向本级政府提出建议，划定农产品禁止生产区；③要求农产品生产企业和农民专业合作社建立农产品生产记录制度，记录农业投入品的使用情况、农作物病虫害发生情况和治理措施、农产品的收获日期等，从源头上保障食品安全可追溯；④建立了农产品质量安全监督抽查制度，这一制度最重要的意义是突破了原先仅限于市场环节的监管，允许农业部门进入产地进行抽查检测。

2.《中华人民共和国食品安全法》

《中华人民共和国食品安全法》于2009年公布施行，2015年进行了修订，2018年、2021年进行了修正。

《中华人民共和国食品安全法》的亮点主要包括：①食品安全可全程追溯；②剧毒、高毒农药有禁区（禁止剧毒、高毒农药用于蔬菜、瓜果、茶叶和中草药材等国家规定的农作物）；③网上卖食品必须“实名制”；④转基因食品需要按规定标示；⑤食品添加剂需载明，对食品添加剂生产实行许可制度；⑥保健食品应当声明“本品不能代替药物”；⑦婴幼儿配方乳粉的产品配方必须注册；⑧举报食品违法将受保护；⑨赔偿力度加大；⑩监管不到位责任人将受相应处分。

《中华人民共和国食品安全法》覆盖食品的生产、加工、流通、消费各个领域，《中华人民共和国农产品质量安全法》更多的是侧重农产品质量和生产环境。从部门分工（执法分工）看，农产品在进市场、进工厂之前都是由农业农村部门负责监管，农业农村部门对其质量安全负责；进了市场、工厂以后就由其他部门负责监管。

《中华人民共和国农产品质量安全法》与《中华人民共和国食品安全法》两法并行，相互补充，各有侧重，标志着我国初步构建起了从农田到餐桌的食品安全监管法律体系。

（二）食品安全标准体系

食品安全标准是对食品中与人体健康相关的技术要求，主要包括安全限量、检测方法等，它是依法开展食品安全监督管理、检验和执法的技术依据。

我国的食品标准依据效力及权限，具体可分为4类标准，分别是国家标准（GB）、行业标准（HB）、地方标准（DB）、企业标准（QB）；依据标准的约束性特点，可分为强制性标准和推荐性标准，食品安全标准是强制执行的标准。

食品安全标准体系包括基础标准、产品标准、规范标准、方法标准，主要有食用农产品质量安全标准、食品卫生标准、食品质量标准以及行业标准中强制执行的内容，涵盖了食品生产、加工、流通和消费全过程。

到2017年，我国已初步建立起食品安全标准体系，完成了对5000项食品标准的清理整合，共审查修改1293项标准，发布1224项食品安全国家标准。这些食品安全标准包括食品及其相关产品中的致病性微生物、农兽药残留、生物毒素、重金属等污染物质以及其他危害人体健康物质的限量规定；食品添加剂的品种、使用范围和用量等；食品标签和说明书的要求；食品生产经营过程的卫生要求；与食品安全有关的质量要求和食品检验方法与规程等，涉及食品安全指标近2万项。

（三）正确认识“四个最严”

加强食品安全工作，既是健全公共安全体系、全面建成小康社会的关键环节，也是适应经济发展新常态、全面推进依法治国的重要任务。要求“用最严谨的标准、最严格的监管、最严厉的处罚、最严肃的问责”，确保广大人民群众‘舌尖上的安全’”。

1. 用最严谨的标准提供制度保障

只有高标准，才有高质量。食品安全标准是公众健康的重要保障，是生产企业的基本遵循，是监管部门的执法依据。建立科学、全面、可检验、能执行的最严谨的标准体系，是防范食品安全风险的最重要的基础工作。

2．用最严格的监管守住底线

实现最严格食品安全监管，需要以实际问题为工作导向，全面提升治理能力，在法治框架下探索新招实招，坚持源头严防、过程严管、风险严控，对生产经营过程采取彻查隐患、处罚到人、公开信息的综合措施，打造治理体系和治理能力升级版。

3．用最严厉的处罚坚决遏制和打击违法犯罪行为

市场监管、行政执法等部门齐心协力，从源头上扫除滋生食品安全犯罪的土壤环境。食品安全执法应该贯穿于生活常态，掺假造假行为直接入刑，形成执法“连环战”，才能对问题食品生产、销售起到真正的震慑作用。

4．用最严肃的问责推动各地区各部门切实依法履职尽责

不折不扣落实食品安全责任制，研究制定食品安全工作问责办法。只有做到最严肃的问责，才能督促有关部门和干部在食品安全标准、食品安全监管和食品违法犯罪行为的处罚等方面做得更好。

知识链接

2016年1月，中共中央总书记、国家主席、中央军委主席习近平对食品安全工作作出重要指示强调，确保食品安全是民生工程、民心工程，是各级党委、政府义不容辞之责。强调“要牢固树立以人民为中心的发展理念，坚持党政同责、标本兼治，加强统筹协调，加快完善统一权威的监管体制和制度，落实‘四个最严’的要求，切实保障人民群众‘舌尖上的安全’”。

在以习近平同志为核心的党中央坚强领导下，我国对食品安全的重视程度之高、法治建设之快、政策措施之严、改革力度之大前所未有。近年来，我国食品安全形势保持总体稳中向好的态势，主要农产品质量安全监测合格率连续稳定在97.4%以上，大宗食品安全评价性抽检合格率稳定在98%以上。以“四个最严”为遵循，建立起覆盖生产、销售、餐饮服务等全过程各环节的食品安全监管体系，守护老百姓“舌尖上的安全”。

食品安全没有“零风险”，但监管必须零容忍。必须坚持底线思维，强化事前预防，主动防范化解风险。市场监管部门坚持源头严防、过程严管、风险严控、违法严惩，督促企业落实主体责任，诚实守信经营。食品安全监管已经从单纯的政府管理，走向更加坚实牢固的社会共治。

五、守护舌尖上的安全

2016年，习近平总书记在中央财经领导小组第十四次会议上强调：加强食品安全监

管，关系全国13亿多人“舌尖上的安全”，关系广大人民群众身体健康和生命安全。

（一）加强农产品安全监管，严把从农田到餐桌的每一道防线

农业是衣食之源、生存之本。抓食品安全要把住源头关，从农产品质量安全抓起。要通过提升农产品质量安全源头控制能力、农产品标准化生产能力、风险防控能力、追溯管理能力和执法监管能力，从生产、监管两端发力：在生产端，推进标准化、绿色化、规模化、品牌化生产，实现生产源头可控制；在监管端，要依法严管、全程监管，治理突出问题，实现“从农田到餐桌”可追溯。既让老百姓买得放心、吃得安全，同时也大力推进农业发展方式转变，由以数量增长为主真正转到数量质量效益并重上来，提升农产品与食品质量安全水平，从而真正保障人民群众“舌尖上的安全”。

习近平总书记在2016年8月19日至20日举行的全国卫生与健康大会上的讲话中提出：“要贯彻食品安全法、完善食品安全体系，加强食品安全监管，严把从农田到餐桌的每一道防线。要牢固树立安全发展理念，健全公共安全体系，努力减少公共安全事件对人民生命健康的威胁。”

（二）突出重点问题和关键环节，提升监管水平

农产品与食品安全问题是一项长期的工作，需要常抓不懈，方能久久为功。要坚持以人民为中心，重点整治食品安全领域漠视侵害群众利益问题，聚焦群众关切，解决突出问题，不断增强人民群众的获得感、幸福感和安全感。同时要多部门联合，开展相应的执法整治行动，推动食品安全水平的提升。

2019年9月11日，国家市场监督管理总局、公安部、教育部、农业农村部在京联合召开电视电话会议，部署开展整治食品安全问题联合行动。要求坚决取缔、严厉打击食品生产经营环节违法违规行为，坚决取缔人民群众深恶痛绝的“黑工厂”“黑作坊”“黑窝点”，清理整治保健食品行业中的虚假宣传和违规销售问题，杜绝社会影响较大的学校及幼儿园食品安全问题，重点对农产品质量安全中的蔬菜、禽蛋、猪肉、水产品质量安全和农药、兽药添加禁用成分的问题开展专项整治，取得了良好的效果。

在农产品质量安全监管中，重点针对蔬菜、禽蛋、水产品和猪肉等四类农产品，特别是蔬菜生产过程中违法使用禁限用农药，经营过程中违法使用保鲜剂、防腐剂、添加剂，违法添加禁限用农药或其他农药成分问题；蛋禽养殖过程中使用未批准药物，不规范使用兽用抗菌药、销售兽药残留超标禽蛋问题；水产品养殖中违法使用孔雀石绿、硝基呋喃、氯霉素等禁用药物，药残超标问题；生猪定点屠宰企业不符合设立条件、不开展肉品品质检验、私屠滥宰、屠宰病死猪及注水注药等违法行为开展监管，效果迅速显现，人民群众拍手叫好。

（三）完善食品法规标准和监测监管体系

完善法规标准制定、修订，让食品安全不再遭受标准缺失之痛。我国的食品质量安全相关法规、标准、监测监管体系、制度从无到有、由弱渐强。同时，随着新技术的发

展和联合应用、食品安全检测的能力和水平也得到了很大的提升，食品安全检测手段更加灵敏、精确。比如微生物对食品的污染问题备受关注。微生物鉴定技术在检验检疫、致病菌的检测等工作中都起到非常关键的作用。以飞行时间质谱鉴定技术为典型代表的微生物鉴定技术可以在数十秒内实现微生物的鉴定，远远超过以前的微生物培养鉴定技术。

（四）开展农产品质量安全宣传，形成关注食品安全的良好氛围

习近平总书记在中共中央政治局第二十三次集体学习时指出：要坚持群众观点和群众路线，拓展人民群众参与公共安全治理的有效途径。要把公共安全教育纳入国民教育和精神文明建设体系，加强安全公益宣传，健全公共安全社会心理干预体系，积极引导社会舆论和公众情绪，动员全社会的力量来维护公共安全。

农产品与食品安全也是如此。要积极主动地加大正面宣传和科学信息的传播，在“产出来”和“管出来”的同时，要做到“讲出来”，用科学的声音来占领舆论阵地。

比如，2018年上半年，网络中先后出现“吃草莓容易感染诺如病毒”“喝茶等于喝毒药”等多种谣言，使消费者无所适从。这种农产品质量安全谣言，产生的社会危害非常大，不仅给消费者带来恐慌，以讹传讹，而且容易对相关产业造成冲击，有时甚至是毁灭性打击。这时候，农业农村部和多家权威媒体、行业组织、专家学者等主动站出来，及时准确地发布权威信息，澄清了这些不实的传言，取得了较好的效果。

农产品和食品安全有赖于全社会成员的广泛参与，形成社会共治局面。通过建立完善的食品安全宣传教育工作机制，形成政府、企业、行业组织、科研教育机构、消费者共同参与的多方位的宣传教育网络体系；通过深入、扎实、持久的食品安全宣传教育活动，推动农产品质量安全知识进社区、进学校、进企业，增强广大消费者农产品和食品质量安全防范意识。同时，通过规范的食品安全宣传报道、公开透明的信息发布、及时有效的舆论监督，形成全社会自觉遵守食品安全法规，关心、关注农产品和食品质量安全的良好氛围。

知识链接

如何守护舌尖上的安全

随着央视3·15晚会的曝光，涉及食品安全的问题再次引起了社会的关注。从奶茶店乱象到外卖食材问题再到水果质量存疑，食品安全问题牵动着每一个消费者的心。如何在食品市场中保护自己的“舌尖安全”成了亟需思考的问题。

随着社会发展，食品市场变得越来越繁荣复杂，消费者要时刻保持警惕，不可掉以轻心。除了注意食品的来源、成分和生产日期等信息，还要学会辨别食品安全

标识，确保自己购买到的食品符合相关标准。此外，关注食品新闻和政府发布的食品安全信息也是增强食品安全意识的重要途径。我们可以通过参加食品安全知识的宣传活动、关注权威媒体报道以及了解食品安全相关法规政策等方式，增强自我保护意识。在日常生活中，可以主动查询食品的生产加工信息，选择有资质合格的商家购买食品，避免购买来源不明或质量存疑的产品。只有时刻保持警惕，才能在食品市场中做出明智的消费选择，守护好自己的“舌尖安全”。

1. 注意食品标识

购买食品时，要注意查看产品的包装标签，包括生产日期、保质期、产地等信息，以确保食品达到食用标准。同时，对于包装破损、标识不清晰或存在错别字等问题的食品，要谨慎购买，避免食用不明食品带来的安全隐患。

2. 了解食品来源

消费者在购买食品时，要了解食品的原产地和生产商信息，选择有信誉和口碑的品牌，减少购买来源不明的食品，提高购买食品的安全性和可靠性。

3. 留意食品安全警示

食品安全事件屡有发生，消费者在购买食品时要注意媒体曝光的食品安全事件，对于相关食品要提高警惕，避免成为食品安全问题的受害者。

4. 细心观察包装

购买食品时，要认真观察包装的印刷质量、色彩饱满度、文字清晰度等，辨别是否存在假冒伪劣情况，避免上当受骗。同时，注意查看产品的生产许可证号码、标准号码等信息，确保食品合法合规。

5. 核实产品信息

在购买高价值食品或有一定风险的食品时，要核实产品信息的真实性，如查阅官方网站、拨打官方客服电话等方式，确保购买到的食品是正品，避免受到欺诈和误导。

6. 选择正规销售渠道

购买食品时，尽量选择正规的销售渠道，如知名超市、专业食品店等，减少在小摊贩或地摊买食品的机会，降低购买假冒伪劣产品的风险。

7. 选择规范生产企业

在购买食品时，可以选择那些有资质认证、生产流程规范的企业产品，减少购买到不合格产品的概率，确保食品质量和安全。

8. 避免过度加工食品

过度加工的食品往往会添加过多的化学成分和防腐剂，消费者要尽量选择食品原料简单、加工工艺清晰的产品，确保食品的营养和安全性。

9. 储存食品注意卫生

购买食品后，要注意妥善保存，保持食品干净卫生，避免受到外界环境的污染，确保食品的品质和安全。

食品安全事关每个人的健康与安全，作为消费者，我们应积极增强食品安全意识，学会辨别食品真伪，关注食品生产过程，监督市场秩序，改善饮食习惯，共同守护“舌尖上的安全”。只有在大家共同的努力下，食品安全问题才能得到有效解决，我们的生活才能更加美好健康。希望每一位消费者都能在食品消费中保持警惕，选择安全放心的食品，共同创造一个安全健康的食品消费环境。

三农学思

党的十八大以来，以习近平同志为核心的党中央践行以人民为中心的初心使命，坚持食品安全从“头”管起，重点整治食品（农产品）生产环境、加工领域、流通领域、监管和法律保障等环节，用最严谨的标准、最严格的监管、最严厉的处罚、最严肃的问责，确保广大人民群众“舌尖上的安全”。近年来食品安全事件频发，成为人民群众和各级政府的“心头之痛”。作为农林类专业学生，必须不断学习食品安全领域知识，保持持续学习的热情，不断提升自身专业素养和综合能力，守护“舌尖上的安全”。

思维拓展

1．食品安全存在哪些问题与隐患？
2．列举食品安全的重要性。
3．如何守护“舌尖上的安全”？

项目七 中国农业的国际贡献

项目导航

中华人民共和国成立后，中国在现代农业发展中探索出一条具有特色的发展之路，屹立于世界民族之林，中国不仅在保障世界粮食安全方面发挥了重要作用，而且在农业治理等领域也积极贡献了中国智慧和中国方案。本项目主要介绍了中国农业与世界发展之间的关系，重点介绍了中国农业在粮食安全、进出口贸易、技术援助、农业治理创新等方面的国际贡献。

学习目标

知识目标

1. 了解中国为世界粮食安全所作的贡献。
2. 熟悉中国所提供的国际援助。

能力目标

1. 能够分析中国在农业改革方面为发展中国家提供的经验。
2. 能够分析中国进口农产品对世界粮食安全的影响。

素养目标

通过深入剖析中国农业对全球农业与粮食安全的积极影响，培养全球视野、国际理解力、文化素养及社会责任感。

项目重点

中国为世界粮食安全所作的贡献；中国在农业技术援助、农业治理创新等方面的国际贡献。

项目内容

一、粮食自给与流通

中国对全球农业发展作出了巨大的贡献，不仅做到了粮食自给，还对其他发展中国家进行了援助。

（一）养活自己——确保安全

中国的粮食安全是世界的粮食安全，同时世界的粮食安全也是中国的粮食安全。

1994年9月，美国世界观察研究所所长莱斯特·R. 布朗（Lester R. Brown）发表了《谁来养活中国：来自一个小行星的醒世报告》，预测随着中国人口的增加和消费结构的变化、程序化和工业化的进程，中国在2030年粮食供应将比1994年减少20%，中国将面临巨大的粮食缺口，届时中国不能养活自己，世界也养活不了中国，由此向中国也向世界提出了“谁来养活中国”的问题。一石激起千层浪，“布朗之问”引发了世界的广泛关注和舆论震动。1996年国务院新闻办公室发布《中国的粮食问题》白皮书，向各方说明中国的粮食状况，阐明中国的粮食政策，向世界庄重承诺中国人民不仅能养活自己，而且还将使自己的生活质量一年比一年提高。中国不但不会对世界粮食安全构成威胁，还将为世界粮食发展作出更大的贡献。

联合国粮农组织等多个组织联合发布的《2024年世界粮食安全和营养状况》报告显示：在过去10年之间，全球遭遇饥饿的人群的数量上升，主要的原因是冲突、气候变化和经济衰退等。报告强调，仍有数十亿人难以获取充足的食物，在2030年如期实现零饥饿这一可持续发展目标更加困难。

中国作为占世界人口1/5的发展中国家，经过几十年的实践来看，我国不仅养活了自己，在立足自身发展的同时，还不断加强对外开放、国际合作。近年来中国的粮食产量实现了史无前例的连续增长，还有多年的大丰收，我国的粮食充分保障了谷物自给和口粮安全，同时也就减少了世界粮食安全的压力。

中国在过去40年来取得巨大的成就，离不开中国政府的政策，中国的粮食安全最主要的内涵是粮食自给。《国家粮食安全中长期规划纲要（2008—2020年）》指出：要保障中国的粮食安全的目标是粮食自给率必须达到95%以上。之后国际国内粮食市场的需求关系发生了很大的变化，国内农产品的成本急剧上升，如土地价格、劳动力价格的上升导致了很多主粮生产的成本急剧上升，在此形势下中央政府对粮食安全战略作出调整。2013年底召开的中央经济工作会议提出：要依靠自己保口粮，集中国内资源保重点，做到谷物基本自给、口粮绝对安全。口粮自给，是中国粮食安全的底线，这是随着时间和经济的发展对农产品的需求、对国际贸易结构变化的必然结果。

（二）粮食进口——促进发展

中国进口农产品，只要进口适当，对全世界的粮食安全，尤其是发展中国家的农民是有好处的。近年来，中国农产品进口大量增加，已成为世界上最大的农产品进口国。2019年起，中国农产品进口超过万亿元。作为一个拥有约14亿人口的大国，在农产品进口大量增加，跃升为世界上最大的农产品进口国背景下，中国农产品进口产生了越来越大的国际影响。

农产品进口，对世界粮食安全产生积极效应。中国的农产品进口，并不会对世界的粮食安全产生消极的影响。以非洲为例，非洲的粮食安全问题一直是世界比较关注的问题，因为现在大量的饥饿人群、大量的贫困人群主要集中在非洲。玉米、水稻、小麦、大豆、高粱、大麦，这几种主要的农作物在非洲的消费量，呈小幅度的上升趋势。中国进口的粮食主要是大豆，非洲大豆的销售量与其他作物相比是非常低的，中国进口的粮食并不是非洲主要消费的主食，非洲主粮主要是玉米、木薯，还有一些当地的蔬菜、水果等，所以说中国大量的农产品进口并没有对非洲的粮食安全产生负面、消极的影响，反而会创造就业机会，增加出产国农民的收入。

中国农产品进口增加的同时伴随着全世界农产品产量的增加，中国进口的这部分农产品的数量占全世界农产品生产的比重并没有出现大幅度的增长。中国大量进口农产品对于发展中国家是利好的，不但增加了那些国家农民的收入与就业机会，也增加了那些国家的外汇，同时中国通过提供技术支持帮助那些国家改善资源，改善环境，对其改善资源环境起到促进作用。

二、国际援助——彰显大国责任担当

长期以来，我国援外农业技术员在国际上独树一帜，援外农业技术专家组项目是我国农业援外战略的有效举措。通过技术专家向受援国传授先进经验、发展理念和实用技术的模式得到广大受援国家的欢迎。在非洲、拉丁美洲、南亚等许多国家和地区，中国的技术员与当地的技术人员、农民合作，在提高他们的技术方面效果非常显著。中国的援助非常接地气，推广的技术多是劳动密集型，不是资本密集型，不需要大量的投资，对发展中国家、不发达国家特别适宜。援外农业技术专家组项目，是我国农业援外战略的有效举措，较好体现了“授人以鱼，不如授人以渔”的援助理念。农业技术职业教育与培训项目，致力于传播中国先进实用技术，帮助受援国完善行业规划，储备农业人才，提升自主发展能力。

（一）农业技术与科技援助

中国在农业研究方面不断地深入和创新，让发展中国家在这一领域取得了卓越成就，也让中国可以帮助更多发展中国家以可持续的方式应对众多全球挑战。其中，生物技术、生态农业、气候智能型农业对于提高农业产出和农民生活质量起到了至关重要的作用。此外，中国在信息和通信技术方面的实力非常强大。随着通信技术日益普及，中国的小农生产者正在进行全新且高效的尝试，以应对价格、天气、金融等挑战，农民生活得到了全面的改善。这些变化在很大程度上都依赖于中国的尖端研究，中国也正在积极地将这些前沿技术与全世界分享，让诸多国家从中受益。

拓展阅读

中国急人所急，授人以渔；更着眼未来，授人以渔。中国秉持“受援国提出、受援国同意、受援国主导”原则，因国施策、因地制宜，通过派出专家、建示范农场、培训示范农户、推广作物良种、提供技术支持等方式，推广粮食生产、加工、仓储、物流、贸易等技术和经验，真心实意地帮助各国提升农业生产能力和粮食安全水平，走出了一条具有中国特色的农业援助之路。1979年，中国杂交水稻开启造福世界之旅。40多年来，中国杂交水稻已在亚洲、非洲、美洲的数十个国家和地区推广种植，年种植面积达800万公顷，平均每公顷产量比当地优良品种高出2吨左右。中国研究人员先后赴印度、巴基斯坦、越南、缅甸、孟加拉国等国提供建议和咨询，并通过国际培训班为80多个发展中国家培训超过1.4万名杂交水稻专业技术人才。中国农业和粮食援助还带动数十家企业及科研机构走出去，促进农机、化肥、种子等出口，实现互利共赢。

（二）资金与物质援助

中国是“南南合作”（发展中国家间的经济技术合作）最重要的倡导者和引领者，2008年我国提供了3000万美元用于“南南合作”，后来又增加了5000万美元，这个资金主要为发展中国家，尤其是对非洲国家提供技术支持。自1996年该计划启动以来，中国已在非洲、亚洲、拉丁美洲、加勒比地区和南太平洋地区的37个国家和地区派驻了超过1000名专家和技术人员。这些中国专家和技术人员在农业机械化和机械制造、农产品销售、农林业和食品加工、水产养殖、作物生产和园艺、畜牧等众多领域传授先进技术，为这些国家和地区的农业发展作出了巨大贡献。中国通过“南南合作”旨在推动所有发展中国家最终实现可持续发展。早期的“南南合作”是从农业技术推广开始的，目前新的合作伙伴关系更强调从可持续发展这一块来推进。以前“南南合作”是技术合作，现在是全方位的合作，从技术到科学再到人文都有合作。中国通过加强与国际机构的合作，将中国的技术经验和发展中国家进行分享，为其他发展中国家提供经验和借鉴，达到合作共赢，合作共享。

中国展现大国担当，倡导构建人类命运共同体，为保障全球粮食安全作出积极贡献。中国提出的全球发展倡议，把粮食安全作为八大重点合作领域之一，在全球范围内动员各方力量，推动优势互补，为实现包括粮食安全在内的所有可持续发展目标汇聚最大合力。2005年，中国停止接受来自联合国世界粮食计划署的援助，在当年就以57.7万吨的援助总量，一跃成为仅次于美国和欧盟的世界第三大粮食援助捐赠方。之后，中国一直是联合国粮农组织“南南合作”的重要战略伙伴。近年，中国向联合国粮农组织“南南合作”基金捐款1.3亿美元，还向亚洲、非洲、拉丁美洲和加勒比地区、太平洋岛国派出了大批专家和技术人员，是联合国粮农组织“南南合作”框架下资金援助最多、派出专家最多、开展项目最多的发展中国家。2016年以来，中国连续向亚洲、非洲、拉丁美洲50余国提供紧急粮食援助，惠及上千万受灾群众。

在全球粮食治理领域，中国也一直在为广大发展中国家利益奔走鼓呼。中国一直在努力推动履行世界贸易组织《贸易便利化协定》，呼吁各国保持全球粮食贸易开放，敦促取消单边制裁，维护全球产业链供应链稳定畅通。中国坚定维护广大发展中国家正当权益，呼吁给予发展中国家更多政策空间，要求发达国家削减扭曲农业贸易的超额补贴。

三、共享农业治理经验

中国在农业治理方面的研究不断地深入和创新，在这一领域取得了卓越成就，也让中国可以帮助更多发展中国家以可持续的方式应对众多全球挑战。

（一）农业改革：提供新模板

中国自1978年改革开放以来，为解决农业、农村、农民问题开展了各种探索与实践，可谓世界最全面的试验田。不同资源禀赋下种植和养殖品种与技术采用模式、家庭联产承包责任制和农村土地“三权分置”制度等各种新体制、机制路径都在不断探索中，为广大发展中国家提供了可供借鉴的中国经验。

过去全球的农业治理主要由西方国家垄断，中国参与比较少。近几十年，中国改革开放的政策，始终将农村发展、农业和粮食系统建设放在首位，在消除贫困和饥饿方面作出了卓越贡献。要实现农村减贫，就要提高小规模农业生产者的效率，促进经济多元化发展，并对人力资本进行投资。中国对此有深刻认识和实践。在1978—1984年第一期的改革期间，中国农业的增长每年都在6%以上。这一期间是中国脱贫减少饥饿最快速的一个阶段。第一阶段改革结束以后，上亿的人脱贫，这为很多发展中国家提供一个很好的案例。许多国家进行研讨时提出：为什么中国在那么短的时间内，能够让农业生产每年增加6%，让贫困人口大幅度减少？家庭联产承包责任制提供了答案。1984—1990年，是第二次改革，主要是释放农村劳动力可以进行非农就业，是乡镇企业发展最快的一个时期。1990年以后，以城市化为主，大量的农村人口进城，农村劳动力释放后，农村的农业生产率提高，进城就业人群把他们的收入返还到农村，这对于农村的生产基础设施、生活水平的改善都起到促进作用。进入21世纪，中国政府一直把农业、农村和农民问题放在经济和社会发展的首位，实施了一系列强农、惠农的政策。

（二）消除饥饿：提供新经验

联合国千年发展目标要求1990—2015年间将全球饥饿人口的比例减半。消除饥饿是一个最基本的目标要求，中国的贡献是巨大的。没有中国这么快速地消除饥饿，2015年联合国千年发展目标就不可能达到。1978年按照世界银行的贫困标准，我国的贫困人口是80%~90%。到2020年，依据联合国粮农组织报告，我国的饥饿人群不超过1%。这40多年我国从大部分人处于饥饿状态到现在基本上消除了饥饿，为实现联合国千年发展目标贡献中国力量。中国通过改善农业基础设施、引进新技术促进农业发展，以及实施精准扶贫政策等措施，为全球消除饥饿提供了新的经验和解决方案。

中国通过改善农业基础设施和引进新技术，显著提高了农业生产力和效率，从而减少了饥饿和营养不良问题。政府通过改善灌溉系统、道路和桥梁等基础设施，以及推广先进的农业技术，帮助农民提高农业生产力。这些措施不仅在国内取得了显著成效，也为其他国家提供了宝贵的经验。政府还大力推行强有力的农业政策，着力改善和提高农业基础设施和技术装备水平，以更好地帮助农民提高农业生产力。

中国实施的精准扶贫政策也为全球消除饥饿提供了新的经验。精准扶贫政策具有很强的针对性，通过优化经济结构、完善社会保障制度、加强教育等措施避免返贫。政府针对贫困人口提出的许多具体措施都颇有成效，比如为他们提供更好的医疗和教育服务等，对于帮助脱贫发挥了重要推动作用。这些措施不仅局限于增加贫困人口的收入，而且包括对民生以及社会条件的系统性改善，为其他国家提供了可借鉴的模式。

（三）营养改善：提供新理念

如何消除营养不良，实现食物结构的转型，是一个具有挑战的世界性课题。中国在消除全球营养不良和隐性饥饿等方面的作用至关重要，有效地降低饥饿和营养不良发生率的相关做法为其他发展中国家提供了范例。中国在过去几十年已经探索出了一些经验。近年来，随着中国居民膳食结构的优化，谷物类和根茎类食物消费量下降，动物性食物尤其是肉、蛋、奶类食物平均每天的摄入量呈上升趋势。根据中国统计年鉴数据，我国2018年人均粮食消费量仅为2000年的一半，而2000—2018年期间，肉类消费量增长了60%，奶类的消费量增长了2倍，儿童营养不良的发生率可降至2%。

中国应对营养不良问题主要从优先发展可持续、集约型和注重营养的技术等方面入手，积极应对随气候变化而日益多变的农作物生产环境。扩大生产保障体系，努力减少扭曲性的贸易政策。促进资源有效配置，改善食物获取性。通过政策为受冲击导致生计困难的相关群体提供帮助。

中国对微量营养素缺乏等营养摄入不均衡所导致的隐性饥饿问题也采取了一系列措施，比如增加对营养食物的研发投资，注意加强全民的知识教育，还有通过科技创新为改善营养和健康创造有利条件。从强调主粮自给自足转向对营养与健康饮食的追求，中国利用支持技术和知识的交流共享，通过“南南合作”等多种合作关系分享关键经验，致力于消除饥饿和营养不良，并提供证据和方法，为有需要的国家提供因地制宜的帮助。

拓展阅读

农业生产率的提高对于消除饥饿、减少贫穷至关重要。作为世界上人口最多的发展中国家，中国在减贫方面一直走在世界前列。根据联合国粮农组织的报告，我国是东亚地区减少饥饿人口的主力，并且在全球反饥饿进程中，我国饥饿人口下降数量占整个发展中世界的三分之二，为全球反饥饿事业作出了重大贡献。10月16日是世界粮食日。据《人民日报》报道，联合国粮农组织总干事达席尔瓦在2018年世界粮食日庆典活动上高度评价中国在应对粮食安全和消除贫困上取得显著成就，为世界树立了榜样。达席尔瓦还认为，中国在农业发展与创新上树立了榜样，积累的丰富经验与技术能为其他发展中国家借鉴。“中国还通过双边与多边合作为其他发展中国家提供帮助。中国的发展为其他国家提供了宝贵经验。”

对于中国减贫成就，外媒一直十分关注。美国《财富》杂志报道称，中国让数亿农民转向现代化的生活方式，生活质量得到明显改善。许多研究人员认为，全球减贫取得的成绩主要归功于中国。中国的减贫经验正在被其他国家效仿。《印度斯坦时报》报道称，中国的贫困发生率从2012年的10.2%下降到3.1%。从2012年到2017年，中国每天有3.7万人脱离贫困线，5年脱贫人口数量超过6850万，是中国“历史上规模最大的脱贫项目”。新加坡《联合早报》网站曾报道称，改革开放以来，中国成功走出了一条中国特色扶贫开发道路，使7亿多贫困人口脱贫。

中国一直积极参与全球合作并作出力所能及的贡献。到目前为止，中国已向非洲、亚洲、南太平洋、拉丁美洲和加勒比地区派出了超过1000名专家和技术人员，帮助这些地区的国家提高粮食安全和营养水平。

三农学思

英国《金融时报》认为，撒哈拉以南非洲正面临饥饿危机，中国农业的迅速转型可为其提供有价值的见解，能帮助该地区实现急需的生产力增长。不仅是非洲国家，许多其他发展中国家，在农业领域正面临着气候变化和需求增长等挑战。这些国家可以从中国农业发展的经验中学习哪些应对挑战、发展农业的方法与途径？

思维拓展

1．中国在国际社会彰显大国责任担当有哪些主要表现？
2．中国为世界粮食安全作出了哪些贡献？
3．中国为世界消除饥饿提供了哪些经验？

实践任务 制作生态农业PPT

实践指引

实践目的

随着计算机在大学校园里的广泛使用，越来越多的大学生意识到掌握好电脑基本办公软件操作的重要性，而PPT作为办公软件家族的重要一员，在学习、工作和生活的各个方面被广泛应用。此次活动有利于提高计算机基本操作能力，增进对农业绿色发展的理解。

实施前奏

农耕文化的起源和形成

生态农业，是指在保护、改善农业生态环境的前提下，遵循生态学、生态经济学规律，运用系统工程方法和现代科学技术，集约化经营的农业发展模式；是按照生态学原理和经济学原理，运用现代科学技术成果和现代管理手段，以及传统农业的有效经验建立起来的，能获得较高的经济效益、生态效益和社会效益的现代化农业。

生态农业是相对于石油农业提出的概念，是一个原则性模式，而不是严格的标准。绿色食品所具备的条件是有严格标准的，包括：绿色食品生态环境质量标准；绿色食品生产操作规程；产品必须符合绿色食品标准；绿色食品包装贮运标准。所以，生态农业产出的不一定是绿色食品。

生态农业不同于一般农业，它不仅避免了石油农业的弊端，并发挥其优越性。通过适量施用化肥和低毒高效农药等，突破传统农业的局限性，但又保持其精耕细作、施用有机肥、间作套种等优良传统。它是有机农业与无机农业相结合的综合体，是一个庞大的综合系统工程，是一个高效的、复杂的人工生态系统以及先进的农业生产体系。中国的生态农业是一个包括农、林、牧、副、渔和某些乡镇企业在内的多成分、多层次、多部门相结合的复合农业系统。20世纪70年代主要措施是实行粮、豆轮作，混种牧草，混合放牧，增施有机肥，采用生物防治，实行少免耕，减少化肥、农药、机械的投入等。

20世纪80年代创造了许多具有明显增产增收效益的生态农业模式，如稻田养鱼、稻田养萍，林粮、林果、林药间作的主体农业模式，农、林、牧结合，粮、桑、渔结合，种、养、加结合等复合生态系统模式，鸡粪喂猪、猪粪喂鱼等有机废物多级综合利用的模式。生态农业的生产以资源的永续利用和生态环境保护为重要前提，根据生物与环境相协调适应、物种优化组合、能量物质高效率运转、输入输出平衡等原理，运用系统工程方法，依靠现代科学技术和社会经济信息的输入组织生产。通过食物链网络化、农业废弃物资源化，充分发挥资源潜力和物种多样性优势，建立良性物质循环体系，促进农业持续稳定地发展，实现经济、社会、生态效益的统一。因此，生态农业是一种知识密集型的现代农业体系，是农业发展的新型模式。

生态农业思想起源于我国，我国自春秋时期就懂得用地养地的道理，以及物理杀虫、人工除草等做法。1924年生态农业在欧洲兴起，20世纪30—40年代在瑞士、英国、日本等得到发展；20世纪60年代欧洲的许多农场转向生态耕作，20世纪70年代末东南亚地区开始研究生态农业；至20世纪90年代，世界各国的生态农业均有了较大发展。建设生态农业，走可持续发展的道路已成为世界各国农业发展的共同选择。

实施步骤

1. 分组分工。每3人为一个小组，进行组内分工。
2. 小组明确主题、PPT结构、各部分大致内容并进行分工。
3. 以小组为单位，收集相关文字、图片、音频、视频等资料，查阅文献，以“生态农业”为主题制作PPT，在课堂上进行展示并讲解。作品应尽可能多地运用PPT的附加功能。
4. 小组课堂PPT展示，参赛作品的时间控制在10分钟左右。作品内容应积极健康向上，展现当代农村的精彩生活。
5. 根据学生课堂的PPT展示表现进行评价，包括自评、互评和教师评价。

实践小贴士

制作PPT应注意的问题：不要过分追求技术的高难；不要过分追求画面的花哨；不必过分追求自制；上课前应进行实地演练。

实践评价

我的收获	
我的感悟	
思考一下	1. 农耕文明有什么特征？ 2. 农耕文明和游牧文明有什么区别？ 3. 气候条件对农耕文明有什么影响？

续表

<table>
<tr><td rowspan="4">学生自我评价（自评部分根据自己的学习情况选择对应的选项，互评部分由小组的同学完成）</td><td>序号</td><td colspan="2">课程评价项目</td><td colspan="2">自评</td><td>互评</td></tr>
<tr><td>1</td><td colspan="2">是否在上课前做好充分的预习准备，通过各种渠道了解相关的主题内容，仔细阅读背景材料</td><td colspan="2">非常符合
基本符合
不符合</td><td>非常符合
基本符合
不符合</td></tr>
<tr><td>2</td><td colspan="2">是否在课堂上积极参与小组活动，根据小组的活动要求，制订计划方案，完成好自己的工作</td><td colspan="2">非常符合
基本符合
不符合</td><td>非常符合
基本符合
不符合</td></tr>
<tr><td>3</td><td colspan="2">是否积极主动完成教师布置的任务，项目实践操作合乎任务要求</td><td colspan="2">非常符合
基本符合
不符合</td><td>非常符合
基本符合
不符合</td></tr>
<tr><td rowspan="7">任课教师评价（教师根据学生完成任务情况和课堂表现进行评价，并在“教师综合评价”栏对该学生进行综合评价）</td><td>序号</td><td colspan="3">课程评价项目</td><td colspan="2">教师评价</td></tr>
<tr><td>1</td><td>内容翔实</td><td colspan="2">40</td><td colspan="2"></td></tr>
<tr><td>2</td><td>制作精美</td><td colspan="2">20</td><td colspan="2"></td></tr>
<tr><td>3</td><td>仪表形象</td><td colspan="2">20</td><td colspan="2"></td></tr>
<tr><td>4</td><td>展示技巧</td><td colspan="2">20</td><td colspan="2"></td></tr>
<tr><td colspan="6">教师综合评价</td></tr>
<tr><td colspan="6"></td></tr>
</table>

农村篇

项目八 农村基本经营制度

项目导航

农村基本经营制度是农业和农村经济发展中具有基础地位和根本方向的制度，如农村土地制度、农业生产经营和组织方式、收益分配方式。我国现行农村基本经营制度是20世纪70年代末期农村改革的产物，它从农民的实践经验总结和升华而来。本项目主要阐述我国农村基本经营制度的演变，现行农村基本经营制度的内容与政策要求、面临的挑战及完善方法。

学习目标

知识目标

1. 了解我国农村基本经营制度的演变过程。
2. 掌握现行农村基本经营制度的内容与政策要求。

能力目标

1. 能够依据现行农村基本经营制度面临的挑战分析完善农业经营制度的途径与方法。
2. 能够将农村基本经营制度理论与农村实际问题相结合，灵活运用制度知识解决实际问题。

素养目标

通过对农村基本经营制度的学习，培养对农村、农业、农民的深厚情感与责任感，认识到自身作为农林类专业人才在推动农村经济发展、促进乡村振兴中的重要作用。

项目重点

现行农村基本经营制度的内容与政策要求；完善农业经营制度的途径。

项目内容

一、我国农村基本经营制度的演变

中华人民共和国成立以来，中国农村基本经营制度经历了多次变革与调整，不断适应国家经济发展的需要和社会形势的变化。在不同历史阶段，农村基本经营制度的发展呈现出不同的趋势和特点，展现了中国农村改革发展的历史脉络和新时代下的发展方向。

（一）农业合作化阶段

农业合作化指在中国共产党领导下，通过各种互助合作的形式，把以生产资料私有制为基础的个体农业经济改造为以生产资料公有制为基础的农业合作经济的过程。农业合作化经历了农业生产互助组、初级农业生产合作社、高级农业生产合作社三个时期。在土地改革完成之后，获得土地的农民的生产积极性极大提高。一些农民在个体经济的基础上，为了解决劳动力、耕畜、农具缺乏的困难，按照自愿互利原则组织起来进行互助合作，成立了农业生产互助组。初级农业生产合作社在农业生产互助组基础上成立，土地入股，耕畜、农具作价入社，实行统一经营。社员参加集体劳动，按照劳动数量和质量及入社的土地等生产资料的多少进行分配。初级农业生产合作社与农业生产互助组相比，实行了土地与其他生产资料的统一经营，积累了一定公共财产，促进了生产力的发展。高级农业生产合作社由初级农业生产合作社发展而成，规模比初级农业生产合作社大，土地、牲畜、大型农具等生产资料归集体所有，取消了土地报酬，实行按劳分配，1958年进一步发展成为人民公社。

（二）人民公社阶段

1958年8月，中共中央政治局扩大会议通过了《中共中央关于在农村建立人民公社问题的决议》，决议指出，人民公社的组织规模，以一乡一社、2000户左右农户较为合适，并给出了小社并大社进而升级为人民公社的做法和步骤。此后，农村基本核算单位上调至人民公社，实现了农村生产资料的完全公有化、农村经济活动的高度集中统一化、农民收入分配的极大平均化。这一阶段为高度集中的集体经营体制，“三级所有，队为基础”、在公社和生产大队领导下，生产队实行独立核算、自负盈亏、直接组织生产和分配。

（三）家庭承包经营阶段

1978年11月24日，安徽省凤阳县凤梨公社小岗村18名农民在生产队长严俊昌带领下签订“大包干”契约，将土地承包到户，标志着具有中国特色的家庭联产承包责任制的诞生。1982年1月1日，中共中央批转《全国农村工作会议纪要》，明确指出包产到户、包干到户或“大包干”都是社会主义集体经济的生产责任制，是社会主义农业经济的组成部分。到1983年底，全国农村基本实行了以家庭承包经营为基础、统分结合的双层经营体制。

二、我国现行农村基本经营制度的内容与政策要求

目前，我国现行的农村基本经营制度是指以家庭承包经营为基础、统分结合的双层经营体制。划分农村基本经营制度实现形式的三个维度：农地产权制度层面、农村基本经营组织层面和农村分散经营上的统一经营层面。根据农村基本经营制度的这三个构成要素，则可以将各地不同的实现形式划分为以下四种基本类型，即高度集体型、合作经

营型、统一服务型和承包经营型。

（一）我国农村基本经营制度的内容

农村集体经济组织实行家庭承包经营为基础、统分结合的双层经营体制，是我国宪法确立的农村集体经济组织的经营体制。长期稳定和不断完善以家庭承包经营为基础、统分结合的双层经营体制，是党在农村的基本政策。“双层经营”包含了两个经营层次：一个层次是“分”，指的是土地集体所有，农户获得承包权，以家庭为单位分散经营；另一个层次是“统”，指的是家庭承包地以外的集体资产与资源由集体成员共有共营，集体对农户提供产前、产中、产后的统一服务。

（二）坚持农村基本经营制度的政策要求

2017年中央农村工作会议要求，必须巩固和完善农村基本经营制度，走共同富裕之路，要坚持农村土地农民集体所有，坚持家庭经营基础性地位，坚持稳定土地承包关系，壮大集体经济。

坚持农村土地农民集体所有，这是坚持农村基本经营制度的“魂”。农村土地集体所有权是土地承包经营权的基础和本位。“不管怎么改，不能把农村土地集体所有制改垮了，不能把耕地改少了，不能把粮食产量改下去了，不能把农民利益损害了。”这“四个不能”，就是农村改革不可逾越的底线。

坚持家庭经营基础性地位，这是坚持农村基本经营制度的“根”。农业家庭经营既是农业生产的基础，也是农村稳定的基础。因此，农村集体土地应该由作为集体经济组织成员的农民家庭承包，其他任何主体都不能取代农民家庭的土地承包地位，不论承包经营权如何流转，集体土地承包权都属于农民家庭。

坚持稳定土地承包关系，这是坚持农村基本经营制度的“稳”。为了依法保障农民对承包地占有、使用、收益、流转及承包经营权抵押、担保的权利，土地承包关系要保持稳定并长久不变。

知识链接

我国农村的基本经营制度

以家庭承包经营为基础、统分结合的双层经营体制，是我国农村的基本经营制度，它包含集体统一经营和农户分散经营两个层次，1999年该制度被正式纳入《中华人民共和国宪法》第八条。近年来，农村集体经济组织在农机服务、农资供应、粮食购销等领域逐渐被市场化服务主体替代，村集体“统一经营”失去了具体抓手，“统”的功能大为弱化。在农村改革持续深入、社会主义市场经济不断发展的今天，“统一经营”该如何与时俱进、创新发展？

2019年中央一号文件提出，坚持家庭经营基础性地位，赋予双层经营体制新的内涵，体现出中央对各地实践探索的积极回应。2022年，习近平总书记在中央农村工作会议上指出，我们要建设的农业强国、实现的农业现代化，既有国外一般现代化农业强国的共同特征，更有基于自己国情的中国特色。同时强调农业强国的中国特色包括5个方面，依靠自己力量端牢饭碗、依托双层经营体制发展农业、发展生态低碳农业、赓续农耕文明、扎实推进共同富裕。

三、现行制度下农业生产经营面临的挑战

随着农村经济的发展，以家庭承包经营为基本特征的传统农业经营制度面临诸多新挑战。

（一）经营规模小

我国人多地少，农业生产经营规模偏小，户均耕地面积少，导致农业生产缺乏规模效应。根据第三次全国国土调查结果（截止2019年末），全国耕地面积约为1.28亿公顷。这意味着，全国平均每人拥有的耕地面积仅为0.09公顷，远低于美国的0.48公顷，受农资成本“地板”抬升与农产品价格“天花板”下压影响，再加上地块细碎分散，经营规模小，我国农业生产效率低，农产品在市场上缺乏竞争力。

（二）经营方式粗放

粗放农业是农业中的一种经营方式，是把一定量的劳动力、生产资料分散投入较多的土地上，实行广种薄收的经营方式进行生产。粗放式经营，劳动力投入占比较大，现代农业技术的应用不占主要地位。目前，我国农业生产依然没有摆脱“大农、大水、大肥”的特征，农业发展面临资源过度开发、生态遭到破坏等问题，这样的粗放发展方式直接导致土壤肥力的衰减。近年来，由于重用轻养，东北平原耕地黑土层已由开垦初期的80~100厘米降至目前20~30厘米。从依赖资源消耗、追求数量增长转向依靠科技创新、追求质量增长，粗放农业转向技术与资金密集型农业是农业现代化的必由之路。

（三）农业劳动力老龄化

土地、劳动力、资金是农业生产的三大要素，而作为三大要素之一的劳动力已经出现较为严重的老龄化现象。根据联合国国际劳工组织的划分，老年劳动力人口指劳动年龄人口中45岁及以上的劳动力。从第三次全国农业普查的资料看（截至2016年末），全国农业生产经营人员31422万人，其中年龄在35岁及以下的有6023万人，占比19.2%；年龄在36~54岁的有14848万人，占比47.2%；年龄在55岁及以上的有10551万人，占比33.6%，农业劳动力老龄化现象突出。此外，第三次全国农业普查的资料也显示，在所有的农业生产经营人员当中，学历为高中（中专）的占比7.1%，大专及以上的仅占比

1.2%，农业生产经营人员文化程度普遍不高。上述两个因素的叠加必将影响农业经营主体的质量，从而直接影响农业的持续发展。

（四）农业副业化与农户兼业化

一方面，对农户来说，土地是一种较为可靠的生活保障和一笔不断增加的财富，自己不会轻易放弃土地；另一方面，受农业比较利益低下的影响，农业逐步从农民的主业变成副业、兼业，从收入的角度就很能说明这个问题。一般来说，农村居民的收入主要由工资性收入、经营净收入、财产净收入、转移净收入四部分组成。根据每年《中国农村统计年鉴》的数据分析可知：经营净收入包含农村居民经营第一产业、第二产业、第三产业的收入，而真正来源于第一产业的收入占比非常低，经营净收入在农户可支配收入中的占比、源于第一产业的经营净收入在经营性净收入中的占比以及源于第一产业的经营净收入在农户可支配收入中的占比均呈逐年下降之势，特别是源于第一产业的经营净收入在农户可支配收入中的占比已经低于5%，农业的副业化以及农户的兼业化现象突出。

（五）农业生产经营组织化程度不高

从总体上看，我国农业生产经营组织化程度不高，一家一户单打独斗的状况没有从根本上改变。根据第三次全国农业普查的资料，截至2016年末，在工商部门注册的农民专业合作社总数179万个，入社农户占全国农户总数的44.4%。与之对比的是日本农户加入农协的占90%以上，法国家庭农场加入合作社的占90%以上。现阶段农民组织化程度不高，主要表现在生产和流通两个领域。从生产领域来看，农户生产经营分散，土地规模较小，难以形成规模效应；从市场流通领域来看，农户经营行为分散，对复杂多变的农产品销售市场，缺乏议价能力，影响农户增收。

（六）农业社会化服务体系不健全

农业社会化服务体系是在家庭承包经营的基础上，为农业产前、产中、产后各环节提供服务的各类机构和个人所形成的网络。农业社会化服务的内容十分宽泛，包括物资供应、生产服务、技术服务、信息服务、金融服务、保险服务，以及农产品运输、加工、储藏、销售等各个方面。目前存在的问题主要表现在：注重产前、产中服务，忽视产后特别是农产品深加工、储运、销售服务；受农业风险因素高、比较效益低下等因素的影响，农村金融和农业保险服务落后，农业金融保险等部门为农服务的积极性不高。

（七）农村集体资产收益分配方式有待调整

我国农村收益分配方式经历了三个阶段的调整与变迁。在整个国民经济过渡时期也就是农业合作化阶段，农村收入分配改革探索的目标就是公平。随着社会主义农业改造的不断深入，农村经营形式由初级合作社上升为高级合作社，并于1956年6月全面实行按劳分配。在人民公社时期，尽管理论上强调按劳分配，但在实际执行过程中并没有真正贯彻落实按劳分配原则，反而实行平均主义；改革开放以来，实行按劳分配与要素分配并存，并且有了更加具体的阶段性表现形式，如农户可以获得经营性收入（农业收入）、工资收入、财产性收入和转移支付收入等。

目前，农民增收乏力，尤其是要素分配不足。另外，中国农村尤其是沿海地区、市近郊集体资产总量不断增加，已成为农村发展和农民共同富裕的重要物质基础。从理论上讲，这部分集体资产归属农民，农民有权参与其收益分配。但在工业化、城镇化快速推进过程中，农村经济结构、社会结构正在发生深刻变化，农村集体资产存在产权归属不清晰、权责不明确、保护不严格等问题，侵蚀了农村集体所有制的基础，影响到农民对集体资产的收益权，也影响到乡村振兴战略的实施。因此必须大力推进体制机制创新，深化农村集体资产收益分配方式改革，确保集体资产保值增值，确保农民的要素分配权。

四、完善农业经营制度

在新型工业化、城镇化、信息化迅速推进的背景下，农业现代化成为新“四化”的短板。实施乡村振兴战略，必须完善我国农村基本经营制度，解决农业经营规模小、经营方式粗放、经营兼业化、组织化程度低等问题。

（一）提升农业生产组织化程度

2017年中央农村工作会议强调，构建农村一二三产业融合发展体系，积极培育新型农业经营主体。因此，推进家庭经营、集体经营、合作经营、企业经营共同发展的农业经营方式创新，培育高素质农民、专业大户、家庭农场、农民专业合作社、农业龙头企业、农业社会化服务组织等现代农业经营主体，是提升农业生产组织化程度的关键。在新型农业经营主体引导下，从家庭经营发展成为小规模的合作经营再到企业化经营，是提升农业生产组织化程度的有效路径。

1. 高素质农民

高素质农民指具有科学文化素质，掌握现代农业生产技能，具备一定经营管理能力，以农业生产、经营或服务作为主要职业，以农业收入作为主要生活来源，居住在农村或集镇的农业从业人员。有文化、懂技术、善经营、会管理是高素质农民的基本特征。

2. 专业大户

专业大户指从事某一种农产品生产或经营、具有一定规模和专业种养水平的农户。从种养规模来看，专业大户明显高于传统农户或一般农户，而且经常需要雇用家庭成员外的劳动力。

3. 家庭农场

家庭农场一般都是独立的农业法人，土地经营规模适度，土地承包关系稳定，生产集约化、农产品商品化和经营管理水平较高，但主要以家庭成员为主要劳动力从事生产经营，不存在常年雇工经营。

4．农民专业合作社

农民专业合作社指在农村家庭承包经营基础上，同类农产品的生产经营者或者同类农业生产经营服务的提供者、利用者，自愿联合、民主管理的互助性经济组织。农民专业合作社的作用主要体现在：①通过农民专业合作社能够提高农户的市场竞争能力和谈判能力；②通过农民专业合作社可以实现标准化生产，保障农产品的质量安全，提高农产品的品质。

5．农业龙头企业

农业龙头企业是指从事农、林、牧、渔业等生产经营活动，有较高的商品率，实行自主经营、独立经济核算，具有法人资格的营利性经济组织。我国农业生产经营存在着“小生产”与“大市场”的矛盾，近年来农产品销售难问题不断涌现，农民增产不增收，生产积极性受到挫伤，迫切需要解决农业生产组织化程度偏低问题。“龙头企业+农户”是一种较好的农业产业化、组织化模式。

6．农业社会化服务组织

小规模分散经营仍然是我国农业生产经营的现状，要大力发展社会化服务，鼓励社会化服务组织提供从种到收全过程的专业化服务，以此来解决千家万户小生产的问题，解决关键农时、关键环节农业劳动力不足等问题。

（二）规范土地流转，提升农业生产专业化程度

农地与林地确权颁证是土地流转的前提。2013年中央一号文件明确提出，用5年时间基本完成农村土地承包经营权确权登记颁证工作。2014年中央一号文件进一步提出，要抓紧抓实农村土地承包经营权确权登记颁证工作，充分依靠农民群众协商解决工作中遇到的矛盾和问题，可以确权确地，也可以确权确股不确地。所谓“确权确地”，指村集体的每一块农村土地都要确权到具体的农民户头，我国大部分地方都是按照这种模式确权。有的地方面临土地在规模流转后被整理集中，导致地形变更，无法确地的难题，于是产生了另一种模式“确权确股不确地（确权确利）”，这是对前一种方式的补充。在该模式下，“谁拥有哪块地”是不明晰的，明晰的是“这个村的人共同拥有这片地”，村民丧失了土地的经营权和转让权，保留了收益权。

农地“三权分置”是土地流转的基础。农村集体土地的所有权、土地承包权、经营权共同构成了农村土地的权力体系。农地“三权分置”指农地的所有权、承包权、经营权相互分离，实行家庭联产承包责任制，把土地所有权和承包经营权分开，这是我国农村改革的重大创新。现在，把农民土地承包经营权分为承包权和经营权，实现承包权和经营权分置并行，这是我国农村改革的又一次重大创新。现在很多农户拥有农地承包权但自身并不经营，于是出现了经营权大规模流转的现象。2017年中央农村工作会议强调要进一步完善承包地“三权分置”制度。农地“三权分置”有利于明晰土地产权关系，更好地维护农民集体、承包农户、经营主体的权益；有利于促进土地资源合理利用，构建新型农业经营体系；有利于发展多种形式适度规模经营，提高土地产出率。

建立统一的土地流转中心，加强对土地流转的服务与管理是土地有效流转的关键。国家统计局在新中国成立70周年经济社会发展成就系列报告之十二——《农业生产跃上新台阶，现代农业擘画新蓝图》中指出，我国土地流转持续推进，2004年农村承包地流转面积为0.039亿公顷，到2018年，全国家庭承包耕地流转面积超过了0.35亿公顷。农村土地流转有力地推动了农业规模化发展，土地流转服务中心在土地规范流转过程中扮演着重要角色。

知识链接

农村土地"三权分置"的重要意义是什么？

改革开放以来，在农村实行家庭联产承包责任制，将土地所有权和承包经营权分设（所有权归集体、承包经营权归农户），极大地调动了农民的积极性，农村改革取得重大成果。随着城镇化水平的不断提高，大量农村人口转移到城镇和第二、第三产业就业，土地承包权与经营权分离、承包主体与经营主体分离的现象越来越普遍。为顺应农民保留土地承包权、流转土地经营权的意愿，中央提出将土地承包经营权分为承包权和经营权，实行所有权、承包权、经营权分置并行，着力推进农业现代化。"三权分置"是继家庭联产承包责任制后农村改革又一重大制度创新，是农村基本经营制度的自我完善，符合生产关系适应生产力发展的客观规律。实行"三权分置"，妥善处理"三权"相互关系，有利于实现好、维护好、发展好农民集体和承包农户、经营主体的权益；有利于促进土地资源合理利用，构建新型农业经营体系，发展多种形式适度规模经营，提高农业生产效率；有利于推进农业供给侧结构性改革，加快培育和形成农业农村发展新动能，为实现创新发展、持续发展、领先发展奠定基础。

（三）适度规模经营

适度规模经营是在一定的环境和社会经济条件下，各生产要素的最优组合和有效运行，取得最佳的经济效益。由于土地是农业生产不可替代的生产资料，因此农业适度规模经营在很大程度上指土地规模经营。随着农业现代化的推进，我国农地碎片化和农户分散经营引发的问题开始显现，农业技术进步和农村劳动力转移则为适度规模经营创造了必要的条件。

发展适度规模经营是转变农业生产经营方式的重要抓手，是发展现代农业的必然选择，也是提高主要农产品自给水平的重要举措。土地的适度规模经营能实现土地、资本、劳动力等生产要素的优化配置，能够提高农业生产绩效和推动现代农业发展。由于各地的农业资源禀赋、农民就业与收入结构千差万别，不可能有一个全国通用的土地经营规模标准。从许多地方的实践来看，土地经营规模相当于当地户均承包面积的10~15倍比较合适。近年来在政策驱动与效益牵引的双重作用下，规范有序的农地流转有力地推动了农业适度规模经营的发展，适度规模经营在规模、资金、技术、信息、人才和管理等方面的优势，进一步引领和加快推进了现代农业建设。

（四）推进农村集体产权制度改革

农村集体产权制度改革是家庭联产承包责任制、农地“三权分置”之后农村经营体制的又一次重大变革。土地承包经营权、集体收益分配权是法律赋予农民的神圣权利，是农村集体所有制的根本体现，也是农民进退有据的重要保障。农村集体产权制度改革的实质是推动集体所有的资产从“共同共有”向“按份共有”转变，实现社员对集体资产产权占有的定量化，以股份作为其参加集体收益分配的基本依据。明晰农村集体资产，进行收益分配制度改革，农民变股东是农村集体产权制度改革的核心。

典型案例

福建省上杭县做实“三权分置”改革

“三权分置”运行机制是农村基本经营制度的自我完善，是继家庭联产承包责任制后农村改革又一重大制度创新，重点是放活经营权，核心是明晰赋予经营权应有的法律地位和权能。近年来，上杭县积极深化集体林权制度改革，认真落实集体林地“三权分置”运行机制，在做活林业经营这篇新文章上取得新成效。

上杭县制定了《上杭县林业“三权分置”办证管理办法》，进一步规范了“三权分置”林权登记发证办理流程、优化林权流转和林权抵押登记实施办法等。林业部门与不动产登记中心互相配合，统筹协作，全面推进林权档案资料电子化，将全县20335宗地、面积约18.19万公顷的林权档案数据整合到不动产登记发证系统。通过开展林地经营权登记发证试点，为社会资本“进山入林”开通了绿色通道，给林权权利人吃下“定心丸”，有力促进了林地经营权的依法流转。2022年至今，上杭县不动产登记中心共办理林地经营权登记48宗，发放林地经营权证书48本，面积约677.93公顷。如，上杭县太拔镇林农李昌文于2020年开始租赁上杭县溪口国有林场下山溪工区“罗坑”约4公顷天然林，取得10年的林地经营权，通过发展林下种植灵芝、黄花远志等中草药，每年实现产值30多万元。这一做法，不仅保留林地使用权及林木使用权仍归溪口国有林场所有，还确保了溪口国有林场的林木经营收益，增加了林农经营林下经济收入，提高了林地综合利用的价值。

三农学思

以家庭承包经营为基础、统分结合的双层经营体制是农村改革最重要的制度性成果。党的十七届三中全会强调，要稳定和完善农村基本经营制度，这是实现农业现代化和农村全面小康目标的根本要求，也是深化农村改革、强化农业基础、促进城乡一体化发展的动力源泉。作为农林类专业学生，必须在理解现有制度的基础上，探索农村经济发展的新模式、新路径，为农村经济的可持续发展提供新思路、新方案。

思维拓展

1．试述我国农村基本经营制度的演变过程。

2．我国现行农村基本经营制度的内容是什么？

3．完善现行农村基本经营制度的途径与方法分别是什么？

项目九 农村社会治理结构现代化

项目导航

我国农村从1949年中华人民共和国成立到1978年改革开放，再从1978年改革开放到现在，这70多年的时间里面，整个国民经济活动、人际关系和人员组成，包括人们的理念、社会的飞速发展，都对农村的一些社会活动和生产活动产生了很大影响。也就是说，目前的农村社会活动与70多年前是完全不一样的，有的甚至是颠覆性的，这势必会造成农村的治理也有所不同。另外我国从东到西、从南到北，社会状况不一样，经济基础不一样，民间风俗也不一样，所以我国农村在治理结构上一定不是千篇一律的模式。目前全国各地农村一直在积极探索各种治理模式，朝着现代化的治理目标前进。本项目从我国农村社会治理结构的变迁，如何构建现代化农村社会治理结构两方面进行阐述。

学习目标

知识目标

1. 了解我国农村社会治理结构的变迁。
2. 掌握构建现代化农村社会治理结构的途径。

能力目标

1. 掌握国家关于农村社会治理的政策法规，能够对其准确解读并应用于实践。
2. 能够运用创新思维，对农村社会治理中的新情况、新问题提出解决方案。

素养目标

通过对农村社会治理结构现代化的学习，培养强烈的责任感与使命感，树立服务“三农”的崇高理想，厚植三农情怀，愿意为乡村振兴贡献自己的力量。

项目重点

当前农村社会治理结构现状；构建现代化农村社会治理结构的途径。

项目内容

一、概念界定

广义的农村概念应该包括农村社会以及农村社区。农村社会是指生活在农村、以农业劳动为基础的人们因业缘与地缘等关系连接而成的社会共同体，也就是生活在农业地区集中居住的居民，因一定的社会关系而组成的社会共同体。农村社区多是指一定范围区域内的，农民共同生活、学习、工作和栖息的一个有秩序的空间群落，是由有共同地缘的农村文化、习俗、信仰、价值观念、消费习惯、基本生活设施、经济社会生活所构成的地域空间。也可以说，农村是相对于城市的概念，在行政区域上具体指在我国行政体制中，县（含县和县级市、区）以下的行政区域与村民自治的区域。

（一）农村社会治理结构

"治理"一词本意是公共权力对社区事务的控制、管理、组织等。一般来说，公共权力包括国家权力和社会自治权力两部分。

农村治理结构，是指乡村社会在一定时期内较为稳定的治理模式，它包括治理主体的产生方式、组织机构、治理资源的整合以及存在于乡村社会的纵向和横向的权力关系等。在网络技术与信息技术的支持下，农村政府、民间组织、公民个人等社会多元要素相互协调，合作治理社会公共事务，以追求最大化的治理效能，最终达到最大限度地维护和增进公共利益的目的。

（二）农村社会治理结构现代化

农村社会治理结构现代化就是通过规范基层行政力量的治理理念，改革不合理的治理模式和方法，使得农村社会治理的参与主体多元化、参与方式多样化，实现由行政主导向多元共治的转变，进而更加适应国家和社会发展的需要。

农村社会治理结构现代化是推进国家治理体系与治理能力现代化的重要内容，事关乡村社会的发展与未来，是促进农业发展、农民幸福的制度性保障。我国农村社会治理社会现代化从本质上来讲就是要真正实现农民当家做主，让公平正义之花在农村绽放，秉持"公民本位""社会本位"的理念，以社会公共利益的最大化和实现人的全面发展为目标，构建有限、服务、合法的基层政府，发挥基层党组织的整体功能，培育协同治理型群众组织，发挥农民主体作用。通过完善乡村治理体系、提升乡村治理能力，构建以多元主体协同共治为主要特征的乡村治理现代化，在党的领导和政府主导推动下，农民和社会组织、经济合作组织共同参与乡村社会建设，实现"乡政"与"村治"的有效衔接并实现良性互动，让乡村治理成为国家治理的组成部分。

2019年6月，中共中央办公厅、国务院办公厅印发的《关于加强和改进乡村治理的指导意见》指出，要"建立健全党委领导、政府负责、社会协同、公众参与、法治保障、科技支撑的现代乡村社会治理体制，以自治增活力、以法治强保障、以德治扬正气，健全党组织领导的自治、法治、德治相结合的乡村治理体系，构建共建共治共享的社会治理格局，走中国特色社会主义乡村善治之路，建设充满活力、和谐有序的乡村社会，不断增强广大农民的获得感、幸福感、安全感。"

二、农村社会治理结构的变迁

中华人民共和国成立以来，我国的乡镇政权设置多有变动，乡镇基层治理结构也随之变化。我国的乡镇政权制度大致经历了乡-村政权并存、乡政权制、人民公社制和乡政村治这四个发展阶段。就国家政权组织结构来看，我国的政权组织设置到乡为止，其下的村民委员会或生产大队、生产队等组织形式，都不属于国家政权组织的范围。乡镇人员一般是国家干部，而村级干部保持农民身份。这是区别乡、村两级干部从而区分乡政与村治的一个重要标志。同时也表明，现代的乡镇治理结构也具有传统的“官民共治”特征。

（一）改革开放前我国农村社会治理结构状况

1．乡-村政权并存（1950—1953年）

1949年10月中华人民共和国成立后，中央人民政府在1950年颁布了《中华人民共和国土地改革法》，这是一部为了废除地主阶级封建剥削的土地所有制，实行农民的土地所有制，借以解放农村生产力，发展农业生产，为中国的工业化开辟道路而制定的法律。这一时期的土地改革，分为三个步骤：一是建立组织，召开农民代表会议，选举农民协会为土地改革的权力机构；二是划分成分，按一定标准划分地主、富农、中农、贫农，然后结合“诉苦”运动，展开斗地主活动；三是对主要财产进行分配，主要是土地、房屋、耕牛、农具、粮食。到1953年底，除新疆、西藏等少数民族地区外，土地改革基本完成。全国共有3亿多无地和少地农民，先后无偿获得了约0.47亿公顷土地和其他生产资料。这是中华人民共和国成立以来土地制度的第一次重大变革。

在这种情况下，1950年12月政务院颁布了《乡（行政村）人民代表会议组织通则》和《乡（行政村）人民政府组织通则》，具体规定如下：一是乡与行政村并存，同为农村基层行政区划，其规模由一村或数村构成，户数在100~500户，人口在500~3000人不等。这种乡建制可以视为“小乡制”。二是乡、行政村的人民代表会议一般由直接选举的乡村人民代表构成，任期一年，可连选连任。三是乡、行政村政府是本行政区域行使政府职权的机构，它由同级人民代表会议选举的正、副乡（村）长和若干名委员组成，任期一年，可连选连任。四是在这一过渡阶段，县以下大多置区，区为政权实体或为县的派出机构，由它们领导乡（村）政府的工作。这种乡政体制有助于政府集中管理。

2．乡政权制（1954—1958年）

1954年，我国颁布了第一部宪法。这部宪法对中国的乡村基层政权建制作了原则规定：乡、民族乡是农村基层行政区划，乡政权是农村基层政权，是国家政权的有机组成部分——以宪法形式确立乡建制的法律地位。1954年初，为适应农业合作化和集体化的需要，发布了《中央人民政府内务部关于健全乡政权组织的指示》，对调整、加强乡政权作了新的规定，即乡人民政府“一般应按生产合作、文教卫生、治安保卫、人民武装、民政、财粮、调解等方面的工作，分设各种经常的工作委员会；各地可依据具体情况合并或调整，但最多不得超过7个。居住集中而无必要设立工作委员会的乡，亦可不设，由乡人民政府委员分工进行工作。”宪法和地方组织法，肯定了内务部指示的精神，更全面地规定了乡人大和乡人委（即政府）的职权、组织结构和工作制度。

乡政权以下的治理单位是自然村，治理的组织包括村党支部、合作社、青年团、妇女会等。村庄社区治理的公共权力主要由村党支部和上级下派的工作组来行使。这是一种乡-村政权“共治”的治理结构，但只运行短短5年就被人民公社的新治理结构所取代了。

3. 人民公社制（1958—1983年）

人民公社，即农村人民公社，指与中国农村基层政权相结合的社会主义集体所有的经济组织，是当时农村社会的基层单位。1958年8月发布的《中共中央关于在农村建立人民公社问题的决议》和1962年9月公布的《农村人民公社工作条例（修正草案）》明确规定，人民公社是基层政权组织与基层经济组织合二为一的基层单位，公社的最高权力机关是公社社员代表大会，公社范围内的重大事情皆由公社社员代表大会研究决定。

人民公社下设生产大队和生产队两个治理层次，从而形成“公社—生产大队—生产队”三级治理组织体系。这个组织体系建立在“三级所有、队为基础”之上。公社是农村各项工作的领导和管理机关；生产大队是公社的执行机关，也是一个上传下达的中介组织；生产队是社员集体经济生活和政治活动的基本场所，是农民集体劳动、集体分配的基本单位。由公社社员代表大会选举产生的社长、副社长及管理委员会委员组成公社管理委员会。作为行政组织，公社管理委员会相当于原来的乡人民政府，受县政府及其派出机关的领导，在生产、建设、财政、民政、文教、卫生、治安、民兵等方面行使行政管理权。

在这个过程中，政府经济职能的范围和强度自然是越来越大，各级政府已经完全成为整个社会经济的主宰，为了达到以下三个目的：①保证政府获得农业剩余并将其投入经济建设；②保证投资和国民经济高效率地运转，以加速经济发展；③保证高积累、低消费水平下的社会稳定。

4. 乡政村治

1978年，党的十一届三中全会召开，首先从农村内部的经济体制特别是产权制度变革开始，把农民从传统的计划经济体制的束缚下解放了出来，揭开了社会主义改革实践的帷幕。

1978年11月，安徽省凤阳县凤梨公社小岗村，在旱涝灾害严重、生活无以为继的情况下，生产队长严俊昌带领该村18名农民签订了全国第一份“大包干”契约，当时这是冒着“杀头”“坐牢”的风险，但取得了惊人的成效，并在周围县社推广。

1982年1月1日，中国共产党历史上第一个关于“三农”问题的一号文件正式出台，明确指出包产到户、包干到户都是社会主义集体经济的生产责任制，后来被称为家庭联产承包责任制。家庭联产承包责任制是指农户以家庭为单位向集体组织承包土地等生产资料和生产任务的农业生产责任制形式。其基本特点是在保留集体经济必要的统一经营的同时，集体将土地和其他生产资料承包给农户，承包户根据承包合同规定的权限，独立做出经营决策，并在完成国家和集体任务的前提下分享经营成果。一般做法是将土地等按人口或劳动力比例根据责、权、利相结合的原则分给农户经营。承包户和集体经济组织签订承包合同。

党的十一届三中全会以后，在党中央的积极支持和大力倡导下，家庭联产承包责任制逐步在全国推开，到1983年初，全国农村已有93%的生产队实行了这种责任制。家庭联产承包责任制是20世纪80年代初期在中国农村推行的一项重要改革，是农村土地制度的重要转折，也是中国农村现行的一项基本经济制度。

1983年10月，中共中央和国务院做出了政社分开，建立乡政府的决定，由此建立了“乡政村治”的治理结构。20世纪80年代的中国乡村治理结构的改革，归纳起来大致有以下三种形式：①一社一乡制，即把原来的一个公社改变成一个乡建制，设立乡政权。②大区中乡制，即把一些较大规模的公社拆分为两三个乡，然后在县乡之间设立若干个区公所，区公所为县政府的派出机构，领导、协调各乡政府的工作。③大区小乡制，即把原来的公社改为区，大队改为乡。区设区政府或区公所，名为县政府的派出机关，实为一级政权实体。由区政府领导与协调各乡政府及各下派机构的工作。

（二）当前农村社会治理结构现状

20世纪80年代的这种“乡政村治”的治理结构一直延续至今。在实行村民自治的同时，国家组织依然是农村的重要治理主体。《中华人民共和国村民委员会组织法》第四条和第五条明确规定：“中国共产党在农村的基层组织，按照中国共产党章程进行工作，发挥领导核心作用，领导和支持村民委员会行使职权；依照宪法和法律，支持和保障村民开展自治活动、直接行使民主权利”“乡、民族乡、镇的人民政府对村民委员会的工作给予指导、支持和帮助，但是不得干预依法属于村民自治范围内的事项。村民委员会协助乡、民族乡、镇的人民政府开展工作”。这样，政府通过“撤社建乡”重构了农村基层政权组织，通过村民自治重构了农村基层社会组织。经过上述双重重构，农村地区最终形成“乡政村治”的治理格局。在这种治理格局中，乡镇党委和政府以及农村党支部代表着基层政权的力量，而村民委员会和村民小组则代表着基层社会的力量。此外，一些由农民自发组织的专业合作社在这个时期也得到了初步发展，而相对传统的宗族组织在某些农村地区也得到不同程度的恢复，它们构成了这个时期农村治理结构中民间力量的主体。

1．农村社会治理结构模式

目前，我国农村一般通行两种治理模式：一是“乡政村治”治理结构模式；二是集体主义治理结构模式。

（1）“乡政村治”治理结构模式。“乡政村治”是我国农村管理中普遍存在的治理模式，是建筑在家庭承包经营与农村村民自治基础上的管理模式。这种管理模式是在乡镇建立基层政权，对本乡镇事务行使国家行政管理职能，但不直接参与具体基层管理事务。乡以下建立村民自治组织——村民委员会，对本村事务行使自治权。这样在基层的农村管理体制中存在两种不同层面且相对独立的行政管理权：一种是自上而下的乡镇政府（代表国家）的行政管理权；另一种是村民委员会（代表村民）的自治权。

（2）集体主义治理结构模式。集体主义是在社会主义市场经济条件下，处理村庄集体与村民个人关系的价值观念。村民个人利益与村庄的集体利益是双向存在的，村民个人利益是村庄集体利益的源泉，村庄集体利益是村民个人利益的保障。只有把集体主义摆在首位，促进村庄集体的发展，才能更好地促进共同富裕，促进村民个人利益的实现，才能反过来维护这种治理基础。

集体主义治理结构模式是指建立在村级民主制度基础之上，由倡导集体主义的明星掌门人领导，以党的基层组织、村民的自治组织与集体企业的管理组织高度集中统一的“三合一”为组织结构，把“集体共同富裕”作为最终目标的村庄治理模式。当然，这种集体主义下的治理模式离不开长期历史发展中形成的富含集体主义价值取向、凝聚集体力量的精神。这是一种典型的“三合一”组织结构，即党的基层组织、村民自治组织与集体企业组织重合在一起，代表着集体经济时代的管理体制和管理结构。这种管理体制存在着种种的不足与争议。

2. 农村社会治理结构特点

“乡政村治”的农村治理结构具有典型的“一元二体”性特征（郭光宇，2008）。其中“一元”是定性的概念，所谓一元性是指中华人民共和国的一切权力属于人民，国家权力和村民委员会的权力来源于人民，即乡镇政权组织与村民委员会的产生和来源性质相同，二者来源于人民，服务于村民。所谓“二体”是建筑在管理形式层面上的，是指乡镇政权执行机构（乡镇政府）和村民自治执行机构（村民委员会）分属不同的组织系统。从组织构成来看，乡镇政权组织是乡镇人大，乡镇政府是乡镇人大的执行机构，乡镇党委属于政权的领导力量。而村民自治组织中村民委员会和村民小组是其工作机构，村民会议和村民代表会议是其权力机构。从具体职能目标看，乡镇政府的职能和目标是提供公共产品、社会服务，而村民自治组织则具体负责村庄社区发展的具体事务。

三、现代化农村社会治理结构的实践路径

中国农业正在从传统农业向土地集约化、专业化、高技术化的现代农业转变。伴随着这种经济方式的转变，必须重新塑造满足这种经济方式转变的农村治理结构。

习近平总书记在多种场合、多次强调“小康不小康，关键看老乡”，表明了习近平总书记眼中的“小康”，不仅要看经济总量，还要看老百姓的生活质量，不仅要看平均

数，还要看大多数。中国是否实现现代化，关键看农业农村。党的十九大报告提出“农业农村现代化”，怎么理解呢？原来提农业现代化只是从粮食安全的角度出发，现在把农业农村放在一起，那就不能单纯地把农村作为一个农产品供应基地了。推进农业农村的现代化，涉及农村的经济、农村的政治、农村的文化、农村的社会、农村的生态文明各个方面的建设。到2035年我国要基本实现社会主义现代化，到21世纪中叶，要把我国建设成为一个富强民主文明和谐美丽的社会主义现代化强国，而乡村发展成为中国实现现代化的一个决定性因素。习近平总书记在党的十九大报告中明确提出，“我们要建设的现代化是人与自然和谐共生的现代化，既要创造更多物质财富和精神财富以满足人民日益增长的美好生活需要，也要提供更多优质生态产品以满足人民日益增长的优美生态环境需要。”所以，“农业农村现代化”是从整体视角看待乡村的发展。

要建设农业农村现代化和构建现代化的农村治理结构，必须解决在这一过程中面临的突出矛盾和问题。

（一）探索新型城镇化下农村“空心”村治理的新路径

1. 农村“空心”化、老龄化现象

农村“空心”化，是我国广大农村聚落空间结构形态发展到特定历史时期的一种现象，不仅影响了村民的居住和生活环境，同时浪费了大量的土地资源，使其成为社会主义新农村亟待解决的一个突出问题。

从整体上看，“空心”村一般有两层含义：经济意义上的“空心”村，是指在社会主义市场经济的发展过程中及工业化、城镇化快速推进过程中，大批文化素质相对较高的青壮年农民进城务工，致使村庄剩下的基本上是老、弱、病、残、妇女、儿童，这是一种由于劳动力转移呈现的“空心”。地理意义上的“空心”村，是指大量的外出务工者在务工挣钱后回到农村，由于结婚、分户以及考虑到区位等原因，受新建住宅过程“建新不拆旧观念”的影响，新建住宅大部分集中在村庄外围尤其是公路沿线，而村庄内却存在大量闲置宅基地和闲置土地，形成一种地理意义上的“空心”。由此看出，农村“空心”化是人口的“空心”化、农村产业的“空心”化、土地的“空心”化、基础设施的“空心”化。

农村“空心”村形成的主要因素有三个方面：一是经济因素。城镇化水平提高导致城乡收入差距加大。越来越多的农民进城务工。此外，农村在生活环境、基础设施、教育、医疗等各个方面都落后于城市，进一步加大了城市的拉力和农村的推力，导致大量农村人口流向城市。二是管理因素。目前我国尚无切实可依的农村土地使用相关的法律法规，农村土地管理在制度层面上仍然是一片空白，针对农村宅基地的管理只有非常简要的规定，而且村民委员会对村民土地使用的管理不严格。三是思想观念因素，农村封建迷信思想较普遍，许多农民，尤其是老人，信奉“树挪死，人挪活”的观念或者相信“宅大进财，路宽出官”的说法，纷纷选择他们眼中所谓的“风水”好的地方重新建房，

以求得家里人的美好前途，使得农村“空心”化不断加剧。

2．解决“空心”化、老龄化的对策

（1）大力发展农村经济，改善农村落后面貌。推动新型城镇化中的产业发展与农村产业化相结合，以工业化带动和推动农业发展，促进农村工业化、农民工人化和农业企业化，最终实现农业现代化。将市场和地方特色相结合、市场调节和政府宏观调控相结合，因地制宜，大力发展高产、优质、生态农业，提高农民生产积极性。根据地方特性，合理规划第二、第三产业，吸引城市企业落户农村，开发当地旅游资源，优化产业结构，以增加农村就业岗位，实现就近就业，增加农民收入。另外，加强农村基础设施建设，尽可能地创造和谐舒适的人居环境，改善农村落后面貌，有效控制“空心”村。

（2）改革户籍制度，创新农村社会保障制度。改革户籍对农民入城的限制，引导农村人口尤其是富余劳动力逐渐向城镇转移，使农民工真正实现市民化，完全融入城市。同时、同步推进农村社会养老、医疗和就业保障等一体化覆盖，突破农村居民在社会保障、户籍等方面的现实困境，实现城乡统一的社会保障。积极从多渠道融入社会资金，创新农村社会保障制度，提高保障力度和保障范围。

（3）完善政策法规，严格农村宅基地审批管理。实行宅基地统一管理制度，新宅基地由村集体统一规划、统一建设，旧宅基地由村集体统一收回、统一改造。首先，按照相关规定对农村用地进行严格的清查，收回不合理占地并进行重新规划。其次，出台相应的政策法规，规定严格的土地申请和审批程序，对乱占乱建者依法从严处理。再次，加强对村民委员会干部落实审批程序的监督，必须做到按章办事。最后，土地职能部门要多下乡监察农村土地管理，严防土地资源的不合理使用。

（4）增强农民法律意识，改变落后观念。各级部门要采取适当形式宣传土地使用管理的相关法律知识，如《中华人民共和国土地管理法》《农村宅基地管理暂行办法（征求意见稿）》等，提高村干部和村民对土地的认识，改变“自家宅基地、耕地是自己家的私有财产”的错误观点，形成宅基地公有、合理使用耕地的共识。另外，基层组织应发挥积极引导作用，帮助农民建立理性的消费观，纠正农民的建房攀比之心，为“空心”村的改造工作打下坚实基础。

（二）建立健全农村法治建设

1．农民合法权益受到侵害时有发生

一些地方基层民主管理制度不健全，农村基层党组织软弱涣散，在缺乏有效监督与制衡的情况下，政府管理不到位，农民缺乏维权意识，导致一些村干部谋取私利，不为群众着想，侵害农民合法权益的事件时有发生。主要原因如下：一是在工业化、城镇化进程中，一部分农民集体所有的土地被征收，在征地补偿的分配中，村干部起到举足轻重的作用，他们往往为了自身利益，牺牲农民土地财产权来降低工业化、城镇化成本。二是随着新农村建设的兴起，投向农村的国家各类专项资金增多，农村基层组织也有可

能掌控一部分项目资金，村干部有可能借机采用各种手段谋取私利。三是在发展农村社会事业和增进农民福利的政策执行中，村干部也能掌控一部分资源，如农村低保对象的确定、扶贫资金的发放等事项上，监管不力也会出现腐败。四是农村基层民主选举不太民主。

2．乡村治理要在法治的框架下进行

（1）民主选举重建村级权力合法性。如何重建乡村公共权力的合法性基础是新时期乡村治理结构重建的前提。村民自治制度下的民主选举制度为这种重建提供了一条可行的路径选择。治理理论认为，良好治理的前提是“公共权力得到共同体成员的同意”，现代民主治理的重点已经不是权力的单方行使，而是通过协商、选举、谈判等途径，取得共同体成员的合意，并且治理理论还设计了一整套的制度规则，包括权力获取的选举制度、权力行使过程中的集体谈判机制等。

（2）村务公开构建村级权力行使的制度化保障。家庭承包经营的推行，使基本经济核算单位由生产队变成农户，农民获得了生产经营的自主权。农村生产关系的这一变革的逻辑结果，是农民的社会自主性的增加和农民参与意识与愿望的增强。对于村级公共事务的管理，农民希望获得“知情权”，即“有权知道”。当前国家各种惠农补贴可能被挪用时，当农民认为村级公共事务管理不善或对村干部不信任时，他们便产生了“有权选择领导人”的要求——这就是实行村民自治以后，农村治理结构变革的内在根据。

一方面，村民代表会议作为一种适应新情况的决策形式，被《中华人民共和国村民委员会组织法》予以确认。村民代表会议作为农民政治参与的代议机构，在村民会议闭会期间，行使村民会议授权事项的讨论与决定权，从体制上讲，它实际上成为村民自治制度内在性的约束机制，对村民委员会的工作及村民委员会干部的行为进行有效的监督。

另一方面，村务公开制度是农民群众在贯彻执行《中华人民共和国村民委员会组织法》过程中的又一项制度创新。1990年12月，中共中央关于批转《全国村级组织建设工作座谈会纪要》的通知，提出“要增加村务公开程度，接受村民对村民委员会的监督”。经过实践，一些先进的地区创造了不少村务公开的经验，1998年通过、2010年修订的《中华人民共和国村民委员会组织法》第二十二条确认了村务公开制度的法律地位。

（三）促进村级治理主体的多元化

1．农村利益主体日趋多元化，各类组织活动和诉求明显增多

（1）村民与成员之间的矛盾。在推进城乡一体化的进程中，随着经济社会的快速发展，城乡、地区之间人口流动日益频繁。村组集体经济组织“成员”与“村民”的身份不再统一。很多情况下，尤其在发达地区，“村民”范围要大于村组集体经济组织“成员”的范围，这主要是农民外出务工等造成的人员流动所致。

2024年2月29日，国家统计局发布的《中华人民共和国2023年国民经济和社会发展统计公报》显示，2023年全国农民工总量29753万人，其中，外出农民工17658万人。一部分农村集体经济组织的成员长期外出务工，相当一部分人在东部沿海地区发达乡村的企业，甚至在务工地定居，他们实际上已经不是原住地的村民，但仍然是原住地集体经济组织的成员。这部分长期外出务工、定居在务工地的农民工实际上已经是居住地的村民，但他们并不是居住地的集体经济组织成员。

（2）现行行政体制下乡镇和行政村的职能难以转变。全面取消农业税后，乡镇和村级组织应由管理型转为服务型，但资金、资源和权力是联系在一起的。由于垂直体系的强大影响力，政府职能和管理模式一时难以转变。目前很多事情还是自上而下布置，在许多地区传统的管理模式和干部考核机制仍占据主导地位。

2. 村级有效治理的措施

（1）界定农村集体经济组织的功能和认定成员资格。集体经济组织及其成员身份的界定与农村基层治理机制的改革密切相关。产权制度改革的第一步是“归属清晰”，村民最关心的是谁能获得成员资格，解决这个问题的原则：一是要尊重农民群众的意愿，农民内部的问题要在农民群众内部通过民主的形式自行解决；二是不仅要立足当下，还要着眼未来。以确定“集体成员资格”为突破口，解决资产量化的成员边界问题。借鉴各地的条例和办法，政府应尽快出台农村集体经济组织条例，明确集体经济组织（社区合作社或社区股份合作社）的内涵、外延及其权能，明确农村集体经济组织的法人地位、经济类型，界定成员的资格，明确成员的权利、责任和义务以及成员的进入和退出的相关制度安排。在此基础上理清村民委员会和村集体经济组织之间的关系。

（2）促进村级治理主体的多元化。我国乡村治理结构的重建应当着力培育乡村社会组织社团的健康发展，为以村民自治制度为核心的乡村民主建设创造一个多元化的组织环境。农村培育多元化组织的一个重要方面是大力发展农村的非政府组织、社区组织、农民的合作社及协会等，提升农村弱势群体的社会资本和组织资本。例如，据新华网报道，2016年云南洱源县三营镇共和村下属的郑家庄村民小组，一共125户525口人，在村党支部的领导下，培育了一批充满活力的群众组织：自发成立护村队，每户出一个人，后正式成立郑家庄治安联防队，还成立了村老年协会、阳光文艺队、中青年联谊会等。郑家庄的这些群众组织活跃了当地的文化生活，促进了当地社会的稳定繁荣。事实证明，没有农民组织化程度的提高，村民自治则无从谈起。

目前我国农村还存在一些其他问题，如农村教育、文化、医疗卫生、社会保障等社会事业发展滞后；基础设施不完善；人居环境不适应；有些农村学校较快撤并，一些地方学生上学路程变远，一些非寄宿学生上学要起早摸黑，交通安全存在隐患等。所以我们必须加快新型城镇化建设。

典型案例一

山东费县模式

山东费县通过建立“3+4”农村社会治理保障体系，探索出了一条具有特色的新时代新型农村社会治理的新路子，实践证明成效显著。通过创新建立农村基层班子建设、农村“三资”有效监管、农村基层社会治理三项机制，重点解决影响农村稳定发展的源头性、根本性、瓶颈性问题；通过夯实农村班子运转、城乡环卫一体化、农村公益事业和基础设施建设投入、农村民生实事办理四条民生保障线，解决好农村群众的基本生产生活需求，形成了“钱往基层投、人往基层走、事在基层办”的局面，建立起了“全覆盖、保基本、兜好底”的多层次社会保障体系，取得了农村社会治理的良好成效。“3+4”农村社会治理保障体系的主要做法如下。

1. “3”就是创新三项社会治理机制

（1）建立农村基层班子建设长效管理机制。实施“四抓四促”工程：①对后进村班子抓分类整治，促固本强基。推行评星定级制度。评星的标准是“一高二好三有”：“一高”即群众满意度高；“二好”即村级班子好、党员作用发挥好；“三有”即有阵地、有制度、有产业。②抓农村制度落实，促规范运行。推行农村“两委”班子成员、会计、党员等“持证上岗”制度，全面落实“三会一课”、党建指导员、“四议两公开”、财务公开等制度、促进村级事务规范运行。③抓农村党员管理、促作用发挥。建立起了农村履职纪实网络化平台、“三诺两考一平台”。形成过程留痕、管理有形、动态纪实、跟踪评价党员管理机制，实现了党员日常监管全覆盖、无缝隙。④抓村级集体增收，促治理长效。按照“553”工作思路，即用好合作经营、资产经营、资源开发、服务创收、业态创新五种发展模式，强化资金、土地、金融、科技、人才五项要素支撑，严把“三资”、合同、绩效三道关口，用活用好资产资源，创新经济发展方式，推动村集体经济持续增收、稳定发展。

（2）建立农村“三资”有效监管机制。实施“固基工程”，致力于推进农村集体资金、资产、资源“三资”管理工作的规范化、制度化建设。

（3）建立农村基层社会综合治理机制。构建基层社会治理四个体系：基层矛盾调处化解“4355”体系、社会治安防控体系、维稳网格化管理体系、乡风文明建设体系。

2. “4”就是筑牢四条民生保障线

（1）农村基层班子运转保障线。县财政加大对农村的投入，保障薄弱村村级班子的正常运转和“有钱办事”“有能力办事”。

（2）城乡环卫一体化保障线。建立实施了“村收集、镇转运、县处理”的农村垃圾处理模式，实现了城乡环卫保洁工作的精细化、科学化。

（3）农村基础设施建设和公益事业投入保障线。重点建设农村水、电、路、通信和农村饮水、公共服务设施、农村危房改造、无害化卫生厕所改造、供暖试点、美丽乡村建设等项目，持续推进乡村基础设施改造提升。

（4）重点民生实事保障线。探索实施了村级事务“代办员”制度。

典型案例二

浙江姜家镇模式

浙江姜家镇镇村重大事务“陪审团”制度，是指通过一定方式产生“陪审团”，由其对镇村重大工程项目进行全程监管的社会治理机制。它是农村社会治理实践中的一项制度创新。其具体做法如下。

1. 镇村重大事务“陪审团”的制度设计

（1）建立镇村重大事务“陪审团”成员名库。由镇村两代表一委员、镇老干部代表、村监会主任、村退任老书记和老主任、退休老教师、具备一定素养的热心群众等200余人组成镇村重大事务“陪审团”成员，对一些特别重大项目还邀请县级相关行业专业人员作为“陪审团”成员。

（2）明确镇村重大事务“陪审团”监管事务范围。镇政府50万元以上的重大工程项目、镇人事安排、惠农政策出台等重大事务，村级50万元以上的重大工程项目以及镇随机抽查的相关重点工程项目，列入镇村重大事务“陪审团”的监管范围。

（3）选用镇村重大事务“陪审团”成员。凡需要“陪审团”监管的镇村重大事务，由“陪审团”领导小组在“陪审团”名库中随机抽选5~7名库内成员组成正式“陪审团”，抽选采取本村回避制度，本村人员原则上不得参与本村重大项目的监管。

（4）规定镇村重大事务“陪审团”监管方式。“陪审团”成员对“陪审”项目实施全程监管，凡是涉及该事务的重要会议必须到场，并开展台账检查，强化资金预结算的监管。“陪审团”成员可查阅、复印、监督与该项目有关的文件资料，调查核实有关情况，有权要求村民委员会对监督事项做出解释说明并提供相关材料。

（5）强化监管的作用。如发现村党组织、村民委员会有违反法律法规、政策及村民自治章程，损害村民根本利益的行为，镇村重大事务“陪审团”成员拥有提出批评并要求予以纠正的权力。村党组织、村民委员会拒不采纳“陪审团”成员提出的正确意见和建议，“陪审团”成员可向镇村重大事务“陪审团”制度领导小组反映情况，“陪审团”制度领导小组将及时妥善解决处理。

2. 镇村重大事务“陪审团”制度的实施保障

为确保镇村重大事务“陪审团”制度的顺利实施，镇党委、政府采取了以下措施。

（1）组织保障。成立了以镇党委副书记为组长的“陪审团”制度工作领导小组，领导小组下设办公室，由镇纪委办公室的同志负责日常事务管理，为“陪审团”制度的实施提供有力的组织和领导保障。

（2）制度保障。出台《关于在社会管理中全面推行“陪审团”制度的实施意见》《“陪审团”工作职责》等一系列相关制度，推动和规范镇村重大事务“陪审团”制度的实施。

（3）资金保障。为提高“陪审团”成员参与重大事务监督、管理的积极性和主动性，镇党委、镇政府划拨专项资金，对随机抽取产生的“陪审团”成员给予适当误工补贴。

（4）培训保障。采取不定期授课培训的方式，加强对“陪审团”成员名库成员的业务培训，内容涉及村庄规划、城乡统筹发展、项目建设等各方面，不断提升业务能力，增强监督的有效性。

实践表明，这一农村治理机制创新，在加强和改善党的领导、深化党风廉政建设、维护农村社会稳定、提高决策科学化和民主化水平、优化镇村项目管理等方面起到了显著的作用。

三农学思

农村社会治理结构的现代化是一项系统工程，需要政府、社会、农民等多方面的共同努力和协作。作为农林类专业学生，必须积极投身于这一伟大事业中，为乡村振兴和农村社会治理现代化贡献自己的力量。

思维拓展

1. 我国农村社会治理结构经历了哪些变迁？
2. 构建现代化农村社会治理结构的途径有哪些？

项目十 城乡一体化发展——新型城镇化建设

项目导航

城乡二元结构是我国城乡差别的一个制度因素，也是改革至今农村发展、提高农民收益、提升农民生活质量的瓶颈。新型城镇化就是要破解城乡二元结构，消除城乡差别，达到共同富裕。本项目主要阐述中国城乡二元结构的内涵、历史发展、困境，新型城镇化的意义、目标、内容和其在破解城乡二元结构中的重要作用。

学习目标

知识目标

❶ 了解中国城乡二元结构的内涵与历史。

❷ 理解新型城镇化的意义、目标、内容和其在破解城乡二元结构中的重要作用。

❸ 熟悉新型城镇化的内容。

能力目标

❶ 能够深入分析新型城镇化在破解城乡二元结构中的重要作用。

❷ 能够将不同领域的知识有机融合，分析解决城乡一体化发展中的实际问题。

素养目标

通过学习，认识到新型城镇化必须建立在生态环境可持续发展的基础上，树立尊重自然、顺应自然、保护自然的生态文明理念，积极推动绿色、低碳、循环的农业生产方式和生活方式，增强服务“三农”的社会责任感，关注农民利益，积极促进城乡公共服务均等化。

项目重点

城乡二元结构的内涵；新型城镇化的内容。

项目内容

一、城乡二元结构问题

城镇化是指在历史发展进程中农村人口不断向城镇转移，第二、第三产业不断向城镇聚集的过程，是各个国家在实现工业化、现代化过程中所经历的社会变迁的一种反映，是衡量现代化过程的重要标志。反映城镇化水平高低的一个重要指标为城镇化率，即一个地区常住于城镇的人口占该地区总人口的比例。当前，世界城镇化水平已超过50%，有一半以上的人口居住在城市。我国官方第一次采用“城镇化”这个词是在党的十五届五中全会通过的《中共中央关于制定国民经济和社会发展第十个五年计划的建议》中。城镇化是一个历史范畴，同时也是一个发展中的概念，最初人们对城镇化的理解着重于城镇数目的增多和城市人口规模不断扩大两个方面，这是不全面的。所以党的十八大报告明确提出了“新型城镇化”概念，新型城镇化与传统城镇化的最大不同，在于新型城镇化是以人为核心的城镇化。新型城镇化不是简单的城市人口比例增加和规模扩张，而是强调在产业支撑、人居环境、社会保障、生活方式等方面实现由“乡”到“城”的转变，更加强调进城农民身份向市民的转化。留在农村的农民生活向城市标准看齐，注重保护农民利益。新型城镇化是大中小城市、小城镇、新型农村社区协调发展、互促共进的城镇化，其目的实现城乡统筹和可持续发展。

2014年，中共中央、国务院印发《国家新型城镇化规划（2014—2020年）》，规划中明确指出城镇化“是现代化的必由之路”“是解决农业农村农民问题的重要途径”“是人类社会发展的客观趋势，是国家现代化的重要标志”“对全面建成小康社会、加快社会主义现代化建设进程、实现中华民族伟大复兴的中国梦，具有重大现实意义和深远历史意义”。2019年3月31日，国家发展改革委印发《2019年新型城镇化建设重点任务》，提出了深化户籍制度改革、促进大中小城市协调发展等22个具体任务。这对于优化我国城镇布局和形态，进而推动新型城镇化高质量发展具有重大的积极意义。中国新型城镇化是社会主义现代化建设的重要内容，按照中央的说法就是中国的现代化关键看农村，只有农村发展现代化了，才算真正的现代化。所以新型城镇化的最大功能是促进经济社会发展，实现共同富裕，最大特点就是城乡统筹、城乡一体。但是，我们必须看到当前我国城乡差别还很大，从制度层面上讲，城乡二元结构是我国城乡差别的重要因素，是新型城镇化必须跨过的门槛，也是国家层面上改革和发展最难啃的一块硬骨头。要破解这个难题，必须打破城乡二元结构，发展新型城镇化，走城乡一体化发展道路。《国家新型城镇化规划（2014—2020年）》明确提出了“努力实现1亿左右农业转移人口和其他常住人口在城镇落户”的目标，提出“稳步推进义务教育、就业服务、基本养老、基本医疗卫生、保障性住房等城镇基本公共服务覆盖全部常住人口”。这些目标是新型城镇化的具体体现，也是实现农民进城，变为真正城市人的重要措施。所以新型城镇化是中国实现现代化的重要途径，也是农村实现现代化，破解城乡二元结构的一个重要举措。

（一）城乡二元结构的内涵

城乡二元结构是指发展中国家目前存在的传统农业经济和现代工业经济、农业生活方式和城市生活方式两种不同经济和社会形式，其主要表现是农村的相对落后与城市的现代化的差异。城乡二元结构也是一种城市现代部门和农村传统部门制度结构不同安排的结果，导致了城市社会和农村社会相互不同的二元经济和社会形态。因此，城乡二元结构包含了城乡二元经济结构和城乡二元社会结构两个方面的内容，其中经济结构决定社会结构。

1. 城乡二元经济结构

城乡二元经济结构一般是指以社会化生产为主要特点的城市经济和以小农生产为主要特点的农村经济并存的经济结构。在发展中国家，城乡二元结构是一种较为普遍的社会经济形态，即发展中国家一般存在着性质完全不同的两种经济部门：一种是现代部门，以城市发展为主；另一种被称为农业部门或传统部门。传统部门落后，比重大；现代部门先进，比重小。这种城乡二元结构是发展中国家经济发展的典型特征，是经济发展过程中基于城乡不同的资源特征而自然形成的。城乡之间不同的发展水平导致普遍的城乡差距，这种城乡差距有其不可避免性。从世界经济的发展历程来看，城乡二元经济结构是发展中国家从传统的农业社会走向工业化和现代化必经的过渡形态，是一种发展中的正常差别，是发展中国家不发达的标志，也反映了城乡之间的制度差异。随着社会的发展，这种城乡差距会不断缩小。

我国的城乡二元经济结构也不例外，主要表现为：城市经济以现代化的大工业生产为主，而农村经济以典型的小农经济为主；城市的道路、通信、卫生和教育等基础设施发达，而农村的基础设施落后；城市的人均消费水平远远高于农村；相对于城市，农村人口众多等。这种二元的经济形态既是发展中国家的经济结构存在的突出矛盾，也是这些国家相对贫困和落后的重要原因。发展中国家的现代化进程，可以说在很大程度上是要实现城乡二元经济结构向现代经济结构的转换。

2. 城乡二元社会结构

城乡二元社会结构是指以二元户籍制度为核心，在包括二元就业制度、二元福利保障制度、二元教育制度和二元公共事业投入制度在内的一系列分割城乡的社会制度安排下，人为构建的城乡隔离的社会结构。中国的社会二元结构相较于其他发展中国家更为突出。中国农业人口占绝大多数，城乡之间的差别长期存在。这种差别不仅体现了发展中国家普遍存在的二元经济结构，更重要的是中华人民共和国成立后，在当时国内经济落后、国际形势不利的情况下，为了加快发展工业，采取了一系列城乡分割的制度安排，形成了人为的二元社会结构。二元社会结构是当代中国不同于任何其他发展中国家的显著特征，即在一个主权统一的国家内，人为地把全体公民区分为农业户口和非农业户口，农业户口很难自由转换为非农业户口，形成农民和市民社会地位完全不同的制度体系。

（二）城乡二元结构的历史

我国城乡二元结构，特别是城乡社会二元结构的形成是我国的历史选择和形势所需。1949年，中华人民共和国诞生在一个长年战乱、百废待兴、没有任何工业基础和经济相当落后的农业国基础上，绝大多数工业品都依赖进口。当时，中国只有占国民经济总产值10%左右的现代性工业，90%左右是分散的、个体的农业经济和手工业经济。中华人民共和国成立之初，以美国为主的西方国家对我国实施全面经济封锁，同时还面临抗美援朝的艰巨任务，发展受到很大限制，内忧外困。没有经济的现代化就不可能有强大的国防，落后就要挨打。我国迫切需要尽快发展重工业，加快发展经济，以提升国力、加强国防和保卫国家。为改变我国一穷二白的面貌和加速经济的发展，国家不得不采取了重工业超前和优先发展战略，这种发展战略导致了农业投入少，工农差距和城乡差距拉大。

当然，从世界范围看，20世纪50年代新独立的亚洲、非洲国家为了实现国家的快速富强，大多采用了这种优先发展城市工业部门的办法，实施了一系列的偏向城市经济发展的社会政策，也可以说城乡二元结构是当时发展中国家的一个共同选择，是贫穷落后国家加快工业化的不二选择。不可否认，中国的这种城乡二元结构在防止外患、维持国家和平环境、保障国家的稳定发展中起到了重要作用。以农业为主的中华人民共和国，在成立后不到20年时间内，就造出“两弹”以及获得许多领先世界水平的科技成果，可以说都和当时的政策有关。改革开放之所以能在40多年间取得巨大成就，毫无疑问也与当时的这种政策奠定的工作基础和较为完备的工业体系密切相关。所以，分析中国的城乡二元结构问题，不能脱离当时的历史状况。

（三）我国城乡二元结构构成和主要问题

中国城乡二元结构与世界其他国家不同的是，除了城乡二元经济结构外，在计划经济时代，还有通过各种政策人为产生的城市市民和农民享受公共服务不均等的二元社会结构上的差异，如教育、医疗、就业、社会保障等，并使这种二元结构较之其他国家更为复杂。这种二元社会结构从制度层面上导致了城乡分隔，阻碍了城乡社会协调发展和“三农”现代化转型，给我国国民经济的发展带来了严重的制约作用。近年来通过国家加大“三农”投入、政策扶持“三农”，这种差异得到了明显改善，城乡差距不断缩小。

知识链接

城乡二元结构的表现

城乡二元结构的表现主要包括户籍壁垒、资源配置差异、经济发展水平差距、基础设施和公共服务不均衡，以及人口流动限制。

户籍壁垒：城乡二元结构体制中，城市和农村的户籍制度存在明显差异，农村户口难以享有一系列较高水平的社会保障及公共服务，与户籍制度相对应的是，城乡之间的人口流动受到严格限制，农村人口很难在城市就业、定居。

资源配置差异：城乡之间的资源配置制度不同，城市经济以现代化的大工业生产为主，而农村经济以典型的小农经济为主；城市的道路、通信、卫生和教育等基础设施发达，而农村的基础设施落后。

经济发展水平差距：城市的人均消费水平远远高于农村，相对于城市，农村人口众多，这种状态既是发展中国家的经济结构存在的突出矛盾，也是这些国家相对贫困和落后的重要原因。

基础设施和公共服务不均衡：城乡发展差距大，最直观的体现是基础设施和公共服务差距大，包括要素财产权利不对等、城乡要素市场二元性和要素收益分配不公平，同时，资源要素由乡到城的长期单向净流出，造成农业农村发展活力和动力不足。

人口流动限制：城乡二元户籍制度严格限制了人口流动和迁移，尤其是农民向城市流动和迁移的限制，迟滞了城市化进程。

这些表现共同构成了城乡二元结构的核心特征，阻碍了城乡之间的均衡发展和社会经济的整体进步。

二、新型城镇化，破解城乡二元结构的必然选择

从前文对城乡二元结构的介绍中不难看出，城乡二元结构已严重阻碍了中国建设现代化强国的进程，必须破除。党的十八大报告指出，中国要走中国特色新型工业化、信息化、城镇化、农业现代化“四化”协调发展道路。2014年，《国家新型城镇化规划（2014—2020年）》进一步强调新型城镇化是实现“四化”协调发展的重要载体和依托，是破除城乡二元结构，缩小区域经济发展差距，促进协调发展，建设现代化强国的有力举措。

（一）从城镇化到新型城镇化

中华人民共和国成立以来，为了加快国家建设，我国始终没有放弃城镇化的建设。1949—1961年，我国城镇化水平从10.64%快速提升至19.29%。但由于城镇化快速发展带来了城镇口粮和管理等难题，国家不得不劝阻“盲目流入城市的人口”回到农村，并通过出台政策严格限制乡村人口流向城市。随后的“上山下乡”等政策，更是使得城镇人口倒流农村，所以在1962—1977年，我国城镇化水平先出现短暂的下降，后停滞在17%左右。改革开放以后，我国城镇化建设速度又一次加快，城镇化率从1978年的17.92%高速提升至2019年的60.60%。这种快速提升得益于改革开放后经济发展的需求，以及中央为加快城镇化所提出的一系列发展要求和政策支持：1998年10月，党的十五届三中全会通过的《中共中央关于农业和农村工作若干重大问题的决定》，提出“发展小城镇，是带动农村经济和社会发展的一个大战略”；2000年10月，党的十五届五中

全会通过的《中共中央关于制定国民经济和社会发展第十个五年计划的建议》中，首次明确提出实施城镇化战略；2007年，党的十七大提出走“中国特色城镇化道路”；2012年12月，中央经济工作会议则提出积极稳妥推进城镇化，着力提高城镇化质量；2013年7月，提出要推进以人为核心的新型城镇化，这个新型城镇化提法是在总结先前城镇化建设经验基础上对城镇化更为科学、更为全面的论述。

新型城镇化最主要的是人的城镇化，是以人为核心的城镇化，真正将工作重心转移到进城人口权益的市民化上来，让进城农民真正享受市民的生活，实现城镇生活方式、城镇管理方式、社会保障等生活方式的改变和生活质量全面提高，即生活全面融入城市。而对于留在乡村的农民，要实现乡村就地城镇化，重点是在产业支撑、人居环境、社会保障、生活方式等方面实现由“乡”到“城”的转变，实现城乡统筹和可持续发展，最终实现“人的无差别发展”。总之，新型城镇化是产业、人口、土地、社会、农村五位一体的城镇化。

（二）国家新型城镇化规划和意义

2014年，国家出台了《国家新型城镇化规划（2014—2020年）》，明确了到2020年实现新型城镇化的指导思想、主要内容和发展目标，这是国家发展新型城镇化的纲领性文件。该文件提出，到2020年常住人口城镇化率从2012年的52.6%提高到60%左右，户籍人口城镇化率从2012年35.3%提高到45%左右，同时还提出了上百个涉及其他方面的具体目标。截至2020年末，我国已基本完成新型城镇化建设。新型城镇化是伴随工业化发展，非农产业在城镇集聚，农村人口向城镇集中的自然历史过程，是人类社会发展的客观趋势，是国家现代化的重要标志。积极稳妥扎实有序推进城镇化，对全面建成小康社会、加快社会主义现代化建设进程、实现中华民族伟大复兴的中国梦，具有重大现实意义和深远历史意义。而新型城镇化是在广义的城镇化概念下对中国城镇化道路的更加科学和全面的进一步界定，特别强调突出了人的城镇化，这也是破除中国二元社会结构的一种概念上的明确。新型城镇化的意义体现在以下几个方面。

1. 新型城镇化是现代化的必由之路

纵观当今世界的发达国家，都是通过城镇化的道路实现现代化的，所以一国要成功实现现代化，必须注重城镇化发展。当今中国，新型城镇化与新型工业化、信息化、农业现代化同步发展，是现代化建设的核心内容，彼此相辅相成。新型城镇化作为载体和平台，承载新型工业化和信息化发展空间，对带动农业现代化加快发展和农村人口的城镇化发挥着不可替代的融合作用。

2. 新型城镇化是保持经济持续健康发展的强大引擎

内需是我国经济发展的根本动力，扩大内需的最大潜力在于新型城镇化。新型城镇化水平持续提高，会使更多农民通过转移就业提高收入，通过转为城市居民享受更好的公共服务，从而使城镇消费群体不断扩大、消费结构不断升级、消费潜力不断释放，也会带来城市基础设施、公共服务设施和住宅建设等巨大投资需求，这将为经济发展提供持续的动力。

3．新型城镇化是加快产业结构转型升级的重要抓手

农村贫困的根本原因就是农业劳动生产率过低，要根除贫困必须实行产业转型升级。以服务业发展为例，现代化国家的经济标志之一就是服务业非常发达，也就是说在推进国家现代化过程中服务业是就业的最大容纳器。新型城镇化与服务业发展密切相关，新型城镇化过程中的人口集聚、生活方式的变革、生活水平的提高，都会扩大生活性服务需求。生产要素的优化配置、三次产业的联动、社会分工的细化，也会扩大生产性服务需求。新型城镇化带来的创新要素集聚和知识传播扩散，有利于增强创新活力，驱动传统产业升级和新兴产业发展，使更多农民转入第二和第三产业，提高生活水平。从我国人口与产业结构的失衡来看，2023年全年国内生产总值达到1260582亿元（约126.06万亿元），其中第一产业增加值为89755亿元（约8.98万亿元），在国内生产总值中所占比重约为7.12%，但是农村人口占比按照常住人口算还有41.48%，若按照户籍人口，还有57.8%，至少1/3的劳动人口还在农村就业，这说明中国的农业劳动生产率远远低于第二、第三产业，所以加快发展服务业是产业结构优化升级的主攻方向。2023年我国服务业增加值占GDP比重仅为54.6%，与发达国家74%的平均水平相距甚远，与中等收入国家53%的平均水平也有较大差距，离实现现代化强国目标还有很大发展空间。

4．新型城镇化是解决农业农村农民问题的重要途径

新型城镇化有利于解决“三农”问题，特别是总体上有利于集约化利用土地，为发展现代农业腾出宝贵空间。我国农村人口过多、农业水土资源紧缺，在城乡二元体制下，土地规模经营难以推行，传统生产方式难以改变，这是“三农”问题的根源。我国人均耕地面积少，农户户均土地经营规模小，远远达不到农业规模化经营的门槛。随着农村人口逐步向城镇转移，农民人均资源占有量相应增加，可以促进农业生产规模化和机械化，提高农业现代化水平和农民生活水平。城镇经济实力提升，会进一步增强以工促农、以城带乡能力，加快农村经济社会发展。农业劳动生产率是衡量一个国家农业生产效率的重要指标，它反映了单位劳动力在农业生产中所能创造的产值。根据相关数据，2023年中国的农业劳动生产率与高收入国家相比，存在明显的差距。具体来说，中国的农业劳动生产率大约只是高收入国家的1/3左右。这一差距表明，中国在农业生产效率方面还有较大的提升空间，需要通过技术创新、农业现代化等措施来提高农业生产率，进而提高农民的收入水平，促进农业的可持续发展。而农业劳动生产率低的原因就是人地矛盾。要解决“三农”问题，一定要减少农民数量，让大量的人口从农业就业转变为非农业就业，并从农村居民转变为城市居民。

5．新型城镇化是推动区域协调发展的有力支撑

东部和中西部地区城镇化发展不平衡，中西部城市发育明显不足。目前东部地区常

住人口城镇化率达到62.2%，而中部、西部地区分别只有48.5%、44.8%。随着西部大开发和中部崛起战略的深入推进，东部沿海地区产业转移加快，在中西部资源环境承载能力较强地区，加快新型城镇化进程，培育形成新的增长极，有利于促进经济增长和市场空间由东向西、由南向北梯次拓展，推动人口经济布局更加合理、区域发展更加协调。

6．新型城镇化是促进社会全面进步的必然要求

随着城镇经济的繁荣、城镇功能的完善、公共服务水平和生态环境质量的提升，人们的物质生活会更加殷实充裕，精神生活会更加丰富多彩。随着城乡二元体制逐步破除，城市内部二元结构矛盾逐步化解，全体人民将共享现代文明成果，这既有利于维护社会公平正义、消除社会风险隐患，也有利于促进人的全面发展和社会和谐进步。

（三）新型城镇化关键内容

1．新型城镇化重点是人的城镇化

新型城镇化最基本的就是人的入城过程，主要是农民。但这不仅仅是生物人的入城，更本质的是社会人的入城，否则就失去了城镇化的本意。2023年末全国常住人口城镇化率达到了66.16%，但全国户籍人口城镇化率只有48.3%，还有17.86%生活在城市的农民没有真正城镇化，仅是住在城里、工作在城里，被称为“扛锄头的市民”。这些“扛锄头的市民”即使一辈子生活在城里，也不能算市民，因为他们无法享受户籍所带来的所有社会保障，如住房、就业、医疗、教育等。由于身份的限制，很多人工作到中年后只能返乡，或在原家乡附近小镇居住，由于长期生活在城里，农活也不会干了，就业机会又少，多数人回乡后无法就业，这就导致了新老两部分人在收入分配、福利待遇方面的差异、不公平和不平等，也隐藏着不稳定因素和潜在社会冲突。

2．新型城镇化要有“城”，更要有“市”

城市是城和市结合的过程，所以新型城镇化除了圈地和造房以外，更是一个造市的过程。造城易，建市难，城是官方推动的，市是经济推动的。所以建城一定要符合经济规律。有城无市，城市会没；有市无城，城市会兴。中国的城市历史上很多都是先市后城，市由经济推动，政府不设完整的行政系统，只管收税和其他服务，市镇就很发达，如宋朝很多市镇发达程度超过州城。苏州是一个地级市，但由于其经济发达，GDP排全国第三、第四位，超过许多特大城市，从2018年起由于苏州经济的发达也被列为新的一线城市，这是由市而兴城的例子。当然也有负面的例子，即政府建了城，但市未建起来。所以城镇化更重要的是一个市场活动，只有产业发展了，经济活动提升，资本才会向有条件的城市聚焦，产生新的产业和新的就业机会，才会吸引人们向这些地方积极涌去，特别是吸引进城寻找新发展的农民，并由此进一步产生对居住条件和相应基础设施的需求，促进城镇化建设，城镇化就伴随这个以经济为导向的过程进行了。

在新型城镇化建设过程中，政府必须对城市建设进行规划设计，投资建设基础设施，进行市政管理和服务，这是城镇化中不可缺少的部分。政府在对经济发展趋势和客

观条件进行合理和科学分析基础上，科学规划城市建设，也会对城镇化的发展起到积极作用。在中国发展历史上及近十多年的城市发展实践中，也不乏因城市规划失误而产生不良后果的案例。

3．新型城镇化格局应是“小城镇，大战略”

如何实施新型城镇化？是先发展城市群，还是先发展小城镇？从中国实际情况看，我们的新型城镇化主要是为了解决农村的问题，提高农民收入，发展农村经济，提升农民生活水平。加上国家已将配置偏向大城市，所以我们的新型城镇化应走当代著名社会学家费孝通先生于20世纪80年代提出的“小城镇，大战略”道路。这是因为中国农村大，人口多，农村居民不可能全部进入大城市，要实现城镇化，应走就地城镇化的道路，这是符合目前中国新型城镇化的现实。新型城镇化的“新”，是指观念更新、体制革新、技术创新和文化复兴，是新型工业化、区域城镇化、社会信息化和农业现代化的生态发育过程；“型”指转型，包括产业经济、城市交通、建设用地等方面的转型。新型城镇化的关键词在于“新”“型”和“镇”，农村的就地城镇化是新型城镇化的重要内容，这也是1998年党的十五届三中全会提出的“小城镇，大战略”的思想，当前国家对特大城市人口的严格控制就是为了此目的。另外“小城镇，大战略”也是一个客观需求，价值规律决定多数农民是一定会进城的，只要农业生产收入低于进城务工收入，农民就会进城。在农村，农民要提高收入，就要进行规模化生产，提高效益，降低农业从业人口。如按发达国家的农业生产效率计算，加上中国实际的资源情况，以18亿亩耕地为底线，我国农业从业人数不应超过1亿人。大量劳动力需转移出来进入城市，而现有的大中小城市是不可能接收这么多劳动力的，也就是说这些转移出来的人不可能离土离乡全部进入大中小城市，所以发展小城镇是一个不错的选择。

4．城乡一体化重在制度对接

在推进新型城镇化中要打破城乡二元结构，实现城乡统筹发展。仅在形式上使农民进城是解决不了问题的，关键是在制度上要统筹发展，在户籍制度、公共服务、土地、社会保障等方面要一体化。如公共服务制度方面，要实现公共服务的均等化，不能按是农民还是市民来实施不同的公共服务政策，要从身份上消除“农民”和“市民”，农民不是一个身份，而是一个职业，任何人都可以投资农业。在东部发达城市已有很多所谓“城里人”下乡从事农业生产，取得明显效益，同时也致富了一方乡村。城乡的差别除人口的规模和从事工作内容的不同，其余应是高度均等化，这才是新型城镇化的本质。

改革农村土地使用政策是新型城镇化的重要方面。土地是农民赖以生存的条件，不是国家给予农民的福利，农民宅基地和承包地应从法律上给予保证其使用权的物权性质，赋予农民对承包权、宅基地和集体财产股权更大的处置权，要用市场手段使农民获得资产性收入。目前农民的土地不能买卖、不能抵押，看上去是资产，但不具有资产性和可变现性。集体的土地在转化时，农民也无法以股权的形式获利，只能以原有的价格还给集体。这种对于农民资产性收入的限制也是导致农民无法富裕起来的一个重要因素。从2016年10月至今，中央出台了一系列有关农村土地所有权、承包权和经营权改革的文件，有效地破除了这一瓶颈。

按照中央的决策部署，要重点推进以下改革：一方面，落实农民对土地的法人财产权。赋予农民对承包地、宅基地以法人财产权，这样可以在不改变土地公有制的前提下，使土地的经营权、使用权等可转让。农民土地经营权转让有利于土地规模化经营，提高农业劳动生产率，并使出让者获得租金收入，农民工退出的宅基地可用于增加城市的建设用地和耕地，所获得的财产性收入有助于农民工在城镇买房，举家转为城镇户籍。另一方面，建立全国统一的城乡建设用地市场。2016年，《国务院关于深入推进新型城镇化建设的若干意见》提出了“全面实行城镇建设用地增加与农村建设用地减少相挂钩的政策”。2016年，农业部印发的《农村土地经营权流转交易市场运行规范（试行）》就是要解决这一问题。

5．新型城镇化功能定位要清晰

在城镇化过程中，规划功能一定要清晰，规划是城市的第一资源，只有科学地规划，合理安排住宅区、行政区、商业区、休闲区，才能形成一个宜居的城市。规划的失误所造成的损失是难以弥补的，即使发现后再补救，也会造成惊人的浪费，事倍功半。

另外，公共服务优质资源一定要按人口居住合理分布，使居住与服务合一。如果设计时集中了优势资源在中心区，如学校、医院等，大量的人员就会汇集此区域，造成人满为患，事实上这已成为常态，许多大城市都有此现象。

拓展阅读

以新型城镇化推进中国式现代化

城镇化是伴随工业化进程，非农产业在城镇集聚、农村人口向城镇集中的发展过程，是人类社会发展的客观趋势，是国家现代化的重要标志。党的十八大以来，以习近平同志为核心的党中央高度重视新型城镇化工作，明确提出以人为核心、以提高质量为导向的新型城镇化战略，为新型城镇化工作指明了方向、提供了基本遵循。习近平总书记强调：“推进城镇化是解决农业、农村、农民问题的重要途径，是推动区域协调发展的有力支撑，是扩大内需和促进产业升级的重要抓手，对全面建成小康社会、加快推进社会主义现代化具有重大现实意义和深远历史意义。”当前，我们迈上全面建设社会主义现代化国家新征程，需深入实施新型城镇化战略，推动城镇化水平稳步提高、发展活力不断释放，以新型城镇化推进中国式现代化。

城镇化是现代化的必由之路，是世界各国现代化的共同特征。工业革命以来的经济社会发展史表明，凡是成功实现现代化的经济体，均经历了大规模的城镇化且城镇化保持在较高水平。党的二十大报告深刻阐述了中国式现代化的中国特色、本质要求和重大原则，同时将“基本实现新型工业化、信息化、城镇化、农业现代化”作为到2035年我国发展的总体目标的重要内容，要求“推进以人为核心的新型城镇化”。深刻认识新型城镇化在推进中国式现代化新征程上的重要作用，十分必要。

现代化的本质是人的现代化，新型城镇化能有效促进农村富余劳动力和农村人口向城镇转移。在城镇化进程中，大量农村富余劳动力和农村人口向劳动生产率更高的非农产业部门转移、向城镇转移，可以有效提高全社会劳动生产率。人口在城镇空间集聚，可以加快知识的传播与扩散，并由此产生知识外溢效应和人力资本积累效应。同时，解决好人的问题是推进新型城镇化的关键。以人为核心的新型城镇化能够合理引导人口流动，不断提高人口整体素质，促进人的全面发展，让现代化建设成果更多更公平惠及全体人民。

共同富裕是社会主义的本质要求，新型城镇化能有效促进城乡融合发展，促进农民农村共同富裕。促进共同富裕，最艰巨最繁重的任务仍然在农村。我国人多地少的基本国情决定了促进农民农村共同富裕必须走以城带乡、以工促农、城乡一体化发展之路。城乡融合发展是新型城镇化的内在要求，可以通过引导农村富余劳动力向城镇转移，增加农民工资性收入，同时将城市的技术、管理、人才等先进生产要素引入农村，提升农业生产水平和增加农民经营性收入，建立城乡统一的要素市场，增加农民财产性收入，进而扩大中等收入群体规模，缩小城乡居民收入差距，朝着共同富裕目标扎实迈进。

物质富足、精神富有是社会主义现代化的根本要求，新型城镇化能有效促进物质财富和精神财富的创造。一方面，大量生产要素和经济社会活动向城市集中，通过发挥规模效应和集聚效应，可以显著提高全社会劳动生产率，推动社会扩大再生产，不断厚植现代化的物质基础，不断夯实人民幸福生活的物质条件。另一方面，新型城镇化注重文明传承、文化延续，注重保护和弘扬中华优秀传统文化，延续城市历史文脉，发展有历史记忆、地域特色、民族特点的美丽城镇，并为大力发展社会主义先进文化提供良好空间。

人与自然是生命共同体，新型城镇化能有效促进绿色低碳发展。坚持生态文明，是新型城镇化的内在要求。实践已经证明，粗放扩张、人地失衡、举债度日、破坏环境的老路不能再走了，也走不通了。推进以人为核心的新型城镇化，能有效提高城镇建设用地利用效率，提高能源利用效率，不断改善生态环境质量，按照促进生产空间集约高效、生活空间宜居适度、生态空间山清水秀的总体要求，形成生产、生活、生态空间的合理结构，让居民望得见山、看得见水、记得住乡愁。

城镇化是我国现代化建设的历史任务。推进中国式现代化，必须坚定不移、积极稳妥地推进以人为核心的新型城镇化。

一是加快农业转移人口市民化。党的十八大以来，我国已累计实现1.3亿农业转移人口和其他常住人口在城镇落户。促进有能力在城镇稳定就业生活的农业转移人口实现市民化，是新型城镇化的首要任务。要坚持存量优先、循序渐进，着力提高农业转移人口市民化质量。要继续深入推进户籍制度改革，全面推动常住人口享有城镇基本公共服务，建立基本公共服务同常住人口挂钩、由常住地供给的机制，增强农业转移人口的获得感、归属感。

二是以城市群、都市圈为依托构建大中小城市协调发展格局。当前，中心城市和城市群正在成为承载发展要素的主要空间形式。一方面，需顺应人口与经济发展变化趋势，进一步提升发展优势地区的综合承载能力。要建设都市圈、打造城市群，建立健全多层次协调机制和成本共担利益共享机制，统筹推进产业集群、创新平台、公共服务、生态环境等方面的共建共享，更好发挥城市群、都市圈整体协同效应，促进各类要素合理流动和高效集聚。另一方面，要重点抓好超大特大城市和县城“一大一小”两头，推动其他城市增强功能品质和发展活力，形成大中小城市协调发展格局。加快转变超大特大城市发展方式，统筹兼顾经济、生活、生态、安全等多元需要，科学确定城市规模和开发强度，合理控制人口密度，有序疏解中心城区非核心功能以及过度集中的公共服务资源。推进以县城为重要载体的城镇化建设，因地制宜选择一批条件好的县城重点发展，更好发挥县城连接城市、服务乡村作用。

三是提高城市规划、建设、治理现代化水平。坚持人民城市人民建、人民城市为人民，统筹城市规划建设管理，提高城市治理水平。牢牢把握城市生命体、有机体特征，塑造城市绿色人文宜居环境，打造宜居、韧性、智慧城市。树立全周期管理理念，不断提高城市治理科学化、精细化、智能化水平，推动城市治理体系和治理能力现代化。

四是深入推进城乡融合发展。我国即使基本实现城镇化，仍将有4亿左右的人口生活在农村。促进城乡融合发展，任重道远。要坚持新型城镇化和乡村振兴两手抓，加快健全城乡融合发展体制机制和政策体系，促进城乡要素自由流动和公共资源合理配置，推进城镇基础设施向乡村延伸、公共服务和社会事业向乡村覆盖，逐步缩小城乡发展差距和居民生活水平差距，形成工农互促、城乡互补、协调发展、共同繁荣的新型工农城乡关系。特别是要破除妨碍城乡要素自由流动和平等交换的体制机制壁垒。稳步推进农村土地制度改革，完善农村承包地所有权、承包权、经营权分置制度；引导城市人才入乡发展，允许符合一定条件的返乡回乡下乡就业创业人员在原籍地或就业创业地落户；完善社会资本投资农业农村指引，加强资本下乡引入、使用、退出的全过程监管，促进农业经营增效，切实保障农民利益。

三农学思

破解城乡二元结构，关键在于打破城乡之间的制度壁垒，促进资源要素在城乡间自由流动和优化配置。新型城镇化是破解城乡二元结构的必然选择，新型城镇化不仅仅是城市规模的扩大和人口的集聚，更重要的是实现城乡经济、社会、环境的全面协调发展，在推进新型城镇化过程中，还需注重文化的传承与创新，让农村文化成为推动乡村振兴的精神动力。作为农林类专业学生，必须积极投身于新型城镇化和城乡一体化建设的伟大实践中。通过不懈努力，为实现城乡共同繁荣、人民共同富裕的美好愿景贡献自己的力量。

思维拓展

1．分析城乡二元结构产生的原因。
2．国家推进新型城镇化的意义有哪些？
3．新型城镇化的关键点是什么？

项目十一 乡村振兴

项目导航

乡村振兴战略是习近平总书记于2017年10月18日在党的十九大报告中提出的战略。党的十九大报告指出，农业农村农民问题是关系国计民生的根本性问题，必须始终把解决好“三农”问题作为全党工作的重中之重，实施乡村振兴战略。本项目主要阐述乡村振兴战略的实施意义、实施关键、方案、步骤与总目标。

学习目标

知识目标

❶ 了解乡村振兴战略的实施意义。

❷ 熟悉乡村振兴战略的实施关键、方案、步骤。

❸ 掌握乡村振兴战略的总目标。

能力目标

❶ 能够深入分析乡村振兴与新型城镇化的关系。

❷ 能够准确分析国家乡村振兴战略的政策导向及政策对乡村经济、社会、生态等多方面的影响。

素养目标

通过对乡村振兴战略的学习，勇于创新实践，不断探索适合当地实际的乡村振兴新模式、新路径，树立服务“三农”的崇高理想，将个人发展与国家乡村振兴战略紧密结合，以推动乡村全面振兴为己任。

项目重点

乡村振兴战略的实施关键与步骤；乡村振兴战略的总目标。

项目内容

一、乡村振兴战略简介

党的十九大提出“产业兴旺、生态宜居、乡风文明、治理有效、生活富裕”20字的乡村振兴战略，这是党中央着眼党和国家事业全局，深刻把握现代化建设规律和城乡关系变化特征，聚焦“两个一百年”奋斗目标的重要组成部分，对“三农”工作做出的重大决策部署，是决胜全面建成小康社会、全面建设社会主义现代化国家的重大历史任务，是新时代做好“三农”工作的总抓手。自1978年改革开放至今，中央坚持把解决好“三农”问题作为全党工作重中之重，扎实推进农业农村改革、农业现代化和新农村建设，农业农村发展取得了历史性成就，为党和国家事业全面开创新局面提供了重要支撑。

从1982年开始到2024年，有26个中央一号文件是关于“三农”问题的。改革开放40多年来，我国的农村发生了翻天覆地的变化，但我们必须清楚地认识到，当前我国农业农村基础差、底子薄、发展滞后的状况尚未根本改变，与城市相比农村仍然落后，农业基础仍然薄弱，农民仍然不富裕，具体表现在产业不发达、人才匮乏、基础建设滞后、环境和生态问题突出、治理体系和治理能力不强。纵观当代发达国家没有一个不是现代化的农业强国，而且从现状看，我国的农业水平与发达国家相比差距较大。没有农业农村的现代化，就没有国家的现代化。所以实施乡村振兴战略，是实现国家现代化的重要组成部分，是解决人民日益增长的美好生活需要和不平衡不充分的发展之间矛盾的必然要求，是实现全体人民共同富裕的必然要求。

对于党的十九大报告提出的20字乡村振兴的总体要求，党中央、国务院先后发布了《中共中央 国务院关于实施乡村振兴战略的意见》和《乡村振兴战略规划（2018—2022年）》两个文件进行全面落实，明确了阶段性重点任务，对每一项要求都提出了具体举措和目标要求。例如，生态宜居方面提出了强化资源保护与节约利用、推进农业清洁生产、集中治理农业环境突出问题，推进农业绿色发展，并确定持续改善农村人居环境的具体工作内容。

（一）乡村振兴战略的实施原则与意义

实施乡村振兴战略，要坚持党管农村工作，坚持农业农村优先发展，坚持农民主体地位，坚持乡村全面振兴，坚持城乡融合发展，坚持人与自然和谐共生，坚持因地制宜、循序渐进。巩固和完善农村基本经营制度，保持土地承包关系稳定并长久不变，第二轮土地承包到期后再延长三十年。确保国家粮食安全，把中国人的饭碗牢牢端在自己手中。加强农村基层基础工作，培养造就一支懂农业、爱农村、爱农民的“三农”工作队伍。

乡村是具有自然、社会、经济特征的地域综合体，兼具生产、生活、生态、文化等多重功能，与城镇互促互进、共生共存，共同构成人类活动的主要空间。乡村兴则国家兴，乡村衰则国家衰。我国人民日益增长的美好生活需要和不平衡不充分的发展之间的矛盾在乡村最为突出，我国仍处于并将长期处于社会主义初级阶段，它的特征很大程度上表现在乡村。全面建成小康社会和全面建设社会主义现代化强国，最艰巨最繁重的任务在农村，最广泛最深厚的基础在农村，最大的潜力和后劲也在农村。实施乡村振兴战略，是解决新时代我国社会主要矛盾、实现“两个一百年”奋斗目标和中华民族伟大复兴中国梦的必然要求，具有重大的现实意义和深远的历史意义。

（二）乡村振兴战略的实施关键

中国共产党是领导我们事业发展的核心，毫不动摇地坚持和加强党对农村工作的领导，确保党在农村工作中始终总揽全局、协调各方，为乡村振兴提供坚强有力的政治保障，是乡村振兴战略成功的关键。

消除贫困、改善民生、逐步实现共同富裕，是中国特色社会主义的本质要求。2018年中央经济工作会议指出，打好脱贫攻坚战，要一鼓作气，重点解决好实现“两不愁三保障”面临的突出问题，加大“三区三州”（“三区三州”是国家层面的深度贫困地区，是国家全面建成小康社会最难啃的“硬骨头”）等深度贫困地区和特殊贫困群体脱贫攻坚力度、减少和防止贫困人口返贫、研究解决那些收入水平略高于建档立卡贫困户的群体缺乏政策支持等新问题。

打赢脱贫攻坚战、全面建成小康社会后，要在巩固拓展脱贫攻坚成果的基础上，做好乡村振兴这篇大文章。2021年3月，中共中央、国务院发布了《中共中央 国务院关于实现巩固拓展脱贫攻坚成果同乡村振兴有效衔接的意见》。

做好巩固拓展脱贫攻坚成果同乡村振兴有效衔接，关系到构建以国内大循环为主体、国内国际双循环相互促进的新发展格局，关系到全面建设社会主义现代化国家全局和实现第二个百年奋斗目标。全党务必站在践行初心使命、坚守社会主义本质要求的政治高度，充分认识、实现巩固拓展脱贫攻坚成果同乡村振兴有效衔接的重要性、紧迫性，举全党全国之力，统筹安排、强力推进。

（三）乡村振兴战略“三步走”战略

按照党的十九大提出的决胜全面建成小康社会、分两个阶段实现第二个百年奋斗目标的战略安排，2017年中央农村工作会议明确了实施乡村振兴战略的目标任务。

第一步：到2020年，乡村振兴的制度框架和政策体系基本形成，各地区各部门乡村振兴的思路举措得以确立，全面建成小康社会的目标如期实现，到2022年，乡村振兴的制度框架和政策体系初步健全。

第二步：到2035年，乡村振兴取得决定性进展，农业农村现代化基本实现。

第三步：到2050年，乡村全面振兴，农业强、农村美、农民富全面实现。

（四）乡村振兴战略实施方案

2022年2月22日，《中共中央 国务院关于做好2022年全面推进乡村振兴重点工作的意见》发布，即2022年中央一号文件发布。这是21世纪以来第19个指导“三农”工作的中央一号文件。文件指出，牢牢守住保障国家粮食安全和不发生规模性返贫两条底线，突出年度性任务、针对性举措、实效性导向，充分发挥农村基层党组织领导作用，扎实有序做好乡村发展、乡村建设、乡村治理重点工作，推动乡村振兴取得新进展、农业农村现代化迈出新步伐。

2022年3月5日，李克强总理作政府工作报告，指出在乡村振兴方面要支持脱贫地区发展特色产业，启动乡村建设行动。2022年5月23日，中共中央办公厅、国务院办公厅印发了《乡村建设行动实施方案》，并发出通知，要求各地区各部门结合实际认真贯彻落实。乡村建设是实施乡村振兴战略的重要任务，也是国家现代化建设的重要内容，《乡村建设行动实施方案》，明确了乡村建设行动的路线图，确保到2025年乡村建设取得实质性进展，农村人居环境持续改善，农村公共基础设施往村覆盖、往户延伸取得积极进展，农村基本公共服务水平稳步提升，农村精神文明建设显著加强。2022年11月28日，中共中央办公厅、国务院办公厅印发《乡村振兴责任制实施办法》。该办法就实行乡村振兴责任制的总体要求、落实乡村振兴部门责任、落实乡村振兴地方责任以及如何强化考核监督等方面作出规定，对全面推进乡村振兴落地见效具有重要意义。2024年中央一号文件《中共中央 国务院关于学习运用“千村示范、万村整治”工程经验有力有效推进乡村全面振兴的意见》发布，该意见指出：把推进乡村全面振兴作为新时代新征程“三农”工作的总抓手，打好乡村全面振兴漂亮仗，绘就宜居宜业和美乡村新画卷，以加快农业农村现代化更好推进中国式现代化建设。

2021年4月29日，十三届全国人大常委会第二十八次会议表决通过《中华人民共和国乡村振兴促进法》(以下简称《乡村振兴促进法》)，这是我国第一部直接以“乡村振兴”命名的法律，于2021年6月1日正式施行。《乡村振兴促进法》包括10章，共74条。《乡村振兴促进法》规定，每年农历秋分日为中国农民丰收节；建立乡村振兴考核评价制度、工作年度报告制度和监督检查制度；实行永久基本农田保护制度；建立健全有利于农民收入稳定增长的机制；健全乡村人才工作体制机制；健全重要生态系统保护制度和生态保护补偿机制；建立健全农村住房建设质量安全管理制度；分类有序推进村庄建设，严格规范村庄撤并，严禁违背农民意愿、违反法定程序撤并村庄。

《乡村振兴促进法》的颁布实施是党中央保障乡村振兴战略全面实施的重大制度性安排，是适应全面依法治国新任务新要求，充分总结、提炼“三农”领域丰富法治实践经验，发展和完善中国特色社会主义“三农”法律体系的最新成果，将极大夯实乡村振兴的法治基础，促进农村治理体系和治理能力现代化。要尊重农民意愿和维护农民权益，把选择权交给农民，由农民选择而不是代替农民选择，可以示范和引导，但不搞强迫命令、不刮风、不一刀切。这一重要论述启示我们，必须把乡村振兴的主体权还给农民，同时不断对农民赋能，培养农民的乡村振兴能力，让他们把对美好生活的向往化为推动乡村振兴的动力，用双手托举起更加美好的新生活。

（五）乡村振兴战略实施目的

坚持农业农村优先发展，按照产业兴旺、生态宜居、乡风文明、治理有效、生活富裕的总要求，建立健全城乡融合发展体制机制和政策体系，统筹推进农村经济建设、政治建设、文化建设、社会建设、生态文明建设和党的建设，加快推进乡村治理体系和治理能力现代化，加快推进农业农村现代化，走中国特色社会主义乡村振兴道路，让农业成为有奔头的产业，让农民成为有吸引力的职业，让农村成为安居乐业的美丽家园。

2022年10月16日，习近平总书记在党的二十大报告中提出：全面推进乡村振兴。坚持农业农村优先发展，坚持城乡融合发展，畅通城乡要素流动。扎实推动乡村产业、人才、文化、生态、组织振兴。全方位夯实粮食安全根基，牢牢守住十八亿亩耕地红线。深化农村土地制度改革，赋予农民更加充分的财产权益。保障进城落户农民合法土地权益，鼓励依法自愿有偿转让。

典型案例

娄底油溪桥村

2007年，娄底油溪桥村还是一个人均年收入不到800元、村级负债4万多元的省级贫困村。目前该村已经蜕变为“中国最美休闲乡村”“国家AAA级景区村庄”“全国十大乡村振兴示范村”，油溪桥村的蝶变密码就是“积分制”。

“积分制”共纳入152条积分事项，贯穿基层党建、乡村治理、村庄建设、产业发展和利益分配的全过程。自从实行“积分制”以后，全村人都以集体利益为重，都把“村里事”当“家里事”，村级200多公顷产业基地全部由村民免费供地。

乡村要振兴，产业要先行。为了实现高质量发展，油溪桥村因地制宜制定“三年转弯子，六年打基础，九年见成效”的产业发展规划，结合农民传统种养习惯，因地制宜打造特色鲜明的种植养殖产业，在有限的土地资源上做优休闲观光、四季水果、小籽花生、田鱼、甲鱼“五大特色产业”，依托美丽的油溪河，成功创建了3A级景区，开发出梅山峡谷、油溪河漂流等主要景区7处，建成奇石文化馆、非遗馆等观光园25处，打造桃花园、荷花园、梅花园等微景点，设置休闲垂钓等农事体验点2个，开办农家乐7个，成了全国知名网红村，各地游客络绎不绝。

与此同时，凭借着“美丽油溪”旅游品牌的东风，油溪桥村乘势而上，深入推进一、二、三产业融合发展，开发出坛装水酒、水蜜桃汁、黄精饮、柴火腊肉等40余个“油溪桥”注册商标特色农产品加工品牌，推动乡村产业全链条升级，形成集餐饮、住宿、培训、生产、加工、销售于一体的村集体经济链条，2022年加工业产值达到3800多万元。

在乡村振兴的道路上，油溪桥村朝着人与自然的共存之美、人与村庄的共建之美、人与发展的共富之美、人与乡风的共荣之美、人与产业的共享之美“五个和美”迈进。

二、五个振兴

在2018年全国“两会”期间，习近平总书记指出，乡村振兴是一篇大文章，要推动乡村产业振兴、乡村人才振兴、乡村文化振兴、乡村生态振兴和乡村组织振兴。

（一）乡村产业振兴

乡村振兴首先要做好产业振兴，产业振兴是乡村振兴的物质基础，没有产业的兴旺，就无从谈起农业的振兴。产业振兴要做好四件事：一是提高农业供给侧结构性改革质量，要从增量向结构转变，根据社会发展和市场变化及时调整产品结构；二是从数量向质量转变，坚持走质量兴农、绿色兴农和品牌兴农之路；三是建立新型乡村产业体系，走一、二、三产业融合发展之路，建立绿色、高效、优质和全面的乡村产业体系，为农民的生活富裕提供产业支撑；四是做好特色发展，要创新发展，因地制宜，找准特色，发展特色农业，融入地域文化，提高农产品的附加值，促进农民持续增收。

（二）乡村人才振兴

造就一支懂农业、爱农民、爱农村的“三爱”工作队伍和大力培育高素质农民，是适应乡村振兴的关键。

（1）要配齐配好农村基层干部，选好“三农”发展领头兵。《中国共产党农村工作条例》在干部配备上提出了明确要求：各级党委和政府主要负责人应当懂“三农”、会抓“三农”，分管负责人应该成为抓“三农”的行家里手；县里要选派优秀干部到乡镇挂职任职，到村担任第一书记，把到农村一线工作锻炼、干事创业作为培养干部的重要途径，注重提拔使用优秀的农村工作干部。

（2）要培养一批农业生产一线的高素质农民，各级政府要加强健全高素质农民的培训机构，做好在职培训和学历教育两条腿走路的方针，两轨并重。2014年国务院发布的《国务院关于加快发展现代职业教育的决定》明确指出：“服务国家粮食安全保障体系建设，积极发展现代农业职业教育，建立公益性农民培养培训制度，大力培养新型职业农民。”2019年国务院发布的《国家职业教育改革实施方案》指出：“为服务现代制造业、现代服务业、现代农业发展和职业教育现代化提供制度保障与人才支持。”同年，农业农村部办公厅和教育部办公厅联合发布的《农业农村部办公厅 教育部办公厅关于做好高职扩招培养高素质农民有关工作的通知》中提出了5年培养目标：“全面完成2019年高职扩招培养高素质农民任务，在此基础上经过5年的努力，培养100万名接受学历职业教育、具备市场开拓意识、能推动农业农村发展、带领农民增收致富的高素质农民，形成一支留得住、用得上、干得好、带得动的‘永久牌’乡村振兴带头人队伍。”国家层面上的这三个文件充分表明国家对乡村振兴人才培养的高度重视。

（3）要用好政策，创造有利于农村各类人才成长和发挥作用的良好环境，引导科技人员下乡，既要发挥好现有人才的作用，留得住人才，更要引得来人才。

（三）乡村文化振兴

文化振兴是铸魂之举，是乡村振兴不可缺少的重要内容。乡村文化振兴总体要求：首先，要提升乡村的文明程度，以社会主义核心价值观为引领，加强思想道德建设，培养文明乡风、良好家风和淳朴民风，提倡健康文明的生活方式；其次，要完善文化建设，健全乡村文化体系和文化设施，激励文化资源向乡村流动，让农民更多地接受文化教育，丰富乡村文化生活，树立良好的文化风气，传承具有地区特色的优秀农耕文化，让文化传统创造性地传承和光大；最后，要提供农民喜闻乐见、通俗易懂、贴近生活的文艺活动，让广大农民寓教于乐。

（四）乡村生态振兴

当前农村环境问题还很突出，很多地区尚未达到生态宜居要求。农村良好的生态环境是农村最大的财富和优势，也是农村经济增长点的重要方面，乡村生态振兴，就是要实现农村绿色发展，打造山清水秀乡村风光，建设生态宜居的生态环境，让农民的生活环境也走上现代化道路，让农村成为安居乐业的美丽家园。

（五）乡村组织振兴

乡村振兴离不开基层党组织的领导，它关系到乡村振兴实施效果的好坏。要加强党组织队伍建设，发挥好党员的先锋模范作用，配齐配好干部，培养一批立场坚定、水平高、能力强的村党支部书记。进一步发挥好现有干部的选派制度，鼓励高校毕业生、机关事业单位优秀党员干部到村任职，做好各类乡村干部挂职制度。更要建立起乡村社会治理的体系，建立起县、乡镇和村各级干部的管理机制，建立起有效的乡村治理新机制。

课堂思政

乡村振兴是一个广泛而深远的话题，它涵盖了从医疗健康、农业发展、教育提升到文化传承等多个方面。以下是一些具体的乡村振兴故事，展现了不同地区和人物如何通过各自的努力，为乡村振兴贡献力量。

刚察县的“复明行”活动：在青海省刚察县，由于医疗条件有限，许多白内障和翼状胬肉患者无法得到及时治疗。该县通过与山东省聊城市爱尔眼科医院的合作，开展了“刚察复明行”诊疗活动，为100余名患者进行了精准筛查，并为54名符合手术标准的患者提供了免费诊疗，减免了50余万元的医疗费用。这项活动不仅改善了当地群众的健康状况，也让他们看到了卫生健康与乡村振兴深度融合带来的实惠。

常州金坛区直溪镇的红香芋产业：该地区通过成立专业合作社和进行品牌培育，促使红香芋这一传统作物得到了新的发展机遇。通过地理标志认证和品牌推广，红香芋成了消费者有口皆碑的品牌，带动了当地农业的发展和农民的收入增加。

永泰县同安镇西安村的油茶产业：卢玉胜作为一位民营企业家，回到家乡看到村民生活贫困后，决定回村创业，带领村民种植油茶和发展油茶加工企业。这一举措不仅促进了当地油茶产业的发展，也带动了文化旅游，提高了农民的收入，实现了村民的共同富裕。

这些故事展示了乡村振兴的多个方面，包括医疗健康服务的提升、农业产业的发展以及文化旅游的促进等。它们共同说明了乡村振兴是一个综合性的过程，需要政府、社会各界以及当地居民的共同努力和参与。

三、乡村振兴与新型城镇化的关系

现代化强国必然是由现代化城市和现代化农村共同组成的。我国目前仍然是一个发展中国家，农业农村现代化程度还比较低。预计到2030年我国城镇化水平能够达到70%，即使如此，仍会有4亿多人留在农村，所以乡村必须得到发展，否则现代化强国将无法实现。

习近平总书记对乡村振兴与新型城镇化的关系有过多次论述，在2017年中央农村工作会议上曾提出走中国特色社会主义乡村振兴道路，要求重塑城乡关系，走城乡融合发展之路：一方面要继续推动城镇化建设，另一方面乡村振兴也需要生力军，城镇化进程中农村也不能衰落，要相得益彰、相辅相成。城市与乡村只是人类两种不同的生存空间，各自承担着不同的功能和任务，无论是市民还是农民都是共和国公民，都应平等享受共和国发展的红利。城市的作用更多地体现在集聚人口、技术、资源和财富等方面；乡村的功能主要体现在提供基本物质产品、传承民族民俗文化等方面。二者内在渗透、共生共长，是一个国家进步发展中不可或缺的两个部分。1978年改革开放以来，中央对“三农”问题高度重视，无论是政策措施还是资金投入都是历史上前所未有的。但是由于改革之初中国的经济不发达，为了更快地积累资本，使国家快速走上现代化的道路，加上对两者地位的认识有一个持续提升过程，在执行过程中相对于城市而言，农村建设和发展还比较缓慢，如今，我国已是世界上第二大经济体，并且提出了“两个一百年”的发展目标，必须把乡村振兴提到一个重要地位。市民和农民是命运共同体，谁也代替不了谁，“没有乡村这个依托，城市是没有内涵和底蕴的；没有城市的支持，乡村也没有发展前景”。从这个角度来讲，二者的地位是平等的，同样重要。协同推进新型城镇化和乡村振兴战略，就是要把乡村和城市作为同等重要的发展动力，对城乡关系进行全新定义，在城乡融合发展中实现乡村振兴。

（一）乡村振兴战略是新型城镇化战略的进一步深化

不管新型城镇化还是乡村振兴都是实现社会主义现代化强国的内在要求，最根本的目的都是为了提高人民生活水平和质量。从新型城镇化发展的内涵讲，其本身就是大中小城市、小城镇和新农村社区的协调发展，是实现城乡一体化发展的战略，就应含有乡村振兴的内容。但是从发达国家的发展过程看，城市化优先发展也是一个普遍规律，即在工业化发展的初期，为了更好地积累原始资本，强化工业发展，城镇作为工业化的载体，得到重点建设资金的保证，城镇化水平不断提高。相反，农业还需要为工业化提供帮助，这一过程会使得农村被忽略、城乡差距更加扩大。发达国家城镇化发展的普遍经验也告诉我们，城镇化发展达到一定水平后会回过头来带动农村共同发展，这是一种必然的趋势。发达国家城镇化的经验表明，城镇化率达到60%左右就可以实现城市对农村的反哺了。所以在这个时期国家提出乡村振兴战略，既是发展的必然，也有了较为坚强的城镇化基础保证，更是实现社会主义现代化强国的重要措施保证。通过乡村振兴战略的实施，能更好地从国家层面统筹城乡发展，充分保证乡村发展。

（二）乡村振兴离不开新型城镇化

乡村振兴的核心是要解决农村贫困问题，提高农业劳动生产率，但农村贫困的根本原因是农业劳动生产率过低，而过低的原因是人地矛盾突出。所谓“减少农民才能富裕农民”，实质是要使农民从耕地上解脱出来。要实现乡村振兴、解决“三农”问题，必须扩大第二和第三产业，必须提高土地利用效率，两者都要以减少农民数量为前提。这就要让大量的人口从农业就业转变为非农业就业，并从农村居民转变为城市居民，在这个过程中新型城镇化起到了必不可少的作用。换句话说，就是使农民从土地上解放出来，从事非农产业，只有农民人数占总人口数的比例大大减少，才能使农民人均耕地面积增加，才能使农业的适度规模经营和农业的现代化成为可能。因此，乡村振兴战略一定要与新型城镇化战略同步实施。

（三）新型城镇化为乡村振兴提供强有力的支撑

相比城市，农村是弱势地区，要实现乡村振兴，靠乡村本身的资源是远远不够的，乡村振兴中城市要素、城市资源是必不可少的。城市的人力资源、资本资源、管理资源、科技资源都是乡村振兴的重要因素。诸因素中资金投入是基本，随着这几年新型城镇化建设在聚集资本和技术方面取得了明显成效，我国已成为世界第二大经济体，为投入乡村振兴奠定了坚实基础。乡村振兴中必须遵守科学技术是第一生产力的规律，产业调整和提升、环境保护和治理、信息化技术应用、绿色和有机农产品生产等都离不开科技创新，只有将科学技术作为乡村振兴的重要支撑，才能为乡村发展注入活力，带来更多机遇。城市无疑能在乡村振兴中发挥科技资源优势的重要贡献，将科技创新融入乡村振兴中。乡村振兴还可解决农村人口的“空心”化问题，通过乡村振兴的经济等各方面振兴吸引农民返乡置业，推动农业生产发展，在乡村振兴中，加快农村经济振兴。

（四）乡村振兴是传承传统文化的重要载体

人类的任何一个文明都发源于农耕文化、来自农村，中国的传统文化也不例外。农村是中华文化重要的承载体，很多地区至今还保留和传承着独特的地域文化和民俗文化。党的十九大报告中指出要“坚定文化自信，推动社会主义文化繁荣兴盛”，就是要求在现代化强国建设中秉持“文化传承、彰显特色”的原则，保住新型城镇化发展的灵魂，乡村在这方面有明显的优势。我们在就地城镇化、乡村振兴、农业旅游等各种开发项目中都强调不是简单复制城市模式，不搞单一化，而是提倡“一县一产业，一镇一品牌”，就是将传统的地域文化融入产业发展，保持和发展传统文化，继承我们的文化根脉，并将这种文化融入新型城镇化中去。一座有历史、有文化的城市，才是一个有底蕴的城市，在新型城镇化过程中，要记得住乡愁，留得住乡音，保得住文化。

（五）乡村振兴是城市健康发展的重要支撑

近年来我国的城镇化建设发展飞快，但在城市发展过程中随着城市人口的不断增加，“城市病”问题也越来越明显，如交通、住房、能源、公共服务、污染等一系列的社会问题，给城市的发展造成了巨大的困扰，造成资源浪费和人们生活质量下降。例如，房价飙升造成的居住难，交通堵塞造成的居住成本上升，大气污染导致的生活质量严重下降等，阻碍了城市的进一步健康发展。解决“城市病”问题，已经成为城市发展所必须面对的重要课题。实施乡村振兴战略过程中，“优先发展农业农村”是解决“城市病”的一项重要手段，乡村在各个方面都振兴发展了，就会促进进城务工人员回流，留在农村进行创业，同时也可以推动资本下乡，缓解农村发展各项资源缺乏的局面。农业人口进城谋生，主要是迫于经济压力，一旦乡村实现农业农村现代化，农业经济展现出自身的活力，农村社会的吸引力被激发出来，自然会有很多背井离乡的农民工甚至“城里人”回乡创业或择业。农民的回流对于减轻城市人口负担、缓解城市交通等问题大有裨益，也可推动新型城镇化中的就地城镇化发展。

（六）乡村振兴可促进城乡要素双向流动

目前，由于城乡公共资源配置不合理等问题，人才、资金等要素更多的是从农村单向流入城市，使得乡村发展缺乏关键要素的支撑。协调推进新型城镇化与乡村振兴战略能够推动促进城乡资源要素双向自由流动，在乡村振兴中达成城乡公共服务均等化、农民市民平等化、城乡交通便捷化、城乡贸易公平化等能够吸引更多的城市人才、资金等资源进入乡村，进一步促进乡村振兴的效果。

课堂思政

乡村振兴战略是党的十九大提出的重大决策部署，旨在解决“三农”问题，推动农业、农村、农民全面发展。高校作为人才培养的重要基地，承担着为乡村振兴提供智力支持和人才保障的重任。通过学习，我们必须深刻认识乡村振兴的重要性和紧迫性，增强服务乡村的责任感和使命感，厚植家国情怀和社会责任感，为乡村振兴贡献自己的力量。

三农学思

乡村振兴的基础在人。教育是民族振兴、社会进步的重要基石，是功在当代、利在千秋的德政工程，对提高人民综合素质、促进人的全面发展、增强中华民族创新创造活力、实现中华民族伟大复兴具有决定性意义。扎实有效落实乡村振兴战略，必须坚持把优先发展教育作为推动乡村振兴战略的先手棋，为乡村振兴战略提供有力人才支撑。乡村振兴规划中确定了乡村振兴的人才支撑，提出要培育高素质农民、加强农村专业人才队伍建设。支持高素质农民通过弹性学制参加中高等农业职业教育，并提出要加强涉农专业院校和学科专业建设，大力培育农业科技、科普人才，深入实施农业科研杰出人才计划和杰出青年农业科学家项目。因此，农业职业教育在此是可以大有作为的。

思维拓展

1．乡村振兴的总目标是什么？

2．乡村振兴是指哪五个方面的振兴？

3．乡村振兴与新型城镇化有何关系？

项目十二 美丽中国之路——美丽乡村建设

项目导航

美丽乡村建设是实施乡村振兴战略的重要举措之一。2017年中央农村工作会议指出："农业农村农民问题是关系国计民生的根本性问题。没有农业农村的现代化，就没有国家的现代化。农业强不强、农村美不美、农民富不富，决定着亿万农民的获得感和幸福感，决定着我国全面小康社会的成色和社会主义现代化的质量。"会议明确了实施乡村振兴战略的目标任务是："到2020年，乡村振兴取得重要进展，制度框架和政策体系基本形成；到2035年，乡村振兴取得决定性进展，农业农村现代化基本实现；到2050年，乡村全面振兴，农业强、农村美、农民富全面实现。"2018年中央一号文件《中共中央 国务院关于实施乡村振兴战略的意见》指出："乡村振兴，生活富裕是根本。要坚持人人尽责、人人享有，按照抓重点、补短板、强弱项的要求，围绕农民群众最关心最直接最现实的利益问题，一件事情接着一件事情办，一年接着一年干，把乡村建设成为幸福美丽新家园。"文件中"把乡村建设成为幸福美丽新家园"指的就是美丽乡村建设。实施乡村振兴战略，可以激发美丽乡村发展新活力，开启美丽乡村建设新征程。本项目主要阐述美丽乡村建设的内容及主要类型与典型案例。

学习目标

知识目标

1. 了解乡村建设的内涵。
2. 理解美丽乡村建设的内容。

能力目标

1. 能够了解美丽乡村建设的内容，运用所学知识进行美丽乡村规划。
2. 能够从美丽乡村建设的典型案例中汲取经验，用于实践。

素养目标

通过对美丽乡村建设的学习，树立尊重自然、顺应自然、保护自然的生态文明理念，培养在美丽乡村建设中注重生态平衡、节约资源和环境保护的责任感和使命感，厚植三农情怀，愿意为乡村振兴贡献自己的力量。

项目重点

美丽乡村建设的内容；美丽乡村建设的主要模式。

项目内容

一、“美丽中国”与“美丽乡村”

“美丽中国”是党的十八大提出的概念，强调把生态文明建设放在突出地位，融入经济建设、政治建设、文化建设、社会建设各方面和全过程。这一概念的核心是要求人类与自然和谐相处，尊重自然、顺应自然、保护自然。

具体来说，“美丽中国”不仅代表着山美、水美、人美、环境美、生活美，更体现了经济、政治、文化、社会、生态文明建设的五位一体。从生态文明建设看，尊重自然、顺应自然、保护自然是“美丽中国”的基本理念；从经济建设看，推动经济持续健康发展是“美丽中国”的兴国之要；从社会建设看，促进社会和谐稳定是“美丽中国”的基本条件；从文化建设看，充分发挥人民群众的主体作用是“美丽中国”的力量源泉。

此外，“美丽中国”建设也体现了中华优秀传统文化的创造性转化与创新性发展，对于塑造国家认同感、增强民族凝聚力具有重要意义。它倡导多元文化的共存与交流，促进不同文化之间的理解、尊重和包容，有助于构建一个和谐、多元且互鉴的世界文明。

在实际行动方面，我国政府已经发布了《中共中央 国务院关于全面推进美丽中国建设的意见》，明确了到2035年美丽中国建设目标基本实现，展望21世纪中叶，美丽中国全面建成。同时，也提出了一系列具体实施方式及路径，包括加快发展方式绿色转型等。

2017年中央农村工作会议指出：“坚持遵循乡村发展规律，扎实推进美丽宜居乡村建设”“按照产业兴旺、生态宜居、乡风文明、治理有效、生活富裕的总要求，建立健全城乡融合发展体制机制和政策体系，统筹推进农村经济建设、政治建设、文化建设、社会建设、生态文明建设和党的建设”“让农村成为安居乐业的美丽家园。”可见，中央农村工作会议提出的宜居乡村建设本质上就是美丽乡村建设。

2018年2月，中共中央办公厅、国务院办公厅印发了《农村人居环境整治三年行动方案》。方案指出，坚持绿水青山就是金山银山，顺应广大农民过上美好生活的期待，统筹城乡发展，统筹生产生活生态，以建设美丽宜居村庄为导向，以农村垃圾、污水治理和村容村貌提升为主攻方向，动员各方力量，整合各种资源，强化各项举措，加快补齐农村人居环境突出短板，为如期实现全面建成小康社会目标打下坚实基础。

2018年12月，中央农办等18部门印发了《农村人居环境整治村庄清洁行动方案》的通知。通知指出，“改善农村人居环境，是以习近平同志为核心的党中央从战略和全局高度作出的一项重大决策，是实施乡村振兴战略的重点任务，事关全面建成小康社会，事关广大农民根本福祉，事关农村社会文明和谐。”“实施村庄清洁行动是推动农村人民环境整治的一项基础性工程，通过广泛动员各方力量、优化整合各种资源，集中整治农村环境脏乱差问题，将农村人居环境整治从典型示范转到全面推开上来，加快提升村容村貌、持续改善农村人居环境，建设好美丽宜居乡村。”

美丽乡村建设的内涵集中体现在“环境美、生活美、产业美、人文美”四大基本表征，其中“产业美”是美丽乡村的前提，“生活美”是美丽乡村的目的，“环境美”是美丽乡村的特征，“人文美”是美丽乡村的灵魂。

二、美丽乡村建设的内容

美丽乡村，顾名思义是要有良好的生态、宜居的生活，使人愿意留在这片土地上。要达到农村公共基础设施完善、布局合理、功能配套，乡村景观设计科学，村容村貌整洁有序，河塘沟渠得到综合治理，生产生活实现分区，主要道路硬化，人畜饮水设施完善、安全达标；生活垃圾、污水处理利用设施完善，处理利用率达到95%以上。按照规划设计要求，在具体内容上主要包括村庄规划、村庄建设、农村人居环境、经济发展、公共服务等方面。

（一）村庄规划

村庄规划规定了村庄建设、生态环境治理、产业发展、公共服务等方面的系统规划要求。

1．编制原则

（1）要因地制宜。根据乡村资源禀赋，因地制宜编制村庄规划，注重传统文化的保护和传承，维护乡村风貌，突出地域特色；村庄规模较大、情况较复杂时，宜编制经济可行的村庄整治等专项规划；历史文化名村和传统村落应编制历史文化名村保护规划和传统村落保护发展规划。

（2）要鼓励村民参与。村庄规划编制应深入农户实地调查，充分征求意见，并宣讲规划意图和规划内容；村庄规划应经村民会议或村民代表会议讨论通过，规划总平面图及相关内容应在村庄显著位置公示，经批准后公布、实施。

（3）要合理布局。村庄规划应符合土地利用总体规划，做好与镇域规划、经济社会发展规划和各项专业规划的协调衔接，科学区分生产生活区域，功能布局合理、安全、宜居、美观、和谐，配套完善；结合地形地貌、山体、水系等自然环境条件，科学布局，处理好山形、水体、道路、建筑的关系。

（4）要节约用地。村庄规划应科学、合理、统筹配置土地，依法使用土地，不得占用基本农田，慎用山坡地；公共活动场所的规划与布局应充分利用闲置土地、现有建筑及设施等。

2．编制要素

编制规划应以需求和问题为导向，综合评价村庄的发展条件，提出村庄建设与治理、产业发展和村庄管理的总体要求。编制规划应统筹村民建房、村庄整治改造，并进行规划设计，包含建筑的平面改造和立面整饰。规划应确定村民活动、文体教育、医疗卫生、社会福利等公共服务和管理设施的用地布局和建设要求；确定村域道路、供水、排水、供电、通信等各项基础设施配置和建设要求，包括布局、管线走向、敷设方式等；确定农业及其他生产经营设施用地，确定生态环境保护目标、要求和措施，确定垃圾、污水收集处理设施和公厕等环境卫生设施的配置和建设要求；确定村庄防灾减灾的要求，做好村级避灾场所建设规划；对处于山体滑坡、崩塌、地陷、地裂、泥石流、山洪冲沟等地质隐患地段的农村居民点，应经相关程序确定搬迁方案；确定村庄传统民居、历史建筑物与构筑物、古树名木等人文景观的保护与利用措施；规划图文表达应简明扼要、平实直观。

（二）村庄建设

村庄建设的主要内容规定了道路、桥梁、引水、供电、通信等生活设施和农业生产设施的建设要求。

1．基本要求

村庄建设应按规划执行；新建、改建、扩建住房与建筑整治应符合建筑卫生、安全要求，注重与环境协调；宜选择具有乡村特色和地域风格的建筑图样；倡导建设绿色农房。保持和延续传统格局和历史风貌，维护历史文化遗产的完整性、真实性、延续性和原始性。整治影响景观的棚舍、残破或倒塌的墙体，清除临时搭盖，美化影响村庄空间外观视觉的外墙、屋顶、窗户、栏杆等，规范太阳能热水器、屋顶空调等设施的安装。逐步实施危旧房的改造、整治。

2．生活设施

（1）道路。村主干道建设应进出畅通、路面硬化率达100%。村内道路应以现有道路为基础，顺应现有村庄格局，保留原始形态走向，就地取材。村主干道应按照GB5768（《道路交通标志和标线》系列国家标准）的要求设置道路交通标志，村口应设村名标识；历史文化名村、传统村落、特色景观旅游景点应设置指示牌。利用道路周边、空余场地，适当规划公共停车场（位）。

（2）桥梁。村庄桥梁应安全美观，与周围环境相协调，体现地域风格，提倡使用本地天然材料，保护古桥。村庄桥梁的维护、改造可采用加固基础、新铺桥面、增加护栏等措施，并设置安全设施和警示标志。

（3）引水。应根据村庄分布特点、生活水平和区域水资源等条件，合理确定用水量指标、供水水源和水压要求。加强水源地保护、保障农村饮水安全，生活饮用水的水质应符合GB 5749（《生活饮用水卫生标准》）的要求。

（4）供电。农村电力网建设与改造的规划设计应符合DL/T 5118（《农村电力网规划设计导则》）的要求，电压等级应符合GB/T 156（《中华人民共和国国家标准：标准电压》）的要求，供电应能满足村民基本生产生活需要。电线杆应排列整齐，安全美观，无私拉乱接电线、电缆现象。合理配置照明路灯，宜使用节能灯具。

（5）通信。广播、电视、电话、网络、邮政等公共通信设施齐全、信号通畅，线路架设规划、安全有序；有条件的村庄可采用管道地下铺设。

3．农业生产设施

美丽村庄建设应结合实际开展土地整治和保护；适合高标准农田建设的重点区域，按GB/T 30600（《高标准农田建设 通则》）的要求进行规范建设。开展农田水利设施治理；防洪、排涝和灌溉保证率等达到GB 50201（《中华人民共和国国家标准：防洪标准》）和GB 50288（《灌溉与排水工程设计标准》）的要求；注重抗旱、防风等防灾基础设施的建设和配备。结合产业发展、配备先进、适用的现代化农业生产设施。

（三）农村人居环境

改善农村人居环境是实施乡村振兴战略的重要内容，2018年中央一号文件明确要求，实施农村人居环境整治三年行动计划，以农村垃圾、污水治理和村容村貌提升为主攻方向，整合各种资源，强化各种举措，稳步有序推进农村人居环境治理。

1．环境质量

大气、声、土壤环境质量应分别达到GB 3095（《环境空气质量标准》）、GB 3096（《声环境质量标准》）、GB 15618（《农用地土壤污染风险管控标准》）中与当地环境功能区相对应的要求。村域内主要河流、湖泊、水库等地表水体水质，沿海村庄的近岸海域海水水质应分别达到GB 3838（《地表水环境质量标准》）、GB 3097（《海水水质标准》）中与当地环境功能区相对应的要求。

2．污染防治

（1）农业污染防治。推广植物病虫害统防统治，采用农业、物理、生物、化学等综合防治措施，不得使用明令禁止的高毒高残留农药，按照GB 4285（《农药安全使用标准》）的要求合理用药。推广测土配方施肥技术，施用有机肥、缓释肥；肥料施用符合NY/T 496（《肥料合理使用准则 通则》）的要求。农业固体废物污染控制和资源综合利用可按HJ 588（《农业固体废物污染控制技术 导则》）的要求进行；农药瓶、废弃塑料薄膜、育秧盘等农业生产废弃物及时处理；农膜回收率≥80%；农作物秸秆综合利用率≥70%。畜禽养殖场（小区）污染物排放应符合GB 18596（《畜禽养殖业污染物排放标准》）的要求，畜禽粪便综合利用率≥80%；病死畜禽无害化处理率达100%；水产养殖废水应达标排放。

（2）生活污染防治。推进农村生活垃圾治理。统筹考虑生活垃圾和农业生产废弃物利用、处理，建立健全符合农村实际、方式多样的生活垃圾收运处置体系。清理村庄农户房前屋后和村巷道柴草杂物、积存垃圾、塑料袋等白色垃圾、河岸垃圾、沿村公路和村道沿线散落垃圾等，解决生活垃圾乱堆乱放污染问题。有条件的地区要推行适合农村特点的垃圾就地分类和资源化利用方式。开展非正规垃圾堆放点排查整治，重点整治垃圾山、垃圾围村、垃圾围坝、工业污染“上山下乡”。梯次推进农村生活污水治理。根据农村不同区位条件、村庄人口聚集程度、污水产生规模，因地制宜采用污染治理与资源利用相结合、工程措施与生态措施相结合、集中与分散相结合的建设模式和处理工艺。推动城镇污水管网向周边村庄延伸覆盖。积极推广低成本、低能耗、易维护、高效率的污水处理技术，鼓励采用生态处理工艺。推动农户节约用水，引导农户规范排放生活污水，加强生活污水源头减量和尾水回收利用。以房前屋后河塘沟渠为重点实施清淤疏浚，采取综合措施恢复水生态，逐步消除农村黑臭水体。将农村水环境治理纳入河长制、湖长制管理。

（3）工业污染防治。村域内工业企业生产过程中产生的废水、废气、噪声、固体废物等污染物达标排放，工业污染源达标排放率达100%。

3．生态保护与治理

对村庄山体、森林、湿地、水体、植被等自然资源进行生态保育，保持原生态自然环境。开展水土流失综合治理，综合治理技术按GB/T 16453（《水土保持综合治理技术规范》）的要求执行；防止人为破坏造成新的水土流失。开展荒漠化治理，实施退耕还林还草，规范采沙、取水、取土、取石行为。按GB 50445（《村庄整治技术规范》）的要求对村庄内坑塘河道进行整治，保持水质清洁和水流通畅，保护原生植被。岸边宜种植适生植物，绿化配置合理、养护到位。改善土壤环境，提高农田质量，对污染土壤按HJ 25.4（《建设用地土壤修复技术导则》）的要求进行修复。实施增殖放流和水产养殖生态环境修复。外来物种引种应符合相关规定，防止外来生物入侵。

4．提升村容村貌

（1）加快推进通村（组）道路、入户道路建设，基本解决村内道路泥泞、村民出行不便等问题。充分利用本地资源，因地制宜选择路面材料。整治公共空间和庭院环境，消除私搭乱建、乱堆乱放。大力提升农村建筑风貌，突出乡土特色和地域民族特点。加大传统村落民居和历史文化名村名镇保护力度，弘扬传统农耕文化，提升田园风光品质。推进村庄绿化，充分利用闲置土地组织开展植树造林、湿地恢复等活动，建设绿色生态村庄。完善村庄公共照明设施。深入开展城乡环境卫生整治行动，推进卫生县城、卫生乡镇等卫生创建工作。

（2）做好环境绿化。村庄绿化宜采用本地果树林木花草品种，兼顾生态、经济和景观效果，与当地的地形地貌相协调；林草覆盖率山区≥80%，丘陵≥50%，平原≥20%。庭院、屋顶和围墙提倡立体绿化和美化，适度发展庭院经济。古树名木采取设置围护栏或砌石等方法进行保护，并设标志牌。

（3）开展厕所粪污治理。合理选择改厕模式，推进“厕所革命”。东部地区、中西部城市近郊区以及其他环境容量较小地区村庄，加快推进户用卫生厕所建设和改造，同步实施厕所粪污治理。其他地区要按照群众接受、经济适用、维护方便、不污染公共水体的要求，普及不同水平的卫生厕所。引导农村新建住房配套建设无害化卫生厕所，人口规模较大村庄配套建设公共厕所。加强改厕与农村生活污水治理的有效衔接。清理畜禽养殖粪污等农业生产废弃物。清理随意丢弃的病死畜禽尸体、农业投入品包装物、废旧农膜等农业生产废弃物，严格按照规定处置，积极推进资源化利用。规范村庄畜禽散养行为，减少养殖粪污影响村庄环境。鼓励各地结合实际，将厕所粪污、畜禽养殖废弃物一并处理并资源化利用。

（4）做好病媒生物综合防治。按照GB/T 27774（《病媒生物应急监测与控制 通则》）的要求组织进行鼠、蝇、蚊、蟑螂等病媒生物综合防治。

（四）经济发展

经济发展规定了美丽乡村的农业、工业、服务业三大产业的发展要求。美丽乡村建设不能停留在表面，要依托特色产业发展经济，只有经济发展了，农村才能真的美起来。振兴乡村，必须让乡村有活力。活力来源于兴旺的产业，要让乡村呈现五谷丰登、六畜兴旺、三次产业深度融合的新景象。要推动农业全面升级，实现由增产导向向提质导向转变，促进农村新产业新业态异军突起。

1. 基本要求

基于美丽乡村建设的经济发展应该是高效的、环保的、绿色的、生态的、健康的。制定产业发展规划，三次产业结构合理、融合发展，注重培育惠及面广、效益高、有特色的主导产业。创新产业发展模式，培育特色村、专业村，带动经济发展，促进农民增收致富。村级集体经济有稳定的收入来源，能够满足开展村务活动和自身发展的需要。

2. 产业发展

（1）农业发展。发展种养大户、家庭农场、农民专业合作社等新型经营主体。发展现代农业，积极推广适合当地农业生产的新品种、新技术、新机具及新种养模式，促进农业科技成果转化；鼓励精细化、集约化、标准化生产，培育农业特色品牌。发展现代林业，提倡种植高效生态的特色经济林果和花卉苗木；推广先进适用的生态农业模式，促进集约化、生态化生产。发展现代畜牧业，推广畜禽生态化、规模化养殖。沿海或水资源丰富的村庄，发展现代渔业，推广生态养殖、水产良种和渔业科技；落实休渔制度，促进捕捞业可持续发展。

（2）工业发展。结合产业发展规划，发展农副产品加工、林产品加工、手工制作等产业，提高农产品的附加值。引导工业企业进入工业园区，防止化工、印染、电镀等高污染、高能耗、高排放企业向农村转移。

（3）服务业发展。依托乡村自然资源、人文禀赋、乡土风情及产业特色，发展形式多样、特色鲜明的乡村传统文化、餐饮、旅游休闲产业，配备适当的基础设施。发展家政、商贸、美容美发、养老托幼等生活性服务业。鼓励发展农技推广、动植物疫病防控、农资供应、农业信息化、农业机械化、农产品流通、农业金融、保险服务等农业社会化服务业。

（五）公共服务

公共服务规定了医疗卫生、公共教育、文化体育、社会保障、劳动就业、公共安全、便民服务等方面的要求。

1．医疗卫生

建立健全基本公共卫生服务体系。建有符合国家相关规定、建筑面积≥60平方米的村卫生室；人口较少的村可合并设立，社区卫生服务中心或乡镇卫生院所在地的村可不设。建立统一、规范的村民健康档案，提供计划免疫、传染病防治及儿童、孕产妇、老年人保健等基本公共卫生服务。

2．公共教育

村庄幼儿园和中小学建设应符合教育部门布点规划要求。村庄幼儿园、中小学学校建设应分别符合GB/T 29315（《中小学、幼儿园安全防范要求》）的要求，并符合国家卫生标准与安全标准。通过宣传栏、广播等渠道加强村民普法、科普宣传教育。

3．文化体育

（1）基础设施。建设具有娱乐、广播、阅读、科普等功能的文化活动场所。建设篮球场、乒乓球台等体育活动设施。少数民族村能为村民提供使用本民族语言文字出版的书刊、电子音像制品。

（2）文体活动。定期组织开展民俗文化活动、文艺演出、演讲展览、电影放映、体育比赛等群众性文化活动。

（3）文化保护与传承。发掘古村落、古建筑、古文物等乡村物质文化遗产，进行整修和保护。搜集民间民族表演艺术、传统戏剧和曲艺、传统手工技艺、传统医药、民族服饰、民俗活动、农业文化、口头语言等乡村非物质文化遗产，进行传承和保护。历史文化遗存村庄应挖掘并宣传民俗风情、历史沿革、典故传说、名人文化、祖训家规等乡村特色文化遗产。建立乡村传统文化管护制度，编制历史文化遗存资源名单，落实管护责任单位和责任人，形成传统文化保护与传承体系。

4．社会保障

村民普遍享有城乡居民基本养老保险，基本实现全覆盖。鼓励建设农村养老机构，老人日托中心、居家养老照料中心等，实现农村基本养老服务。被征地村民按相关规定享有相应的社会保障。

5．劳动就业

加强村民的素质教育和技能培训，培养高素质农民。协助开展劳动关系协调、劳动人事争议调解、维权等权益保护活动。收集并发布就业信息，提供就业政策咨询、职业指导和职业介绍等服务；为就业困难人员、零就业家庭和残疾人提供就业援助。

6．公共安全

根据不同自然灾害类型建立相应防灾和避灾场所，并按有关要求管理。应制定和完善自然灾害救助应急预案，组织应急演练。农村消防安全应符合GB 50039（《农村防火规范》）的要求。农村用电安全应符合DL 493（《农村低压安全用电规程》）的要求。健全治安管理制度，配齐村级综治管理人员，应急响应迅速有效，有条件的可在人口集中居住区和重要地段安装社会治安动态视频监控系统。

7．便民服务

建有综合服务功能的农村便民服务机构，提供代办、计划生育、信访接待等服务，每一事项应编制服务指南，推行标准化服务。村庄有客运站点，村民出行方便。按照生产生活需求，建设商贸服务网点，鼓励有条件的地区推行电子商务。

8．其他方面

其他方面主要包括乡风文明建设、基层组织建设、公众参与、保障与监督等内容。

（1）乡风文明建设。组织开展爱国主义、精神文明、社会主义核心价值观、道德、法治、刑事政策等宣传教育。制定并实施村规民约，倡导崇善向上、勤劳致富、邻里和睦、尊老爱幼、诚信友善等文明乡风。开展移风易俗活动，引导村民摒弃陋习，培养健康、文明、生态的生活方式和行为习惯。

（2）基层组织建设。应依法设立村级基层组织，包括村党组织、村民委员会、村务监督机构、村集体经济组织、村民兵连及其他民间组织。基层组织的工作要求，应遵循民主决策、民主管理、民主选举、民主监督。应制定村民自治章程、村民议事规则、村务公开、重大事项决策、财务管理等制度，并有效实施。应具备协调解决纠纷和应急处置的能力。应建立并规范各项工作的档案记录。

（3）公众参与。通过健全村民自治机制等方式，保障村民参与美丽乡村建设和日常监督管理，充分发挥村民主体作用。村民可通过村务公开栏、网络、广播、电视、收集信息等形式，了解美丽乡村建设动态（农事、村务、旅游、商务、防控、民生等信息），参与并监督美丽乡村建设。鼓励开展第三方村民满意度调查，及时公开调查结果。

（4）保障与监督。建立健全村庄建设、运行管理、服务等制度，落实资金保障措施，明确责任主体、实施主体，鼓励有条件的村庄采用市场化运作模式。建立并实施公共卫生保洁、园林绿化养护、基础设施维护等管护机制，配备与村级人口相适应的管护人员，比例不低于常住人口的0.2%。综合运用检查、考核、奖惩等方式，对美丽乡村的建设与运行实施动态监督和管理。

三、美丽乡村建设的主要模式

自开展美丽乡村创建活动以来，各地积极开展美丽乡村建设的探索和实践，涌现出一大批各具特色的典型模式，积累了丰富的经验和范例。每种美丽乡村建设模式，分别代表了某一类型乡村在各自的自然资源禀赋、社会经济发展水平、产业发展特点以及民俗文化传承等条件下建设美丽乡村的成功路径和有益启示。根据专家总结，我国美丽乡村建设的成果已形成了十大模式。

（一）产业发展型模式

产业发展型美丽乡村模式主要是在东部沿海等经济相对发达地区，其特点是产业优势和特色明显，农民专业合作社、龙头企业发展基础好，产业化水平高，初步形成“一村一品”“一乡一业”，实现了农业生产聚集、农业规模经营，农业产业链条不断延伸，产业带动效果明显。

典型案例

江苏省张家港市南丰镇永联村

永联村是江苏省乡村发展具有代表性的乡村之一，全国“美丽乡村”首批创建试点村，地处江南，长江之滨，隶属于江苏省张家港市南丰镇。

永联村曾被称为“华夏第一钢村”，曾是张家港市面积最小、人口最少、经济最落后的村。改革开放期间，村领导组织村民挖塘养鱼、开办企业，陆续办起了水泥预制品厂、家具厂、枕套厂等小工厂以及村集体轧钢厂，收益颇丰。

在村集体的共同努力下永联村不仅完全脱贫，还跨入全县十大富裕村的行列。永联村是以企带村发展起来的，村集体有了经济实力，可以为新农村建设、美丽乡村建设“加油扩能”。

近十年来，永联村投入数亿元用于新农村建设，村里的基础设施及社会公共事业建设都得到快速发展。此外，为解决数量过万的村民的就业问题，村党委还利用永钢集团的产业优势，创办了制钉厂等劳动密集型企业，有效吸纳了村里剩余劳动力。村里还开辟了约2.67公顷空地，建设了一个工业园，统一建造生产厂房，廉价租给本村私营业主。另外，还利用本村多达两万人的外来流动人口的条件，鼓励和引导村民发展餐饮、娱乐、房屋出租等服务业。

随着集体经济实力的壮大，永联村不断以工业反哺农业，强化农业产业化经营。2000年，村里投巨资于“富民福民工程”，成立了“永联苗木公司”，将全村约313公顷可耕地全部实行流转，对土地进行集约化经营。这一举措，不仅获得巨大的经济效益，同时大面积的苗木成为永钢集团的绿色防护林和村庄的“绿肺”，带来了巨大的生态效益。

近年来，永联村先后共投入2.5亿元，积极发展以农业观光、农事体验、生态休闲、自然景观、农耕文化为主的休闲观光农业，初步形成了以苏州江南农耕文化园、鲜切花基地、苗木公司、现代粮食基地、特种水产养殖基地、垂钓中心为一体的休闲观光农业产业链，休闲观光农业年收入7573.7万元。村里建设的“苏州江南农耕文化园”为张家港唯一一家四星级乡村旅游区。

（二）城郊集约型模式

城郊集约型美丽乡村模式主要是在大中城市郊区，其特点是经济条件较好，公共设施和基础设施较为完善，交通便捷，农业集约化、规模化经营水平高，土地产出率高，农民收入水平相对较高，是大中城市重要的“菜篮子”基地。

典型案例

上海市松江区泖港镇

松江区泖港镇地处上海市松江区南部、黄浦江南岸，是松江浦南地区三镇的中心。该镇的发展不倚仗工业，而是依托“气净、水净、土净”的独特资源优势，大力发展环保农业、生态农业、休闲农业，成为上海的“菜篮子”“后花园”，服务于以上海为主的周边大中城市。

该镇注重卫生环境的治理，在新农村建设中，开展村庄改造和基础设施建设，使全镇生态环境和市容卫生状况显著改善，2010年，该镇成功创建国家级卫生镇，2011年成为上海市第一家创建成功的市级生态镇。泖港镇作为上海市的“菜篮子”，把工作重点放在发展农业上是极其明智的选择，该镇以创建高产田为抓手，大力发展环保农业；以“三净”品牌为优势，大力发展农副经济；以节能环保为标准，淘汰落后工业产能。此外，泖港镇还鼓励兴办家庭农场。泖港镇2007年起走上了以家庭农场为主要经营模式的农业发展道路，如今已基本实现了家庭农场的专业化、规模化经营。

该经营模式的具体做法：①规范土地流转，实行家庭农场集中经营；②完善服务管理，提高家庭农场运行质量；③推动集约经营，优化家庭农场运行模式。同时，随着家庭农场的集约化、规模化、机械化程度的提高，特别是由此带来的土地产出效益和农民收入的提高，农户承办家庭农场的积极性空前高涨。

为了顺应时代发展，满足大城市休闲度假的市场需求，泖港镇借助自然资源优势，发展生态旅游。近年来该镇开发和引进了大批中高档旅游项目，从旅游项目空白镇发展成农村休闲旅游镇。同时，以乡土民俗为核心，以市场需求为导向，充分整合生态农业、生态食品、农业观光、农业养殖、村落文化、会务培训、疗养度假、农家餐饮等各类乡村旅游资源，实现了农村休闲产业的功能集聚。

（三）社会综治型模式

社会综治型美丽乡村模式主要是在人数较多、规模较大、居住较集中的村镇，其特点是区位条件好、经济基础强、带动作用大，基础设施相对完善。

典型案例

天津市大寺镇王村

天津市西青区大寺镇王村北邻西青经济技术开发区，东邻天津微电子城。该村距天津港10公里，距天津国际机场15公里，距市中心15公里，交通四通八达，占有土地266公顷。

王村被天津市政府命名为天津市“示范村”，荣获“美丽乡村”称号。王村已实现了农村城市化。村里生活环境和谐有序，基础设施完善，家家户户住进新楼房，电脑、汽车走进农家，村民过着“干有所为、老有所养、学有所教、病有所医”其乐融融的城市化生活。

以前的王村90%的村民仍然住着低矮潮湿的危陋平房，单调、简陋、陈旧、窘迫、拥塞是绝大多数王村人的居住状况。为了改变这一现状，彻底解决村民的住房问题，村领导制定了村庄建设规划，推倒全村危陋平房，建成公寓和别墅，让全体村民住上了新楼房。

此外，为了实现农村城市化，使百姓生活在舒适、整洁、文明、优美的环境中，村领导组织制定了彻底改造村内生活环境的规划，并筹措资金，组织力量先后完成了许多工程、项目的改造和提升，村庄环境得到很大改善。王村在完善社区服务中心、商业街，开发建设峰山菜市场、卫生院等公共服务设施的同时，还先后建成了占地2万多平方米的音乐喷泉健身广场、2400平方米的青少年活动中心以及1000多平方米的村民文体活动中心，室内网球场、羽毛球场、乒乓球场、拉丁舞排练场、农民书屋、村民学校、党员活动室、文化活动室、舞蹈排练厅、棋牌室样样俱全，全部按照最高标准建设，设施完善，而且所有场馆都不对外营业，全部作为百姓的福利，让乡亲们无偿使用。完善的基础服务设施，极大方便了村民生活。

（四）文化传承型模式

文化传承型美丽乡村模式是在具有特殊人文景观，包括古村落、古建筑、古民居以及传统文化的地区，其特点是乡村文化资源丰富，具有优秀民俗文化以及非物质文化，文化展示和传承的潜力大。

典型案例

河南省洛阳市孟津县平乐镇平乐村

平乐村地处汉魏故城遗址，文化积淀深厚，因公元62年东汉明帝为迎接大汉图腾筑“平乐观”而得名。该村以农民牡丹画而闻名全国，农民画家已发展到800多人。“一幅画、一亩粮、小牡丹、大产业”，这是流传在平乐村村民口中的一句新民谣。近年来，平乐村按照“有名气、有特色、有依托、有基础”的“四有”标准，以牡丹画产业发展为龙头，扩大乡村旅游产业规模，探索出了一条新时期依靠文化传承建设美丽乡村的发展模式。

千百年来，平乐村民有着崇尚文化艺术的优良传统。改革开放后，富裕起来的农民开始追求高雅的精神文化生活，从事书画创作的人越来越多。随着牡丹花会的举办和旅游业的日益繁荣，与洛阳有着深厚历史渊源而又雍容华贵的牡丹成为洛阳的重要文化符号。游人在观赏洛阳牡丹的同时，喜欢购买寓意富贵吉祥的牡丹画作留念，从事书画创作的平乐村民开始将创作主题集中到牡丹。

经过20多年的发展，平乐农民画家们的牡丹画作品销往西安、香港、上海和新加坡、日本等地，多次参加各种展览并获奖。平乐村农民牡丹画家自愿组建了洛阳平乐牡丹书画院，精选120余幅作品在洛阳市美术馆隆重举办农民书画展，展示了平乐牡丹画创作的规模和水平。

“小牡丹画出大产业”。如今的平乐，已拥有国家、省、市画协、美协会员20多名，牡丹画专业户100多个，牡丹绘画爱好者300余人，年创作生产牡丹画8万幅，销售收入超过500万元。近年来，平乐村被河南省文化和旅游厅授予“河南特色文化产业村”荣誉称号，平乐镇被文化和旅游部、民政部命名为“文化艺术之乡”。

（五）渔业开发型模式

渔业开发型美丽乡村模式主要是在沿海和水网地区的传统渔区，其特点是产业以渔业为主，通过发展渔业促进就业，增加渔民收入，繁荣农村经济，渔业在农业产业中占主导地位。

典型案例

广东省广州市南沙区横沥镇冯马三村

“一川蕉林绿，十里荷花香，千池鱼跳跃，万顷碧波流。”一首绝句描绘了岭南水乡的活泼景象，也勾勒出了水乡人民的生活情景。水网纵横、瓜果飘香、鱼跃虾跳正是冯马三村的日常景象。

冯马三村地处珠江三角洲出海口边缘，是一个具有300多年悠久历史的村落，也是岭南沙田水乡文化的典型代表。经过了数百年沧桑变迁，冯马三村依旧保持了傍水而居、以渔为业等历史传统，与现代新农村建设相互碰撞，编织出了一幅独具岭南水乡韵味的美丽乡村画卷。

冯马三村位于南沙区，而南沙区地处珠江入海口虎门水道西岸，是西江、北江、东江三江汇集之处，海域咸淡水交汇，既有海洋属性又有河口属性，渔业资源种类繁多，是我国主要经济渔场之一——珠江口渔场的重要组成部分。

渔业发展模式已成为以冯马三村为代表的南沙区的主要农业生产模式。近年来，南沙区的捕捞量呈逐年上升的良好势头，渔业捕捞产量、渔业捕捞产值逐年递增，获得了良好的生态效益、经济效益和社会效益。

（六）草原牧场型模式

草原牧场型美丽乡村模式主要是在我国牧区半牧区县（旗、市），占全国国土面积的40%以上，其特点是草原畜牧业是牧区经济发展的基础产业，是牧民收入的主要来源。

典型案例

内蒙古太仆寺旗贡宝拉格苏木道海嘎查

道海嘎查的主要区域就是草原，对草原牧区来讲，保护好草原生态环境是发展过程中的重要任务。道海嘎查在美丽乡村建设中坚持生态优先的基本方针，推行草原禁牧、休牧、轮牧制度，促进草原畜牧业由天然放牧向舍饲、半舍饲转变，发展特色家畜产品加工业，形成了独具草原特色和民族风情的发展模式。

在“美丽乡村”建设中，太旗把农牧区发展、农牧业增效、农牧民增收作为中心工作，依托自然资源、区位优势，调整产业结构，推动农牧产业特色化、规模化、现代化发展。

养殖业方面积极推广标准化养殖，引导农牧民转变发展方式，逐步由家庭“作坊式”养殖向规模化、集约化、标准化方向转变。通过项目扶持鼓励和支持农牧民发展“小三养”及特种养殖业。实施优惠政策，每年为养殖户建设标准化棚圈3000多平方米，各苏木乡镇为养殖户无偿划拨土地，并给养殖区通路、通水、通电和平整场地。积极争取国家项目扶持资金，配套推广标准化养殖技术，大力发展特种养殖生产基地。

与此同时，积极引导农牧民走合作发展之路，加大政策扶持、项目倾斜力度，就重点农牧业建设项目优先安排有条件的合作社实施，为农牧民专业合作社提供全方位管理服务。定期开展业务培训工作，苏木乡镇积极培育先进示范社。创新运作模式，提高经济效益，各类农牧民合作社已发展到587家。注册总资金达4亿多亿元。

（七）环境整治型模式

环境整治型美丽乡村模式主要是在农村脏乱差问题突出的地区，其特点是农村环境基础设施建设滞后，环境污染问题严重，当地农民群众对环境整治的呼声高、反响强烈。

典型案例

广西恭城瑶族自治县莲花镇红岩村

红岩村位于广西恭城瑶族自治县莲花镇，距桂林市108公里，是一个集山水风光游览、田园农耕体验、住宿、餐饮、休闲和会议商务观光等为一体的生态特色旅游新村。红岩村成功地建起80多栋独立别墅，共拥有客房300多间，餐馆近40家，建成了瑶寨风雨桥、滚水坝、梅花桩、环形村道、灯光篮球场、游泳池、旅游登山小道等公共设施。

以前的红岩村环境卫生较差，近几年，随着新农村建设工程的开展，红岩村脏乱差问题得到极大改善。村内环境卫生得到改善的基础上，红岩村围绕新农村建设“二十字”方针，大力发展休闲生态农业旅游，成效显著。红岩村积极启动生活污水处理系统建设工程，成为广西第一个进行生活污水处理的自然村，使村里生态旅游业有了新的发展。

目前，红岩村已经成为开展乡村旅游致富的典范，先后荣获“全国农业旅游示范点”“全国十大魅力乡村”“全国生态文化村”“中国乡村名片”等荣誉称号。

（八）休闲旅游型模式

休闲旅游型美丽乡村模式主要是在适宜发展乡村旅游的地区，其特点是旅游资源丰富，住宿、餐饮、休闲娱乐设施完善齐备，交通便捷，距离城市较近，适合休闲度假，发展乡村旅游潜力大。

典型案例

江西省婺源县江湾镇

国家特色旅游景观名镇江湾地处皖、浙、赣三省交界，云集了梦里江湾5A级旅游景区、古埠名祠汪口4A级旅游景区、生态家园——晓起和5A级标准的“梯云人家”篁岭四个品牌景区。依托丰富的文化生态旅游资源，着力建设梨园古镇景区、莲花谷度假区，使之成为婺源“国家乡村旅游度假试验区”的典范。天蓝水净地绿的美丽江湾，已成为美丽中国在乡村的鲜活样本，并以旅游转型升级为拓展空间加快成为“中国旅游第一镇”。

江湾旅游资源丰饶，生态绿洲晓起村的名贵古树观赏园荟萃了600余株古樟树、全国罕见的大叶红楠树和国家一级树种江南红豆杉，栖息着世界濒危珍稀鸟种黄喉噪鹛，国家重点保护的黑麂、白鹇鸟等。江湾镇森林覆盖率高达90%，既是一个生态示范镇，也是一个文化底蕴丰厚的千年古镇。该镇依托丰富的历史人文文化和良好的生态环境，成功打造“伟人故里——江湾”“生态家园——晓起”“古埠名祠——汪口”3个品牌景区。以品牌景区发力于乡村旅游，将江湾打造成一个乡村旅游的省级示范镇。

近年来，江湾镇积极发展乡村旅游，着力打造乡村旅游示范镇，促进乡村旅游与农业、农民和农村发展有机结合，使作为乡村旅游参与主体的农民，成为受益主体。积极引导开发农业观光旅游项目，打造篁岭梯田式四季花园生态公园，使农业种植成为致富的风景，成为乡村旅游的载体。

（九）高效农业型模式

高效农业型美丽乡村模式主要是在我国的农业主产区，其特点是以发展农业作物生产为主，农田水利等农业基础设施相对完善，农产品商品化率和农业机械化水平高，人均耕地资源丰富，农作物秸秆产量大。

典型案例

福建省漳州市平和县三坪村

三坪村是国家4A级风景区——三坪风景区所在地。三坪村全村共有山地4024公顷、毛竹1200公顷、种植蜜柚833公顷、耕地146公顷。

该村在创建美丽乡村过程中充分发挥森林、竹林等林地资源优势，采用“林药模式”打造金线莲、铁皮石斛、蕨菜种植基地，以玫瑰园建设带动花卉产业发展，壮大兰花种植基地，做大做强现代高效农业。同时整合资源，建立千亩柚园、万亩竹海、玫瑰花海等特色观光旅游，构建观光旅游示范点，提高吸纳、转移、承载三平景区游客的能力。

改善当地村民居住环境，提升景区周边环境品位，三坪村实施“美丽乡村建设”工程，全力打造闽南金三角令人神往的人文生态村落。其建设内容包括铺设村主干道、慢步道，河滨休闲景观绿道，以及开展村中沿街立面装修、污水处理、绿化美化、卫生保洁等。

近年来，三坪村特有的旅游文化和“富美乡村”的创建成果，吸引了众多的游客，也影响着当地村民的精神生活，带动当地旅游产业的茁壮发展，走出了一条美丽创造生产力的和谐之路。

三坪村先后获得“国家级生态村”“福建省生态村”“福建省特色旅游景观村”“漳州市最美乡村”等荣誉称号，是漳州市新农村建设的示范点和福建省新农村建设的联系点，连续五届省级文明村。

（十）生态保护型模式

生态保护型美丽乡村模式主要适用于生态优美、环境污染少的地区，其特点是自然条件优越，水资源和森林资源丰富，具有传统的田园风光和乡村特色，生态环境优势明显，把生态环境优势变为经济优势的潜力大，适宜发展生态旅游。

典型案例

浙江省安吉县山川乡高家堂村

高家堂村位于全国首个环境优美乡——山川乡境内，全村区域面积700公顷，是一个竹林资源丰富、自然环境保护良好的浙北山区村。高家堂是安吉生态建设的一个缩影，以生态建设为载体，进一步提升了环境品位。

高家堂村将自然生态与美丽乡村完美结合，围绕“生态立村-生态经济村”这一核心，在保护生态环境的基础上，充分利用环境优势，把生态环境优势转变为经济优势。如今，高家堂村生态经济快速发展，以生态农业、生态旅游为特色的生态经济呈现良好的发展势头。全村已形成竹产业生态、生态观光型高效竹林基地、竹林鸡规模养殖、富有浓厚乡村气息的农家生态旅游等生态经济形式，对村集体经济的贡献率达到50%以上，成为经济增长支柱。高家堂村把发展重点放在改造和提升笋竹产业，形成特色鲜明、功能突出的高效生态农业产业布局，让农民真正得到实惠。对200公顷的山林实施封山育林，禁止砍伐，投资130万元修建了环境水库——仙龙湖，对生态公益林水源涵养起到了很大的作用，还配套建设了休闲健身公园、观景亭、生态文化长廊等。新建林道5.2千米，极大方便了农民生产、生活。同时，着重搞好竹产品开发，如将竹材经脱氧、防腐处理后应用到住宅的建筑和装修中，开发竹围廊、竹地板、竹灯罩、竹栅栏等产品，取得了一定的效益。积极为农户提供信息、技术、流通方面的服务。同时积极鼓励农户进行竹林培育、生态养殖、开办“农家乐”，并将这三块内容有机地结合起来，特别是“农家乐”乡村旅店，接待来自沪、杭、苏等大中城市的观光旅游者，并让游客自己上山挖笋、捕鸡，使游客亲身感受到看生态、住农家、品山珍、干农活的一系列乐趣，亲近自然环境，体验农家生活，又不失休闲、度假的本色，此项活动深受游客的喜爱，而农户本身也得到了实惠，增加了收入。

三农学思

参与美丽乡村建设，不仅是专业知识的实践舞台，更是实现乡村振兴、促进人与自然和谐共生的重要途径。作为农林类专业学生，必须认识到美丽乡村建设任重而道远，应以更加饱满的热情和更加扎实的专业知识，积极投身到这一伟大事业中去，为实现乡村振兴、建设美丽中国贡献自己的力量。

思维拓展

1．美丽乡村建设的内容有哪些?
2．美丽乡村建设的主要模式有哪些?

实践任务　寻访美丽乡村

实践指引

实践目的

通过采访村民，听村民们分享自己的乡情故事，了解乡村的风情和风貌，从而意识到耕读并重的重要性，为实现乡村振兴而奋斗。

实施前奏

当代农村真实现状

第一，农民的平均寿命变长了。农村老人活到七八十岁很正常。老人的面容也比原来要好，脸上有光，不像原来面朝黄土背朝天地辛苦劳作，劳累程度降低了。

第二，农民的收入增加了。原来农民没有现金收入来源、没有“活钱”，较为贫困；现在只要家里有人在外务工，稍微勤快一点，都能挣到一些收入。

第三，农民的住房条件明显改善。近些年，农民外出务工（包括在乡村干活），经济改善后都盖了新房。以前，农村住房较差，进到一个村，房子很多是破败的；现在，村里的路两边都是农民新盖的房子。

第四，农村的公共设施明显进步。从县城到村里，道路交通基本畅通，而且两边的景观也很漂亮，显示出乡村摆脱贫困以后的景象。

以上是从外表上看到的乡村变化。这些变化，一方面是由于农民收入增加，改变了农民的精神状态；另一方面是政府公共政策、公共产品的提供。

实施步骤

1. 每5个同学组成一个小组，以小组为单位进行活动。
2. 以小组为单位，拟定访谈提纲。
3. 采访准备。在访谈前，先准备好访谈提纲、采访设备、采访资料、采访问题等。要做好背景调查，在约定访谈对象、采访访谈对象时，要对访谈对象主要活动的历史时期、生平经历有一定的了解。
4. 围绕设计好的访谈提纲，对村民进行深入采访。
5. 撰写采访体会，准备故事资料，制作PPT，复述村民们的乡情民情故事。
6. 全班同学进行交流。

实践小贴士

采访时注意自己的表情和语速，说话应清晰、明了；采访时遇到不清楚的地方要及时提问，绝对避免主观编造和添加。

农耕讲堂

人物访谈的步骤

1. 确定采访主题。围绕主题进行相关背景调查，快速翻阅资料。
2. 熟悉被采访人资料。了解被采访人以前发生过什么样的事情。
3. 整理线索。通过对被采访人和采访事件的了解，整理出已经成型的一些观点，以及还未成型的看法，寻找本次采访线索。
4. 设计问题。通过对人和事件的了解以及对线索的整理，进行问题的设计。
5. 罗列问题。再次检查采访提纲是否有漏洞。
6. 在采访过程中，需要把握的是采访主题不发生偏移，同时还要注意在采访过程中发现线索，比如采访前期的准备时并没有发现这条线索，而采访对象说了出来，此时就需要抓住这条线索。

实践评价

我的收获	
我的感悟	
思考一下	1. 改革开放以后，中国乡村发生了哪些变化？ 2. 你认为现代农村在经济发展方面主要面临哪些问题？ 3. 为什么人们会离开乡村、去城市务工？

续表

<table>
<tr><td rowspan="4">学生自我评价（自评部分根据自己的学习情况选择对应的选项；互评部分由小组的同学完成）</td><td>序号</td><td>课程评价项目</td><td>自评</td><td>互评</td></tr>
<tr><td>1</td><td>是否在上课前做好充分的预习准备，通过各种渠道了解相关的主题内容</td><td>非常符合
基本符合
不符合</td><td>非常符合
基本符合
不符合</td></tr>
<tr><td>2</td><td>是否在课堂上积极参与小组活动，根据小组的活动要求，制订计划方案，完成好自己的工作</td><td>非常符合
基本符合
不符合</td><td>非常符合
基本符合
不符合</td></tr>
<tr><td>3</td><td>是否做到课程内容的举一反三，运用课堂学习的知识为自己和他人的生活服务</td><td>非常符合
基本符合
不符合</td><td>非常符合
基本符合
不符合</td></tr>
<tr><td rowspan="5">任课教师评价（教师根据学生完成任务情况和课堂表现进行评价，并在“教师综合评价”栏对该学生进行综合评价）</td><td>序号</td><td colspan="2">课程评价项目</td><td>教师评价</td></tr>
<tr><td>1</td><td colspan="2">学生是否顺利完成任务，遵守纪律，认真听讲，及时记录课堂笔记</td><td>非常符合
基本符合
不符合</td></tr>
<tr><td>2</td><td colspan="2">学生是否积极参与劳动实践活动，理解活动意义</td><td>非常符合
基本符合
不符合</td></tr>
<tr><td colspan="4">教师综合评价</td></tr>
<tr><td colspan="4"></td></tr>
</table>

农民篇

项目十三 脱贫攻坚的辉煌历程

项目导航

1950—2020年这70年是中国经济社会发展巨大变化的70年，也是中国从根本上消除绝对贫困的70年。中国的减贫从开始就没有离开过“三农”，贫困的主要主体是农民，贫困主要发生在农村，农业又一直是农民摆脱贫困最原初最重要的动力。2020年，中国按照预期完成农村消除绝对贫困的艰巨任务，这既是中国历史上重要的一个事件，也是人类历史上非常伟大的事件。本项目主要叙述人类消除贫困的奇迹——脱贫攻坚战。

学习目标

知识目标

1. 理解中国的减贫历程。
2. 理解扶贫制度的创新。
3. 了解精准扶贫的具体措施。

能力目标

1. 能够从我国的减贫历程中学习经验，展望未来。
2. 能够将所学理论知识与农村实际相结合，提升自我发展能力。

素养目标

树立强烈的社会责任感和使命感，深刻理解脱贫攻坚对于国家发展、民族复兴的重要意义，积极投身“三农”事业，为乡村振兴贡献自己的力量。

项目重点

中国的减贫历程；精准扶贫的具体措施。

项目内容

一、中国减贫之路

从1949年以来，中国政府始终不渝地进行减贫，试图以有中国特色的本土化道路来消除贫困问题，减少贫困人口，这样一个减贫的成就，不是在很短的时间就能够实现的。实现大规模的减贫，是一个历史的过程。总体而言，可以将中国的减贫历程大致分为以下四个阶段。

（一）广义的扶贫阶段

1949—1978年，是减贫工作的第一个阶段，称为广义的扶贫阶段，1978年之前究竟取得哪些成就呢？第一，从20世纪50年代开始土地改革彻底改变了中国土地占有的基本结构，实现了耕者有其田，从根本上解决了生产关系与生产力之间的矛盾，充分调动了农民的积极性；第二，在土地改革的同时，推动了农业技术革命，到1978年，中国农业的灌溉面积已经达到50%，可以自主生产农药、化肥，建立了基本的农业、工业体系；第三，文盲率大幅度下降，文盲率从80%下降到22%。总之，1978年之前的减贫工作最重要的贡献就是为以后的减贫提供重要的条件。

（二）通过农业发展减贫的阶段

1978—1986年，是中国减贫的第二个阶段，通过农业发展减贫是这个阶段最重要的特点。这个阶段，中国城市化率非常低，城市人口数量少，经济最重要的贡献是农业。我国农村通过农村经济体制改革，实行家庭联产承包责任制，极大地调动了农民的生产积极性，极大地促进了农业生产的发展，农产品的供给逐渐开始丰富起来，农村社会总产值，从1978年的2037.5亿元猛增到1985年的6340亿元，年均增长率达到15.25%；农村居民人均纯收入，也由1978年的133.6元上升到1985年的397.6元；农村绝对贫困人口，从1978年的2.5亿下降到1985年的1.25亿，平均每年减少1786万人，相应的贫困发生率由30.7%减少到14.8%，年均递减速度为9.4%，这一时期成为中国历史上减缓贫困最为显著的时期。

（三）以工业化和城市化为驱动的减贫阶段

1986—2015年，是中国减贫的第三个阶段，这一阶段的主要特点以工业化和城市化为驱动脱贫。1986年以后随着乡镇企业的迅速发展、转型、沿海地区的开放、利用外资等变化，以劳动密集型产业为主要特点的工业化开始推进整个的工业化进程，随着工业化的推动开始城市化。从1986年起，中国政府开始直接大规模全方位地参与中国农村扶贫开发，为此成立了专门机构，促使工作机构化、专业化，扶贫进入有计划、有组织、有规模、有专门措施的扶贫阶段，第一次确定国家级贫困县，制定了多个扶贫政策和规划，统筹财政专项扶贫资金，动员各种社会力量参与扶贫。

（四）脱贫攻坚阶段

2015—2020年，是中国减贫的第四个阶段，2015年以后开始脱贫攻坚。进入21世纪后，中国社会经济发展的格局发生了巨大的变化，但依然还有大量的贫困群体没有脱贫，这些贫困群体大多集中在边远地区、民族地区、山区等，这些地区的贫困人口的贫困程度，要比其他地区贫困群体的贫困程度严重很多，在这种情况下，如果不采取超常规的做法，中国剩余的贫困问题是无法解决的。因此，从2012年开始施行精准扶贫，2015年中央决定发起脱贫攻坚战。2018年2月12日，习近平总书记在打好精准脱贫攻坚战座谈会上的讲话中提出：“脱贫攻坚的目标就是要做到‘两个确保’：确保现行标准下的农村贫困人口全部脱贫，消除绝对贫困；确保贫困县全部摘帽，解决区域性整体贫困……脱贫攻坚期内，扶贫标准就是稳定实现贫困人口‘两不愁三保障’、贫困地区基本公共服务主要指标接近全国平均水平。”具体而言，政策措施主要有“六个精准、五个一批”。“六个精准”是指扶持对象精准，项目安排精准，资金使用精准，措施到户精准，因村派人（第一书记）精准，脱贫成效精准；“五个一批”是指发展生产脱贫一批，易地搬迁脱贫一批，生态补偿脱贫一批，发展教育脱贫一批，社会保障兜底一批。动员各种社会资源和社会力量参与扶贫，要通过超常规的措施，在2020年之前，全面解决中国贫困问题。从2015年至2019年，我国农村贫困人口数量从5575万下降到551万人，贫困发生率从5.7%下降到0.6%，贫困村从12.8万个减少到2707个，国家级贫困县从832个减少到52个。到2019年年底，实行易地搬迁人口959万人，贫困地区农村集中供水率达到了89.5%，贫困县义务教育巩固率达到93.5%，建档立卡贫困村村集体经济年收入达到了平均10.04万元，贫困地区农村居民人均可支配收入达到11567元，累计完成760.9万户四类重点对象存量危房改造任务，建档立卡贫困户危房改造率达到100%。到2020年完成规划目标，彻底消除了中国农村的绝对贫困，中国政府在打赢脱贫攻坚战方面取得了卓越成效。

拓展阅读

中国在世界扶贫史上最重要的贡献是：2020年在中国全面消除绝对贫困。1981年，世界银行的贫困标准是1.9美元每人每天，全世界大概有19亿的绝对贫困群体，中国大概有8.8亿的绝对贫困群体，全世界将近一半贫困群体是在中国。2015年，用同样一个标准来衡量，中国只有将近1000万贫困群体，过去40年中国成为全世界减少贫困数量最多的国家，每一个中国人都能够切身感受中国的减贫成就，它也引起了国际社会的广泛关注。

2015年11月23日，中共中央政治局审议通过《关于打赢脱贫攻坚战的决定》。2015年11月27日至28日，中央扶贫开发工作会议在北京召开。中共中央总书记、国家主席、中央军委主席习近平强调，消除贫困、改善民生、逐步实现共同富裕，是社会主义的本质要求，是中国共产党的重要使命。2015年11月29日，《中共中央国务院关于打赢脱贫攻坚战的决定》发布。2019年3月5日，国务院总理李克强在《2019年国务院政府工作报告》中提出，打好精准脱贫攻坚战。2019年10月，国家脱贫攻坚普查领导小组成立。

2020年5月22日，国务院总理李克强在《2020年国务院政府工作报告》中提出，2020年要优先稳就业保民生，坚决打赢脱贫攻坚战，努力实现全面建成小康社会目标任务。2020年7月，国务院扶贫开发领导小组开展2020年脱贫攻坚督查工作。2020年11月23日，贵州省宣布所有贫困县摘帽出列，至此，中国832个国家级贫困县全部脱贫摘帽。

二、脱贫攻坚制度创新

中国式扶贫最大的特色是扶贫制度的创新，扶贫制度的创新表现在一系列的具体扶贫制度的创新方面。

（一）建档立卡找准人

建档立卡制度是扶贫制度的第一个创新。1986年中国政府出台了农村扶贫开发战略，正式公布了中国历史上第一个农村的贫困县，按照当年农民年平均可支配收入206元作为标准认定贫困县，到2012年，该标准变为2300元。但在农村很难知道农民一家一户一个人一年挣多少钱，因为收入很多难以统计，如打零工、卖农产品等。实际上很难确定一个农户的收入，即便确定了贫困县，按照1986年206元、2012年2300元的标准，但在实践上依然无法确定谁是穷人，究竟哪一户是贫困户。2014年，中国政府开始在全国展开贫困普查，在普查过程中建立起一个新的制度，叫建档立卡。该制度动员了大量的行政力量，即驻村干部、帮扶单位，加上行政村的干部和村民一起来统计贫困人口。建档立卡制度同样面临一个问题：怎么确定谁是贫困人口？全国各地做了大量的创新，如贵州，就实施了“一看房，二看粮，三看劳动力强不强，四看家中有没有读书郎”，这样一个指标是非常客观的，为识别贫困群体提供了非常便利的条件。这是一个伟大的创新，乡土方式的识别体现了最根本的以穷人为中心、以贫困群体为中心的原则，而且具有可操作性。2014年我国共识别出2940万户的建档立卡户，总共涉及8962万贫困群体，基于该创新之举所识别出的穷人的方法，从而汇聚成为建档立卡制度。建档立卡制度是我国扶贫历史上第一个真正意义上的严格的、科学的、系统的穷人瞄准的方法。如何识别穷人、如何识别贫困户，不仅是中国扶贫工作的难题，也是国际扶贫工作的难题。该方法不仅在中国扶贫的历史上具有重大的政策含义，在全世界的扶贫史上也是一个伟大的创新，该创新的意义超越了中国的国界。

（二）五级书记抓扶贫

领导体制创新是扶贫制度的第二个创新。在国际扶贫领域经常会讲政治承诺、政府的作用，在中国扶贫领域就会讲党的领导、政府的领导。我国扶贫开发工作从20世纪80年代中期正式开始就一直实行政府主导，扶贫工作到了脱贫攻坚阶段以后对扶贫体制有一个很大的创新。为了强化扶贫工作的领导，在脱贫攻坚战中实施了五级书记挂帅，压力层层传递的这样一种领导体制。五级书记挂帅的主要含义是指从省、市、县、乡、村，五级书记抓扶贫的脱贫攻坚责任制，第一书记挂帅。2018年2月12日，习近平总书记在四川省成都市主持召开打好精准脱贫攻坚战座谈会指出，脱贫攻坚，加强领导是根本。必须坚持发挥各级党委总揽全局、协调各方的作用，落实脱贫攻坚一把手负责制，省市县乡村五级书记一起抓，为脱贫攻坚提供坚强政治保证。

为什么要在脱贫攻坚战中实行五级书记一起抓，落实一把手负责制？在脱贫攻坚阶段，需要在很短的时间内使得剩余的绝对贫困群体摆脱贫困是一个非常艰巨的任务。如果没有强大的政治承诺与政治保障，资源就无法集中在最为需要的地区和最为需要的群体。因此，必须通过强有力的政治保障与政治领导来超越现在的利益分配格局。五级书记挂帅，其中有一个最重要的特点是向贫困村派第一书记，第一书记的主要职责是抓双促工程：抓党建引领脱贫攻坚，引领乡村振兴；抓精准扶贫工作，在抓好日常的“两不愁三保障”和饮水安全的同时，重点就是联系好各定点帮扶单位推进贫困户稳定地脱贫，高质量脱贫。贫困地区不仅条件差，缺乏技术，也缺乏人才，在乡村人才不断外流的情况下，贫困地区的乡村领导人才缺乏尤为突出。当扶贫工作任务与资源下落到村一级的时候，如果没有强有力的村一级的领导，脱贫攻坚工作是极难推进的。党的十八大以来，全国共有19.5万名机关优秀干部到村任第一书记，奋战在脱贫攻坚一线。截至2018年年底，全国共派出45.9万名第一书记，实现了建档立卡贫困村和党组织软弱涣散村全覆盖。这样一种以第一书记驻村为特点的五级书记挂帅领导体制是中国扶贫领导体制的一个巨大的创新，也是中国扶贫特色的一个最重要内容。

典型案例

贵州省雷山县南猛村第一书记刘为

“我刚从上海回来，给咱村的农产品找销路，明天下午还要去贵阳出差。”在贵州省雷山县城的宾馆门口南猛村第一书记刘为正在忙碌，“我带你们去咱村里看看!”刘为带着农产品收购商往村里赶。从县城到南猛村的直线距离不过十来公里，但驱车到村里却在群山间转了一个小时以上。

刘为的工作单位是国务院扶贫开发领导小组办公室（现为“国家乡村振兴局”）。2015年4月，中共中央组织部、中央农村工作领导小组办公室、国务院扶贫开发领导小组办公室印发了《关于做好选派机关优秀干部到村任第一书记工作的通知》，决定对党组织软弱涣散村和建档立卡贫困村选派第一书记。作为优秀年轻干部的刘为接受了两年内带领雷山县南猛村脱贫的艰巨任务。

2015年8月，刘为来到南猛村担任第一书记。从国务院扶贫开发领导小组办公室的岗位到村里的扶贫书记，刘为担任第一书记后的第一件事儿就是挨家挨户走访，他要让村民认识他，让自己认识村民村情。在村里，记者随机问起村民“认不认识刘书记”，不仅得到了肯定的回答，还得到了更多的答案，“刘书记过来后，我们这里变化挺大的!”

走在村里，随处可见村民所说的变化：全村覆盖的免费Wi-Fi，修葺一新的石道山路，满富民俗特色的木桩护栏，高高耸立的太阳能路灯，郁郁葱葱的生态茶园……变化更体现在村民家里：李玉强家念小学的女儿放学写作业有了爱心书桌，杨尖条的母亲加入合作社后在茶园打工赚钱，低保户杨秀平读大学的女儿领到了村里发的奖学金，南猛村的特色农产品通过电子商务销售到全国各地……

刘为帮助这座原本封闭的苗寨构建出来的思路和路径，为村民带来了新的发展机遇，而这些正是南猛村如今最大的财富。

（三）分类施策有成效

分类施策是扶贫制度的第三个创新。根据致贫原因设计不同类型的扶贫项目，做到了真正意义上的精准扶贫。分类扶持、因户施策是精准扶贫的最重要的内容之一。除了精准识别，还强调精准施策。精准施策的含义是在了解谁是穷人、谁是贫困户以后，还需要了解为什么会发生贫困，不同地区、不同的人、不同个体的贫困原因是不同的。

中国政府在建档立卡的基础上，对建档立卡后的致贫原因进行了分类，2014年全国建档立卡贫困户中因病致贫和因学致贫的贫困户分别占38.5%和9.1%，除此之外，缺资金、缺技术和缺劳力也是贫困户致贫的主要原因。要在2020年实现全面脱贫目标，就必须了解每一个贫困户、每一个贫困群体是因为什么致贫。基于此，在精准扶贫和脱贫攻坚的过程中，形成了分类指导的扶贫创新政策，实施了“五个一批”的扶贫策略。

“五个一批”在精准扶贫中指的是发展生产脱贫一批、易地搬迁脱贫一批、生态补偿脱贫一批、发展教育脱贫一批、社会保障兜底一批。这五个方面的工作是为了帮助农村贫困人口实现精准脱贫，通过分类施策，不留锅底的方式，确保贫困人口全部脱贫。

具体来说，“五个一批”中的每一个方面都有其特定的目标和措施。例如，在发展生产脱贫一批方面，需要因地制宜地发展特色产业，提高贫困地区的自我发展能力；在易地搬迁脱贫一批方面，需要对生活在生态环境恶劣、资源匮乏等地区的贫困人口进行搬迁安置，帮助他们脱离恶劣环境，改善生活条件；在生态补偿脱贫一批方面，通过对生态环境的保护和修复，为贫困地区提供生态补偿资金，增加贫困人口的收入来源；在发展教育脱贫一批方面，需要加强贫困地区的基础教育和职业教育，提高贫困人口的综合素质和技能水平，帮助他们更好地适应市场需求和就业要求；在社会保障兜底一批方面，需要完善社会保障制度，对因病残、年老体弱等原因无法就业的贫困人口进行兜底保障，确保他们的基本生活需求得到满足。

“五个一批”是精准扶贫工作中的重要指导思想，旨在通过多种方式、多种渠道帮助农村贫困人口实现精准脱贫，推动全面小康目标的实现。各地在“五个一批”政策的推动下，根据当地实际实施了大量的不同类型的扶贫项目，这样一种因人施策做到了真正意义上的精准扶贫，解决了对长期困扰扶贫工作的扶贫资源如何更精准地对应贫困群体、更有效地对接贫困群体的需求，提供了重要的政策框架、具体的方法和工具。

（四）多元主体齐发力

动员全社会的力量参与扶贫是扶贫制度的第四个创新。从1986年我国正式开始农村扶贫开发工作，就强调政府主导和全社会参与，全社会参与扶贫是中国扶贫制度的一个最重要的特点。面对数量庞大的贫困群体、面积依然很大的贫困地区，单纯依靠政府的力量解决贫困问题是有难度的，因此提倡政府主导和全社会参与。

在过去30多年的扶贫实践中，形成了政府主导、全社会参与的基本的扶贫体制。全社会参与主要体现在以下几个方面。

（1）东西协作扶贫。东西协作扶贫是指由发达地区（如北京、上海、浙江、福建等），和不发达地区形成一种协作的伙伴关系。截至2016年11月底，共确定了东部地区249个经济较发达县、市、区与西部地区354个贫困县开展携手奔小康行动，其中少数民族县占267个。

（2）中央机关和国有企业的定点扶贫。例如，自2006年以来，中国华电集团有限公司（以下简称“中国华电”）在四川、西藏等地修建了10所华电爱心医院，在新疆投入近千万元，用于改善当地医疗卫生基础设施，极大地减轻了群众看病难的问题。“十一五”以来，华电金沙江上游水电开发有限公司累计投入1.3亿元修建爱心医院和小学，资助当地农牧民实施“安居工程”，投入“十二五”电力援藏资金，由西藏自治区统筹用于无电地区电力建设；华电西藏能源有限公司主动承担当地可再生能源局域网工程电力援建任务，让海拔4600余米的尼玛县人民过上光明、温暖、不停电的冬季；华电乌江公司每年选派7名驻村干部，实施人畜饮水、电源改造、路灯安装、基础设施建设等项目，开展同步小康帮扶工作。以金上、青海新增“扶贫装机”为缩影，2013—2017年，中国华电在“三区三州”深度贫困地区累计投入资金381亿元，大力发展水电、风光电等清洁能源项目。当前，在深度贫困地区，中国华电“扶贫装机”规模合计4399万千瓦，投资规模合计约6600亿元，切实改善了当地的经济社会面貌。在云南，中国华电探索出“16118”移民长效补偿安置方式，在全国率先建立了以长效补偿为基础的基本生活保障体系，给予水电移民在生产、生活各个方面的保障。移民长效补偿费加上移民后期扶持费，基本生活保障费用每人每年在3200～4440元，远远超过了搬迁前的农民人均纯收入水平，确保移民搬得出、稳得住、能致富。

（3）民营企业的万企帮万村。截至2020年6月底，进入万企帮万村精准扶贫行动台账管理的民营企业有10.95万家，精准帮扶12.71万个村，其中建档立卡贫困村6.89万个，产业投入915.92亿元，公益投入152.16亿元，安置就业79.9万人，技能培训116.33万人，共带动和惠及1564.52万建档立卡贫困人口。

（4）社会组织和一些个人参与扶贫。中国的社会参与扶贫机制和其他国家通过社会组织、公益慈善组织、民间组织参与扶贫的机制有很大的不同：一方面，中国的社会力量参与扶贫是在政府的集中领导、规划和在政府的主导下展开的，它不容易形成碎片化的社会力量，社会力量都会把自己的资源整合在政府已经做好规划的战略之下，在极大程度上提高了社会力量参与扶贫的有效性。另一方面，中国社会力量参与扶贫工作的范围较宽，而且涉及的领域很多，从产业扶贫到社会保障，到生态服务，再到教育扶贫、卫生等，范围非常广泛，形式多样。更有特色的是中国民营企业的万企帮万村这一行动，最大的优势就是民营企业帮助贫困地区对接了市场，提高了贫困地区、贫困人口的自主开发能力。

典型案例

“万企帮万村”：脱贫攻坚 湖南民企特别有担当

湖南华莱生物科技有限公司（以下简称“华莱公司”）投巨资分别建成湖南华莱冷市黑茶产业园、万隆黑茶产业园、2000公顷有机生态茶园等茶叶种植生产基地。基地全部由当地农户通过土地流转的方式建成，农民将自家茶园流转给公司以获取租金，茶农在参与整个产业链中，可实现“三次就业，三次获益”：在茶叶种植的栽培管理环节，实现第一次就业，茶农人均工资达到36000元/年；茶农参与鲜叶采摘、黑毛茶初制加工，实现第二次就业，每天采摘鲜叶收入可达70~120元，黑毛茶加工增值能达到6~8元/千克；农户利用农闲时到茶企从事制茶、包装、捡梗等工作，实现第三次就业。茶产业使农民实现了“在家门口就业”，就地转化为产业工人。目前，华莱公司安排长期就业人员4000人，涉及土地流转的农民、茶农及茶叶生产相关人员9.67万人，其中贫困农户2.32万人。

此外，华莱公司通过“公司+基地+农户”的办法，采用统一提供茶树种苗和肥料、统一技术指导、统一种植保险、统一保价回收等，帮助贫困户发展茶园。通过直接帮扶，1.1万名贫困农户，因茶年人均增收达1800多元。同时与2万建档立卡贫困户签订协议，通过贫困户扶贫小额信贷“分贷统还”方式，帮其将贷款投入产业项目，享受分红，每个贫困户每年可以享受6000元保底分红。

通过产业带动，近年来，在推动黑茶产业做大做强的同时，华莱公司积极带动产业链上的包装、物流、广告、餐饮、住宿、旅游等关联产业快速发展，创造出大量衍生就业机会，相关产业链就业人员已逾20万人。

（五）建立考核评估体系

形成严格的考核评估体系是扶贫制度的第五个创新。贫困识别、精准施策和脱贫摘帽作为第三方评估机构去评价是否退出贫困的评估条件必须坚持几个严格。

（1）标准严格。贫困县的摘帽严格围绕“两不愁三保障”的核心问题。“两不愁三保障”是指不愁吃不愁穿，义务教育有保障、基本医疗有保障、住房安全有保障。

（2）程序严格。对于贫困县摘帽，国务院扶贫开发领导小组办公室制定了一整套严密细致的评估方法，包括怎么抽样、怎么入户、怎么访谈、数据怎么处理，整个规程非常严格。

（3）对评估人员的要求严格。所有参与第三方评估的评估人员对国家的扶贫政策要非常熟悉，要求所有参加实地考察、实地访谈的评估人员的学历必须达到硕士及以上，所有的评估人员在评估之前均需要参加系统的培训，考试合格才能成为评估人员。

（4）整个评估过程严格。在访谈的过程中如何抽样，如何选取农户、贫困户、非贫困户，都有一整套严格的流程来确保结果的真实性。

（5）结论的把控严格。评估组从实地访谈所获得的信息要经过调研员小组长、评估组长、评估团长以及最后专家组一层一层把关研讨，确保每一个数据、每一个结论都经得起考验。在评估过程中，评估组通过实地访谈收集的信息，首先会经过调研员小组长的初步评估。这一步骤主要是对收集到的信息进行整理和初步分析，确保信息的准确性和相关性。接着，这些信息会被传递给评估组长，评估组长会对信息进行进一步的审查和评估，确保信息的完整性和一致性。最后，评估团长的角色是最终审核这些信息，确保所有信息都符合评估的标准和要求，以便专家组进行综合评估和形成最终的评估报告。

这种多层次的评估过程有助于确保评估结果的客观性和公正性，同时也提高了评估的效率和准确性。通过这种结构化的评估流程，可以更好地反映被评估对象在各个方面的情况，为决策提供有力的支持。

脱贫攻坚中形成严格的考核评估体系是中国式扶贫的重大创新，过去也有很多的考核机制与体系，但系统性不如脱贫攻坚这样的考核。从贫困户的识别一直到贫困户的脱贫都要经历严格的考核，目的就是确保不能落下一个人。2020年实现农村绝对贫困的终结，考评的目标非常清楚：围绕人均年收入2300元，“两不愁三保障”以及社会公共服务得到了改善这三个方面完成。

三、多措并举，坚决打赢精准脱贫攻坚战

中国扶贫的实践，虽然在扶贫历史上都曾有过不同类型的形式。但像脱贫攻坚这样在极短的时间内形成这么多综合的扶贫实践的创新是非常少见的。从某种意义上来讲，扶贫实践创新的意义已超越了扶贫本身。脱贫攻坚的措施主要有产业扶贫、就业扶贫、健康扶贫、教育扶贫、社会兜底保障扶贫、生态扶贫、消费扶贫、易地搬迁扶贫等多种方式。

（一）产业扶贫

产业扶贫是指以贫困地区的资源禀赋为前提、市场需求为导向、产业发展为抓手、外部扶贫力量为依托，通过科学确立产业扶贫项目，有效投入技术信息、资本、土地、劳动等要素，进行产业培育和发展，从而促进贫困地区经济发展和贫困人口收入增加，实现脱贫致富的过程。

产业扶贫有很多方式，其中电商扶贫、旅游扶贫、光伏扶贫是最具有创新意义的产业扶贫方式，促进了贫困人口的内生发展动力的培育。

（1）随着网购平台的发达，电商扶贫是产业扶贫实践中的创新方式之一，该模式直接影响到以农产品生产为主体的大多数贫困群体的基本需求。这样一个创新是在中国电商特别发达的情况下产生的。电商的发达加上中国交通运输体系，特别是物流产业的发展，在很大程度上打破了过去地理区位的制约。电商扶贫的主要表现形式有三种：一是直接到户，帮助贫困户在电商平台上开办网店，让他们直接成为网商，通过直播等形式对农产品进行销售。二是参与产业链。通过当地电商龙头企业、地方电商平台等吸纳贫困户参与进来，实现就业。三是分享溢出效应。电商的规模化发展能够在当地形成良性的市场生态，即使是贫困户没有参与电商产业链，通过电商带动之下的新型城镇化发展以及服务业的快速发展，也可以从中分享到发展成果，寻找就业和创业机会。

（2）旅游扶贫是产业扶贫实践中引人瞩目的产业扶贫创新。长期以来，贫困地区由于交通不便，基础设施落后，苦于没有能够产生收入的产业。例如，云南省西双版纳傣族自治州勐腊县一个瑶族贫困村利用热带雨林，把气候资源、瑶族文化的资源全部整合在一起，组合形成了瑶族妈妈客房，以瑶族妈妈客房为驱动，带动了自然教育冬令营、夏令营。

（3）光伏扶贫是一种特殊形态的资产收益类扶贫形式。农民用土地入股，获得务工收入和固定分红。截至2023年，我国中西部22个省份光伏扶贫电站发电收益资金到位17.47亿元，设置公益性岗位61.42万个，吸纳贫困劳动力59.9万人就业，发放岗位工资

金额4.60亿元，在实践中还出现利用土地外的资源（农民住房的屋顶）进行光伏设施建设情况。

（二）就业扶贫

非农就业是贫困户获取和提高收入的重要途径。

（1）扶贫车间。除了以就业培训等方式促进贫困户外出务工就业以外，扶贫车间是就业扶贫的一大创新。扶贫车间是一种易地资本配置的新型生产空间布局。过去为了提高收入，脱贫就得外出务工，去很远的地方，造成留守儿童、留守妇女、留守老人等诸多社会问题。在精准扶贫过程中形成了扶贫车间。扶贫车间的特点就是吸纳人数多，就近就地就业，收入持续稳定。从根本上瞄准了留守人口和城镇返乡人口无法就业的根本问题，同时又规避了劳动力外出离家以及在外生活成本高昂的问题，实现了贫困农户赚钱、顾家、务农三不误。一般来说，代工、加工产业会布局在交通运输成本最低、劳动力成本最低的地方，但在扶贫政策的驱动下，产生了一种叫作逆资本配置的扶贫车间。这是一种新型的生产空间布局，是非常大的创新。

（2）公益性岗位。公益性岗位也是就业扶贫的一种重要形式。公益性岗位主要是指政府出资或通过社会筹集资金开发的岗位，以帮助一些劳动能力相对比较弱，或者是因为照顾家庭等各种原因不能够外出务工的这些劳动者能够在家门口就能够找到工作的机会。目前主要的公益性岗位有护林员、生态保护员、快递员、保洁员、农村图书室管理员、水土保持员等。有些贫困农户的劳动力水平在市场上的竞争性比较弱，无法通过竞争性市场找到工作，这时公益性岗位可提供就业的机会。

（三）保障基本公共服务

为了保障贫困人口的义务教育、基本医疗以及基本生活等方面的发展需求，促进城乡基本公共服务均等化，我国还采取了一系列的健康扶贫、教育扶贫以及社会保障兜底扶贫政策和措施。通过健康扶贫解决因病致贫问题，通过教育扶贫解决贫困人口的因教致贫，通过社会保障兜底扶贫解决贫困人口的基本生活问题，促进城乡公共服务的均等化。

（1）健康扶贫。看病难、看病贵是导致贫困的重要原因，国家非常重视健康扶贫工作。一方面，通过建立健全贫困人口的基本医疗保障制度，来解决贫困人口的看病贵问题，主要有以下四个方面的政策措施：①出台城乡居民基本医疗保险缴费补贴政策。采取特困人员参保缴费全额补贴，农村建档立卡贫困人口定额补贴等分类补贴政策，确保贫困人口的城乡居民医保制度全覆盖。②出台大病保险倾斜报销政策。大病保险对医疗救助对象实行“一降一升一取消”的倾斜政策。具体包括：起付线的降低，大病保险的起付线由10000元降低至2000元；报销比例提高10个百分点；取消最高支付限额。旨在减轻医疗救助对象的经济负担，特别是对于那些经济条件较差、容易因病返贫的群体，提供了更加有力的保障。③建立特惠医疗救助制度。各级政府在确保年度救助限额范围内对符合农村贫困人口政策的特殊困难个人自付住院医疗费救助比例不低于70%。④出台补充性的医疗保障政策，在中央基本医疗保险、大病保险、医疗救助三重医疗保障基础之上还探索了一些补充的商业医疗保障政策。通过这些途径形成了各具地方特色的贫困人口多重医疗保障机制，从而充分解决贫困人口看病贵的问题。另一方面，通过逐步健全贫困地区的医疗服务体系，去解决贫困人口的看病难的问题，主要有以下四个方面的政策措施：①按照填贫补齐原则，完善贫困地区县乡村三级医疗机构的标准化建设，确保看病就医硬件设施条件达标。②推进县乡一体、乡村一体机制建设，加强县域类医疗资源的互联互通。③以三级医院对口帮扶工程和医疗服务人才队伍建设为依托，加强贫困地区医疗服务机构的能力建设，促进医疗服务体系水平的整体提升。通过多方共同的努力，健康扶贫取得了非常显著的政策成效，实现了贫困人口城乡居民基本医疗保险、大病保险、医疗救助三项制度的全覆盖，基本解决了因病致贫的问题。

（2）教育扶贫。教育扶贫方式多种多样，包括免除义务教育中的建档立卡贫困户家庭学生的学杂费，免费提供教科书，给予家庭经济困难寄宿生补助生活费，给予营养改善计划的补贴，如免费午餐计划、雨露计划、对贫困人口的各种培训计划等。充分发挥教育扶贫作用，完成好"发展教育脱贫一批"任务，切实阻断贫困代际传递。

（3）社会保障兜底扶贫。社会保障兜底扶贫由最低生活保障制度、五保供养制度、农村养老保险制度等制度构成。脱贫攻坚过程中切实加强了农村低保以及扶贫开发这两项制度在政策、标准、对象、管理四个方面的衔接，做到了应保尽保。截至2024年6月底，有3388.5万人享受农村最低生活保障，有13711人享受农村特困人员救助供养，稳定实现了吃穿两不愁的目标。

（四）其他扶贫类型

此外，我国在脱贫攻坚过程中采取了很多不同类型的扶贫方式实现脱贫，除了产业扶贫、教育扶贫、社会保障兜底扶贫等方式外，还有生态扶贫、消费扶贫、易地搬迁扶贫、农村危房改造、农村安全饮水工程等多种形式。

（1）生态扶贫。近年来，随着"绿水青山就是金山银山"理论的深入和落实，生态扶贫成为我国这一个阶段非常重要的一项扶贫措施。国家加大对重大生态工程的建设，并且在各类重大生态工程项目和资金安排上进一步向贫困地区倾斜。组织动员贫困人口去参与重大生态工程的建设，提高贫困人口受益的程度。不断完善财政转移支付制度，探索建立多元化生态保护的补偿机制，通过逐步扩大补偿的力度，扩大对贫困地区贫困人口的生态补偿的受益程度。

（2）消费扶贫。消费扶贫是社会各界通过消费来自贫困地区和贫困人口的产品与服务，帮助贫困人口增收脱贫的一种扶贫方式，也是社会力量参与脱贫攻坚的重要途径。

（3）易地搬迁扶贫。易地搬迁扶贫就是把农户搬迁到一个条件更为方便的地方去生活和居住。国家的易地搬迁的扶贫方式有很多种：除了将生活在地理位置比较偏远、自然条件和恶劣生态环境相对脆弱的地方的农户，进行整体的搬迁以外；也有将一些居住比较分散的，解决基础设施和公共服务的成本比较高的农户进行集中安置的方式。

（4）农村危房改造。住房安全关系到建档立卡贫困户的生命安全。从2017年开始，中央财政补助资金集中用于建档立卡贫困户、低保户、农村分散供养特困人员、贫困残疾人家庭等四类重点对象的危房改造。并且在危房改造过程中，同步整治了农村分散供养特困人员、贫困残疾人家庭以及边缘贫困户的违法改造项目。此外很多地方结合农村危房改造项目同步开展抗震、节能、人畜分离和改厕等措施，改善农村基础设施和公共服务设施，提高了贫困人口居住舒适度，改善了农村人居环境。

（5）农村安全饮水工程。饮水安全问题是我国贫困地区发展面临的一个突出问题，尤其是自然条件相对恶劣的地区饮水问题的解决难度比较大。“十三五”期间，我国累计完成了农村饮水安全的巩固提升工程。建设投资的规模达1759亿元，解决了将近1700万的建档立卡贫困人口的饮水安全问题。现在我国农村贫困人口饮水安全保障程度在持续提高，建档立卡贫困户的饮水安全率不断提升。

知识链接

精准扶贫 脱贫攻坚的制胜法宝

湖南省花垣县十八洞村，地处武陵山腹地。2013年，村里人均纯收入只有1668元；2020年，这个数字增长到了18369元。种养、苗绣等产业蓬勃发展，村集体经济收入也从零起步增长到200多万元。

十八洞村的改变，是精准扶贫、精准脱贫实践的生动注脚。

2013年11月3日，在十八洞村，习近平总书记首次提出精准扶贫方略，作出“实事求是、因地制宜、分类指导、精准扶贫”的重要指示。

“扶贫开发贵在精准，重在精准，成败之举在于精准。”精准扶贫，是打赢脱贫攻坚战的制胜法宝。

识真贫，精准到户、精准到人

截至2012年年底，现行扶贫标准下尚有9899万农村贫困人口，贫困发生率为10.2%。

新时代脱贫攻坚这场硬仗怎么打？

2013年12月，中共中央办公厅、国务院办公厅印发《关于创新机制扎实推进农村扶贫开发工作的意见》，提出建立精准扶贫工作机制。一系列配套政策相继出台，精准扶贫，迅速落实到行动与实施层面。

“开展建档立卡，摸准贫困底数，这是精准扶贫工作的基础。”2014年4月，全国贫困地区80万基层干部开始进村入户，一张识别贫困人口的大网在中国大地上铺展开来。

怎么确定贫困人口？从“一看房、二看粮、三看劳动力强不强、四看家中有没有读书郎”，到综合考虑“两不愁”（不愁吃、不愁穿）是否真不愁，“三保障”（义务教育、基本医疗和住房安全）是否真有保障，贫困人口认定指标越来越清晰。农户申请、村民评议、投票表决、村级公示、乡级复核，认定程序越来越严密。

精准确定扶贫对象，全国共识别出12.8万个贫困村、2948万贫困户、8962万贫困人口，基本摸清了我国贫困人口分布、致贫原因、脱贫需求等信息，建立起了全国统一的扶贫开发信息系统。

为了让贫困人口数据更精准，2015年，全国又组织200多万人开展建档立卡“回头看”，筛除识别不准的贫困人口929万人，新识别补录贫困人口807万人。至此，脱贫攻坚的扶持对象精准确定，中国扶贫开发历史上第一次实现了精准到户、精准到人。

精准施策，“五个一批”拔穷根

进入全国扶贫开发信息系统，一个个数据不仅清晰地标示出贫困户分布在哪儿，更为重要的是，第一次从总体上摸清了全国建档立卡贫困户的致贫原因。

贫有百样，困有千种。开对“药方子”才能拔掉“穷根子”。

2015年10月16日，习近平总书记在2015减贫与发展高层论坛上指出：“我们坚持分类施策，因人因地施策，因贫困原因施策，因贫困类型施策，通过扶持生产和就业发展一批，通过易地搬迁安置一批，通过生态保护脱贫一批，通过教育扶贫脱贫一批，通过低保政策兜底一批。”

2015年11月，《中共中央 国务院关于打赢脱贫攻坚战的决定》印发。之后，按照中央统一部署，“五个一批”脱贫路径的101项具体任务，落实到32个牵头部门和77个参与部门。中央和国家机关先后制定、出台了200多个扶贫政策文件和实施方案，各省区市也纷纷出台和完善“1+*N*”扶贫政策举措。中国构筑起从上到下全面联动的贫困治理政策体系。

发展产业是根本。宜种则种，宜养则养，山西大同的小黄花、陕西的小木耳……一个个特色产业茁壮成长，到2020年年底，832个贫困县全部编制了产业扶贫规划，累计建成各类产业基地超过30万个。

易地搬迁是实现贫困群众跨越式发展的重要途径之一。全国960多万贫困人口搬进了新落成的266万多套住房，水、电、路、气、网一一配齐，基本实现了有劳动力的搬迁家庭至少一人就业。

人不负青山，青山定不负人。通过实施生态补偿扶贫、国土绿化扶贫和生态产业扶贫，2000多万贫困人口脱贫增收。

让贫困地区每一个孩子都能接受良好教育。到2020年年底，全国20万义务教育阶段建档立卡辍学学生人数实现了动态清零。

“兜”住最困难群体，“保”住最基本生活。党的十八大以来，近2000万贫困群众享受低保和特困救助供养，2400多万困难和重度残疾人拿到了生活和护理补贴。

解决“谁来扶”的问题。2013年开始，向贫困村选派第一书记和驻村工作队。全国累计选派300多万名第一书记和驻村干部，每年保持近100万人在岗开展驻村帮扶。第一书记和驻村干部在落实扶贫政策、建强基层组织、为民办事服务等方面发挥了重要作用，打通了精准扶贫“最后一公里”。

确保脱贫成效经得起人民和历史的检验

扶真贫，真扶贫，还要真脱贫。

脱贫攻坚战始终把提高脱贫质量放在首位，确保脱贫成效经得起人民和历史的检验。

确保脱贫质量，严把贫困退出关。2016年4月，中共中央办公厅、国务院办公厅印发了《关于建立贫困退出机制的意见》，提出“以脱贫实效为依据，以群众认可为标准，建立严格、规范、透明的贫困退出机制”，将第三方评估方式纳入脱贫成效考核评估体系。

“贫困县退出摘帽，要经过较真碰硬、从严从实的评估程序。”考核评估方法越来越完善，制度体系越来越严密，切实把好贫困退出这“最后一关”。

在考核方式上，2016年增加了省际交叉考核，不打招呼，不走过场；2017年增加媒体暗访，直指问题，真刀真枪。

在数据采集上，2016年增加了民主监督、督查巡查等情况；2017年增加部门专项督查检查情况；2018年增加脱贫攻坚巡视发现问题等。

在考核内容上，2016年交叉考核和第三方评估将“两率一度”（贫困人口识别准确率、贫困人口退出准确率和群众满意度）作为重点，2017年、2018年将交叉考核重点调整为考核各地责任落实、政策落实和工作落实情况。

2020年至2021年年初，21万多名普查人员对中西部22个省（区、市）开展了国家脱贫攻坚普查。普查结果显示，现行标准下农村贫困人口全面实现了脱贫。

实施精准扶贫、精准脱贫，走出了一条中国特色减贫道路。只要我们坚持精准的科学方法、落实精准的工作要求，坚持用发展的办法解决发展不平衡不充分问题，就一定能够为经济社会发展和民生改善提供科学路径和持久动力！

四、打赢脱贫攻坚战的中国经验与世界启示

2021年2月25日，全国脱贫攻坚总结表彰大会在北京隆重举行，习近平总书记庄严宣告：我国脱贫攻坚战取得了全面胜利。2021年3月9日，联合国秘书长古特雷斯（A. Guterres）致函祝贺中国脱贫攻坚取得重大历史性成就。

（一）打赢脱贫攻坚战的重要意义

中国的贫困发生率从2012年的10.2%下降到2019年的0.6%，2020年全面脱贫。这份亮丽清单的核心经验是：中国一直将消除贫困作为社会经济发展政策的核心，将促进贫困人口增收、贫困地区发展，缩小贫富差距、地区差距，促进公平发展作为发展的重要目标，将减少贫困人口、消除贫困作为凝聚广泛社会力量的共识，从国家到社会，从中央到地方，心往一处想，智往一处谋，劲儿往一处使，将各种类型的扶贫资源进行有效的配置。打赢脱贫攻坚战具有非常重要的意义，主要表现在以下几个方面。

（1）解决绝对贫困问题。脱贫攻坚战的胜利解决了困扰中华民族几千年的绝对贫困问题，创造了彪炳史册的人间奇迹。这对于中国乃至世界都具有重要意义，标志着我国在贫困治理方面取得了历史性成就。

（2）促进经济社会发展。在贫困地区，各级党委和政府坚持以脱贫攻坚统领经济社会发展全局，将脱贫攻坚作为头等大事和第一民生工程。这有助于推动贫困地区的经济社会发展，提高贫困人口的生活水平，促进全面小康目标的实现。

（3）彰显制度优势。脱贫攻坚战的胜利进一步彰显了中国特色社会主义制度的优越性。在实践中，我国形成了自上而下、分级负责、逐级分解与自下而上、村民民主评议相结合的精准识别机制，为有效解决贫困、瞄准穷人这一世界难题提供了科学方法。

（4）增强自信心和自豪感。脱贫攻坚战的胜利不仅是中国特色社会主义道路自信、理论自信、制度自信、文化自信的生动写照，而且成为全球反贫困事业的亮丽风景。这将进一步激发全国人民的爱国热情和自信心，增强民族自豪感和国际影响力。

（5）推动可持续发展。通过脱贫攻坚战，我国不仅实现了当前的减贫目标，还为未来的可持续发展奠定了基础。通过改善贫困地区的基础设施建设、发展特色产业等方式，可以为当地经济发展注入新的动力，实现长期稳定的脱贫致富。

（6）对全球减贫事业作出积极贡献。中国的脱贫攻坚成就不仅对国内具有重大意义，而且对全球减贫事业也作出了积极贡献。中国经验和做法为全球其他发展中国家提供了有益借鉴和参考，为推动全球减贫事业向前发展作出了重要贡献。

（二）贫困治理的中国经验与世界启示

中国政府一直将反贫困作为一项重要工作和职责，从国家层面到地方层面都建立了健全的扶贫工作领导机构，实行责任、任务、资金和权力“四个到省”的扶贫工作责任制。这种组织安排确保了扶贫政策的权威性和有效性，提高了政策贯彻落实的效率。同时，中国采取了一系列有效的政策措施，如加大扶贫资金投入、发展产业扶贫、实施精准扶贫等，特别是“精准扶贫、精准脱贫”战略，通过实施贫困户动态管理制度和建立贫困人口数据库等措施，确保了贫困人口脱贫不返贫。

中国的贫困治理经验体现了综合性扶贫策略的重要性。以扶贫对象需求为导向，分类施策，使扶贫资源供给和扶贫对象的需求有效衔接，扶贫的综合性和精准度有机结合，有效地解决了脱贫的综合性需求。这种综合性的扶贫策略不仅关注经济层面的贫困，还注重提升贫困人口的教育、医疗和社会保障水平，促进了社会的全面进步。

此外，中国还重视建立和完善贫困地区交通基础设施网络，提升贫困地区的发展潜力。同时，通过普及远程教育、远程医疗和电子商务等，为贫困地区带来了更多的发展机会和资源。

我国在扶贫脱贫方面取得的成就和经验，为全球减贫事业贡献了中国智慧和中国方案，彰显了中国共产党领导和中国特色社会主义制度的政治优势，赢得了国际社会高度评价。很多国家和国际组织表示希望分享中国减贫经验。在发展中国家中，只有中国实现了快速发展和大规模减贫同步，贫困人口共享改革发展成果，中国在发展中减少贫困的经验，精准扶贫、打赢脱贫攻坚战的经验，为全球其他发展中国家摆脱贫困提供了重要思路和可借鉴的经验。中国也愿意与世界各国加强合作，共同推动全球减贫事业的发展。

2020年农村绝对贫困已经消除，2020年以后农村的绝对贫困不再是中国贫困的主要特点，但这并不意味2020年以后中国就没有贫困，还会存在比较严重的返贫风险，2020年后还需继续应对返贫的问题，同时需要应对相对贫困问题。应对返贫问题与相对贫困问题，对于扶贫战略、扶贫政策和扶贫机制的要求就完全不同于绝对贫困，需要重新考虑新的扶贫战略。相对贫困问题永远会存在，在2020年之后不能再采用脱贫攻坚战的形式来解决相对贫困问题。中央提出应对相对贫困问题，应逐步建立应对相对贫困的长效机制，构建解决相对贫困的制度体系，激发解决相对贫困的内生机制，形成解决相对贫困的多层次、多体系的支撑。主要有以下两方面：一是在经济社会发展的过程中，需要建立城乡一体化的、城乡融合的就业体系，长久可持续地确保农民的收入；二是实现公共服务的均等化。

总之，贫困问题不会因为绝对贫困的消失而最终消除贫困，仍然会以相对贫困的形式长期存在，社会的扶贫任务也不会结束。

三农学思

脱贫攻坚的圆满收官，为乡村振兴奠定了坚实基础。作为农林类专业学生，应深入思考如何将脱贫攻坚中的成功经验转化为乡村振兴的动力源泉，还要关注乡村治理体系的完善和乡村公共服务体系的建设，为乡村振兴提供有力的制度保障和服务支撑。同时要以脱贫攻坚取得的胜利为动力源泉，不断学习新知识、新技能，积极投身到乡村振兴的伟大实践中去，为实现农业强、农村美、农民富的宏伟目标贡献自己的力量。

思维拓展

1．中国的减贫分为几个阶段？
2．精准扶贫的具体措施有哪些？
3．“五个一批”具体指什么？

项目十四 农民增收与致富

项目导航

增加农民收入，事关农民安居乐业和农村和谐稳定，事关经济社会发展大局，是全面推进乡村振兴的重要任务，是扎实推动共同富裕的客观要求。党的二十大报告提出："发展乡村特色产业，拓宽农民增收致富渠道。"2023年中央一号文件对"拓宽农民增收致富渠道"作出重要部署，包括"促进农民就业增收""促进农业经营增效""赋予农民更加充分的财产权益"。本项目从农民收入现状、农民增收面临的问题、促进农民增收与致富的举措三个方面进行叙述。

学习目标

知识目标

❶ 了解农民收入现状。

❷ 理解农民增收面临的问题。

能力目标

❶ 能够分析农民增收举措的可行性。

❷ 能够将所学理论知识与农村实际相结合，探索农民致富的途径。

素养目标

增强对农村、农民深厚的感情和强烈的社会责任感，树立为"三农"服务、助力乡村振兴的使命感，积极投身到农民增收与致富工作中去。

项目重点

农民增收面临的问题；促进农民增收与致富的举措。

项目内容

一、农民收入现状

改革开放以来，尤其是进入21世纪以来，农民的绝对收入持续增加，但与城镇居民收入水平相比，农民收入总体水平不高。

伴随着中国农村经济发展的快速推进以及产业结构不断优化，农民收入结构呈现多元化。从收入来源看，农民收入主要由工资性纯收入、家庭经营性纯收入、财产性纯收入和转移性纯收入等四个部分构成。我国农村居民收入构成的主要部分是工资性纯收入和家庭经营性纯收入，财产性纯收入所占比重一直很小，转移性纯收入比重也不高，但增长迅速，所以在家庭经营性纯收入增长缓慢的情况下，其他三种收入具有更大的提升空间和潜力，可作为农民增收的主要力量。

改革开放以来，我国农业和农村经济快速发展，农民生活水平不断提高，但收入区域不均衡。2023年农村居民人均可支配收入达到21691元，其中农民收入低于全国平均的省（自治区、直辖市）有河南、山东和内蒙古，超过全国平均水平的省（自治区、直辖市）有上海、北京、浙江、江苏、天津、广东、福建、山东、重庆。

二、农民增收面临的问题

近年来，在党中央统一部署下，农业发展态势良好，农民增收与扶贫、脱贫工作取得了显著成效，但农民收入增长缓慢，仍存在一定的问题。

1. 产业结构问题

（1）农业内部产业化经营水平不高。近年来，在传统农业向市场农业转向过程中，由于市场预测防范能力弱，农业及农村经济容易遭受重创。首先是随着农业单产水平提高，部分农产品已出现结构性过剩，供大于求，导致价值均衡点下移，农产品价格持续走低。其次是农民的组织化程度低。在市场经济条件下，市场主体的竞争力强弱与组织化程度的高低成正比。最后是农村农业信息资源的开发利用及服务水平较低。面对充斥风险的市场，农民主要凭经验、凭感觉、凭想当然做出相关的经营决定，农产品品种、品质难以适应市场需求，导致经常出现“卖难”的问题，严重影响农民增收。

（2）农业结构调整的方向不明。农民在农业结构调整中，由于缺乏信息和缺少政府的宏观调控，面对小农户、大市场的基本状况，农民在农产品生产中盲目性较大，加上缺少资金和技术，导致农产品的质量差，单位面积经济效益低。另外，农业产业化程度低，经营规模小，致使农业效益不高，影响农民增收。

2. 自然条件问题

（1）人均占有土地少。据第七次全国人口普查结果显示：中国总人口达到14亿多，其中居住在乡村的人口为50979万人，占36.11%。全国耕地面积约1.2亿公顷，人均耕地面积少。

（2）农村基础设施不足。有些地区水利设施老化失修，一些大型基础设施项目（如乡村公路、农田水利设施、电网、通信网等基础设施）投资对于大多数农民来说难以承受，致使基础设施不能满足新形势下农业发展的需求，影响农民增收。

3. 外在条件问题

（1）农村教育、医疗卫生水平较低。农村教育相对比较落后，致使农民的科学文化素质难以提高，传统观念甚至封建思想观念仍然存在，使得农民智力资本严重不足，很难有效参与市场竞争，提高收入。农村的医疗卫生条件较差，医疗费昂贵，导致农民有病难以及时治疗，小病转大病，造成农民身体素质不高，从而影响到农民增收，因病致贫时有发生。

（2）富余劳动力转移受阻。近年来，由于各种因素影响，沿海发达地区相继出现工厂关闭或倒闭，农村劳动力实现转移就业的机会大大减少，导致农民增收渠道减少。

三、促进农民增收与致富的举措

在我国经济社会持续发展的进程中，农民增收与致富不仅关系到农村经济的繁荣，更是实现乡村振兴战略目标、促进社会公平正义、保障国家粮食安全以及推动城乡一体化发展的关键所在。农民增收与致富的举措颇多，主要有以下几个方面。

（一）农业产业升级与多元化发展

传统农业经营模式下，农民收入增长空间有限。推动农业产业升级，是实现农民增收与致富的重要途径。一方面，应加强农业科技创新应用，推广高产优质的农作物品种、先进的种植养殖技术以及智能化农业设备，提高农业生产效率和农产品质量，降低生产成本，从而提升农产品附加值，增加农民的生产经营性收入。例如，山东省寿光市利用物联网技术，实现蔬菜大棚的智能化管理，不仅提高了蔬菜产量，还大幅降低了能耗和人力成本。利用无人机进行作物病虫害监测，精确施肥，减少农药和化肥使用，提高农产品安全性。另一方面，应鼓励农业多元化发展，挖掘农业多种功能，促进农业与旅游、文化、教育、康养等产业深度融合，发展观光农业、休闲农业、乡村民宿、农事体验等新业态，拓展农业产业链条，为农民创造更多的增收机会。例如，一些地区通过举办桃花节、草莓采摘节等活动，吸引大量游客，带动了当地农产品销售和乡村旅游收入的增长，农民从单一的农业生产转向了多种经营，收入渠道显著拓宽。

（二）农村电商与信息化助力

随着互联网技术的飞速发展，农村电商成为农民增收的新引擎。农村电商打破了农产品销售的地域限制，让优质农产品能够直接对接广阔的市场。农民可以通过电商平台将特色农产品销往全国各地，减少中间环节，提高销售价格，增加收入。同时，电商发展还带动了农村物流、包装、客服等相关产业的兴起，创造了更多的就业岗位。此外，利用信息化手段，为农民提供精准的市场信息、农业技术知识、气象灾害预警等服务，帮助农民科学决策，降低生产经营风险，提高经济效益。例如，许多农村地区的农民通过直播带货的方式，将自家的农产品推向市场，销量大幅提升，收入实现了快速增长。

（三）农民教育培训与技能提升

农民素质的提升是其增收与致富的根本保障。职业技术学院等教育机构应发挥自身优势，加强对农民的教育培训，根据市场需求和农村实际情况，开设种植养殖技术、农产品加工、农村电商运营、乡村旅游服务、手工艺制作等实用技能培训课程，提高农民的专业技能水平和就业创业能力。通过培训，使农民掌握新技术、新方法，能够从事更具附加值的工作，从而获得更高的收入。例如，经过电商培训的农民，能够熟练使用电商平台开展农产品销售，收入比传统销售模式下有显著提高；又如，掌握先进养殖技术的农民，能够提高养殖效益，增加养殖收入。

（四）政策扶持与金融支持

政府的政策扶持与金融支持对于农民增收与致富起着关键作用。政府应加大对农业农村的投入，完善农业补贴政策，提高补贴精准性和实效性，确保农民能够真正受益。加强农村基础设施建设，改善农村交通、水利、电力、通信等条件，降低农业生产经营成本，为农业产业发展和农民增收创造良好的环境。同时，金融机构应创新金融产品和服务，为农民提供小额信贷、农业保险等金融支持，解决农民在生产经营过程中的资金短缺和风险保障问题。例如，一些地方政府通过设立农业产业发展基金，扶持农村新型经营主体发展特色产业，带动农民增收；又如，一些金融机构推出的“惠农贷”等产品，为农民扩大生产规模提供了资金支持。

知识链接

国家扶持，农民致富

在乡村振兴战略的大背景下，国家高度重视农民增收与致富问题，出台了一系列政策并辅以金融扶持措施，旨在激发农村经济活力，提升农民生活水平。

1. 农业补贴政策

国家不断完善农业补贴体系，以保障农民的种粮积极性和基本收益。例如，耕地地力保护补贴依据农户拥有的耕地面积进行发放，鼓励农民保护耕地质量，提升土壤肥力，确保农业生产的可持续性。对于种植粮食作物的农民，给予粮食直补，稳定粮食生产，缓解农民因农资价格上涨等因素带来的成本压力。此外，针对购置农业机械的农民，实施农机购置补贴，促进农业机械化进程，提高生产效率，降低人力成本，间接增加农民收入。

2. 产业发展扶持政策

为推动农村产业多元化发展，国家对特色农业产业给予大力支持。对于发展特色种植养殖的农户或农村经营主体，如种植高附加值的水果、中药材，养殖珍稀禽类、特色水产等，通过项目补贴、示范基地建设资金支持等方式，帮助其扩大生产规模，提升产品品质，拓展市场渠道。在农产品加工领域，扶持建设加工厂，给予税收优惠、贷款贴息等政策，延长农业产业链，增加农产品附加值，让农民能够分享到更多产业增值收益，从单纯的原料生产者转变为产品价值的创造者，实现收入的显著增长。

3. 农村电商与信息化扶持政策

随着互联网时代的到来，国家积极推动农村电商发展。一方面，加强农村网络基础设施建设，提升农村地区的网络覆盖范围和速度，降低农民触网成本。另一方面，开展电商人才培训计划，针对农民和农村创业青年，传授电商运营、网络营销、物流管理等知识和技能，培养一批懂农业、会电商的新型农民队伍。同时，对于农村电商企业和个体网店，给予场地租赁补贴、快递物流补贴等优惠政策，鼓励其将农村优质农产品推向全国市场，打破地域限制，拓宽销售渠道，增加农民的经营性收入。

4. 金融扶持措施

金融机构在农民增收致富过程中扮演着重要角色，为其提供了多样化的金融产品和服务。小额信贷方面，针对农民在农业生产经营中的小额资金需求，如购买种子、化肥、小型农机具等，提供无需抵押的小额信用贷款，手续简便，放款迅速，解决农民生产资金周转的燃眉之急。农业保险也日益完善，涵盖了种植业、养殖业等多个领域，降低了农民因自然灾害、市场价格波动、疫病等不可抗力因素导致的损失风险，为农业生产提供了稳定的保障。例如，在发生严重自然灾害致使农作物大面积减产时，农业保险的赔付能够帮助农民减少损失，维持再生产能力，稳定收入预期。

国家在农民增收与致富方面的政策及金融扶持是全方位、多层次的，各项举措相互配合、协同发力，从农业生产的各个环节、农村产业的不同领域以及农民经营的各类风险保障等方面给予支持，为农民创造良好的增收环境，助力其走上富裕之路，推动乡村振兴战略目标的稳步实现。

（五）农村集体经济发展与合作经营

发展农村集体经济，鼓励农民合作经营，是实现农民共同富裕的有效途径。通过整合农村资源，如土地、资金、劳动力等，发展集体产业项目，如兴办农产品加工厂、建设农业产业园区、发展乡村服务业等，实现规模化经营，提高市场竞争力，增加集体经济收入，并通过分红、就业等方式让农民共享发展成果。同时，引导农民成立专业合作社，在生产、加工、销售等环节开展合作，实现资源共享、风险共担、利益共赢，降低个体经营成本和市场风险，提高农民的组织化程度和市场话语权，促进农民增收与致富。例如，一些农村成立了蔬菜种植专业合作社，统一采购农资、统一技术标准、统一品牌销售，蔬菜产量和质量大幅提升，销售价格稳定，社员收入明显增加，集体经济也不断壮大，为村庄的进一步发展奠定了坚实基础。

农民增收与致富是一个系统性工程，需要政府、社会、企业和农民自身的共同努力。通过推动农业产业升级、发展农村电商、加强教育培训、落实政策金融支持以及发展集体经济与合作经营等多种举措的协同实施，广大农民一定能够走上富裕之路，农村经济必将迎来更加繁荣发展的新局面，为实现中华民族伟大复兴的中国梦贡献坚实的力量。

典型案例

“智”汇田园：娄底职业技术学院助力农民增收致富之路

在乡村振兴的时代浪潮中，娄底职业技术学院农林工程学院充分发挥自身的教育、科研与人才优势，走出了一条独具特色的助农之路，成为农民增收致富的坚实力量。

1. 科技下乡：开启智慧农业之门

学院组建了多支由农业专家、教授带队的科技下乡服务团队，深入田间地头，为农民带来先进的种植养殖技术。

2. 技能培训：培育新型职业农民

学院针对农村劳动力现状和市场需求，开展了丰富多样的技能培训课程。在娄底市各县市区举办的农村电商培训班，吸引了众多农民参加。培训内容涵盖电商平台运营、农产品网络营销、物流配送管理等实用技能。新化县康农果园的老板，原本守着自家的桃园，靠传统批发渠道销售桃子，价格低廉且销量不稳定。参加培训后，他学会了在电商平台上开店、直播卖货。在桃子成熟季，通过网络直播吸引了大量订单，桃子价格比批发价高出近两倍，且供不应求。此外，学院还开展了特色养殖、农产品加工等培训项目，培养了一大批有文化、懂技术、善经营的新型职业农民，他们在各自的领域运用所学技能，拓展了增收渠道，提升了家庭收入水平。

3. 产学研合作：推动农业产业升级

学院积极与当地农业企业开展产学研合作，助力农业产业向纵深发展。与湘村万乐农业公司合作，针对当地丰富的农产品资源，研发出一系列高附加值的加工产品，学院不仅提供技术支持，还协助企业建立了严格的质量控制体系和品牌推广策略。通过深加工，原本易腐坏、价格低的农产品摇身一变成为市场上的畅销品，当地农民种植该农产品的积极性高涨，种植面积不断扩大，形成了产业发展的良性循环，农民从产业升级中获得了实实在在的收益。

娄底职业技术学院通过科技下乡、技能培训和产学研合作等多种方式，将知识与技术转化为农民增收致富的动力源泉，在广袤的农村大地上书写着助力乡村振兴的精彩篇章，为农业强、农村美、农民富的目标贡献着独特的职教力量。

三农学思

青年兴则国家兴，青年强则国家强。青年一代有理想、有本领、有担当，国家就有前途，民族就有希望。中国梦是历史的、现实的，也是未来的，中华民族伟大复兴的中国梦终将在一代代青年的接力奋斗中变为现实。当前，国家已经对现代农业行业吹响了冲锋号，作为农林类专业学生，应有时不我待的精神。从现在开始，抓住分秒，努力学好本领，在国家大力发展农村农业的浪潮中，发挥科技优势，推进精准扶贫，献身农业，同时成就自己。

思维拓展

1．农民增收面临的问题有哪些？

2．农民增收与致富的途径有哪些？

实践任务　考察传统村落

实践指引

实践目的

开展传统村落考察活动，有利于进一步了解本地传统村落保护与利用的现状，促进文旅融合，为乡村振兴建言献策。

实施前奏

传统村落的特点

中国传统村落（原名古村落），是指民国以前所建的村落。2012年9月，经传统村落保护和发展专家委员会第一次会议决定，将习惯称谓“古村落”改为“传统村落”。

传统村落中蕴藏着丰富的历史信息和文化景观，是中国农耕文明留下的遗产。传统村落保留了较大的历史沿革，即建筑环境、建筑风貌、村落选址未有大的变动，具有独特民俗民风，虽经历久远年代，但至今仍为人民服务的村落。

传统村落是与物质与非物质文化遗产大不相同的另一类遗产，它是一种生活生产中的遗产，同时又饱含着传统的生产和生活。

传统村落兼有物质与非物质文化遗产特性，而且在村落里这两类遗产互相融合、互相依存，同属一个文化与审美的基因，是一个独特的整体。人们曾经片面地把一些传统村落归入物质文化遗产范畴，这样造成的后果是只注重保护乡土建筑和历史景观，忽略了村落灵魂性的精神文化内涵。传统村落的遗产保护需要整体保护。

传统村落的建筑无论历史多久，都不同于古建；古建属于过去时，乡土建筑是现在时的。所有建筑内都有人居住和生活，必须不断地修缮乃至更新。因此，村落不会是某个时代风格一致的古建筑群，而是斑驳而丰富地呈现着它动态的、嬗变的历史进程。它的历史不是滞固和平面的，而是活态和立体的。

传统村落不是“文保单位”，而是生产和生活的基地，是社会构成最基层的单位，是农村社区。它面临着改善与发展，直接关系着村落居民生活质量的提高。

传统村落的精神遗产中，不仅包括各类“非遗”，还有大量独特的历史记忆、宗族传衍、俚语方言、乡约乡规、生产方式等，它们作为一种独特的精神文化内涵，因村落的存在而存在，并使村落传统厚重鲜活，还是村落中各种“非遗”不能脱离的“生命土壤”。

实施步骤

1. 提前了解传统村落的历史文化、风土人情、地理环境等。
2. 统一组织出发。以班集体为单位，组团统一前往。每个班有跟团教师1人及全体同学参加。
3. 现场参观。参观祠堂，对相关古建筑修缮情况进行详细考察。
4. 沟通访谈。通过与本地居民交流，了解传统村落的历史文化、风土人情、地理环境、传统民俗等。
5. 活动交流。在实地考察参观过程中，围绕“如何合理开发和保护传统村落”“如何让传统村落可持续发展”“如何以文旅融合促进乡村振兴”等问题进行探讨。
6. 课后反馈。学生将自己的所见、所闻、所感写成一篇心得体会或感想，不少于500字，并在任课教师指导下制作成PPT，进行班级分享汇报。
7. 集中交流。全体同学分成小组进行课堂讨论，回顾一下问题：传统村落被认为是我国农耕文明村落民居的“活化石”，但由于大多都集中在交通不便、经济落后的地区，得不到有效保护，面临着数量锐减、毁坏严重、污染威胁等问题。现代文明该如何保护传统村落，使其重新焕发生机？活动过程中，给你留下深刻印象的是什么？你最大的收获是什么？

农耕讲堂

传统村落的认定标准

1. 现存建筑有一定的久远度，文物保护单位的等级达到标准，传统建筑的占地规模、现存传统建筑（群）和周边环境保存有一定的完整性，建筑的造型、结构、材料及装饰有一定的美学价值，并有对传统技艺的传承。
2. 传统村落在选址、规划等方面，代表了所在地域、民族及特定历史时期的典型特征，并具有一定的科学、文化、历史以及考古的价值，并与周边的自然环境相协调，承载了一定的非物质文化遗产。

实践小贴士

中国历史文化名村，是指由住建部和国家文物局共同组织评选，保存文物特别丰富，且具有重大历史价值或纪念意义，能较完整地反映一些历史时期传统风貌和地方民族特色的村落。

实践评价

参观主题			
参观地点		参观时间	
参观内容概述			
参观感想			

“三农”发展篇

项目十五 未来谁来种地

项目导航

农业农村发展对整个国家经济社会发展影响深远，其核心是要解决好人的问题，“未来谁来种地”是一个重大课题。

只有通过富裕农民、提高农民、扶持农民，才能让农业经营有效益，让农业成为有奔头的产业，让农民成为体面的职业，让农村成为安居乐业的美丽家园。党和国家要把加快培育新型农业经营主体作为一项重大战略，以吸引年轻人务农、培育职业农民为重点，建立专门政策机制，构建职业农民队伍，为农业现代化建设和农业持续健康发展提供坚实的人力基础和保障。本项目将主要叙述“未来谁来种地”的问题。

学习目标

知识目标

❶ 了解“未来谁来种地”这一问题由来的背景。

❷ 理解农村经济社会发展关键。

能力目标

❶ 能够理解农业可持续发展的重要性，推动农业绿色发展和乡村振兴。

❷ 能够发挥创新思维，结合现代农业发展趋势，探索新的农业发展模式、产品和服务，成为农业领域的创新创业人才。

素养目标

通过对“未来谁来种地”这一问题的探讨学习，增强对农业、农村、农民的深厚感情，树立服务“三农”的远大志向，将个人发展与国家乡村振兴战略紧密结合，积极投身现代农业建设。

项目重点

“未来谁来种地”这一问题产生的背景；高素质农民的重要作用。

项目内容

一、问题的由来

近年来，随着我国农村劳动力转移速度加快，农村“空心”化、农民老龄化现象日趋明显，“未来谁来种地”成为当前备受关注的社会问题之一。

（一）“人走村空”农村劳动力持续转移

随着我国工业化和城镇化进程的不断加快，我国农村劳动力持续向城镇转移，“人走村空”问题愈演愈烈，农村劳动力结构发生变化。

（二）“老人农业”“妇女农业”“小学农业”问题日益凸显

我国经过70多年的社会资本积累，特别是改革开放40多年来的快速发展。农村的社会结构正在发生亘古未有的深刻变革，社会经济的快速发展、城乡一体化的突破、推进实施乡村振兴战略的深入发展，我国成为世界上最大规模的农村劳动力转移国家。农村人口中，老人和妇女成为劳动力主体，小学文化程度的劳动力是劳动力的主力军，“老人农业”“妇女农业”“小学农业”成为焦点现象。

（三）农业后继乏人问题步步紧逼

近年来，我国工业化和城镇化发展很快，大量农村青壮年劳动力转移到城镇发展就业，农村农业从业人口老龄化、女性化和兼业化现象突出，多数“农二代”愿意定居城镇，不愿意回乡从事农业，对我国粮食安全和现代农业发展提出了严峻挑战，农业后继乏人问题步步紧逼。

（四）农村劳动力收入较低

我国农村劳动力（传统农民）收入来源于农业生产，主要是在耕地上生产农产品的收入，如粮食作物、蔬菜等，收入来源比较单一；长期受自然经济影响，大多数农村劳动力对新观念、新技术、新事物反应冷淡，商品意识淡薄，仅靠农业生产不能获得很高的收益，农民收入水平较低，只能勉强维持家庭开支。此外农村各方面配套设施跟城镇有差距，乡村居民更向往条件更好的大城市，不愿意在农村种地。

农村劳动力人数下降原因主要在于：①农业收入较低；②生产辛苦；③农村缺乏社会保障；④行业没前景；⑤工作不体面。这些原因造成目前农业兼业化、农村“空心”化和农业劳动力老弱化，导致许多地方土地低效利用、粗放经营和土地撂荒闲置等问题加重。

（五）未来谁来种地

2013年12月召开的中央农村工作会议上，习近平总书记曾深刻阐述了“未来谁来种地”问题。会上习近平总书记强调“要把加快培育新型农业经营主体作为一项重大战略，以吸引年轻人务农、培育职业农民为重点，建立专门政策机制，构建职业农民队伍，为农业现代化建设和农业持续健康发展提供坚实人力基础和保障。”党的十九大做出实施乡村振兴战略重大决策部署。乡村振兴，农民是主体，人才是关键。

知识链接

农村土地撂荒"三大"原因

"土地是农民的命根子，撂荒土地要不得!"这句话在过去是农村人的共识。然而当下，我国农村土地撂荒问题日益严重，仅2022年就有200万公顷土地被撂荒。面对荒芜的田野，有人质问农民失职，但种地不挣钱，年轻人不愿种地，老人力不从心，才是土地撂荒的主要原因。

1. 种地不赚钱，农民也要生存

"不挣钱的事，谁愿意干?"这句老话道出了农民撂荒的首要原因。以粮食举例，近年来政府虽逐步提高收购价，但涨幅远远跟不上农资价格的上涨。2022年小麦和稻谷的最低收购价分别提高了0.02元和0.03元，可见涨幅十分有限。

而与此同时，种子、农药、化肥等农资价格却在快速攀升，一亩地能多卖几十块钱，但农资费用可能是几百块。成本高收入低，种地成了亏本生意。农民也要吃饭养家，挣不到钱，他们也只能放弃种地，去经济发达地区打工谋生。

种地不挣钱的根本原因主要是农产品特别是主要粮食的价格长期偏低。改革开放以来，我国对工业和城镇建设的重视程度远高于农业和农村。城镇居民收入快速增长，而农民收入增长缓慢，城乡差距不断扩大。

粮食等农产品价格只能缓慢上涨，否则就会推高居民的生活成本。可农业生产成本却在持续增长，农民的种地收入也就难以明显提高。这种局面若不改变，仅靠少量补贴，无法激励农民种地。

2. 吃不了苦，年轻人不愿种地

如今农村年轻一代从小生活富足，不像过去的农民吃苦耐劳。在田间地头，无论酷暑严寒，农活依然是重体力劳动。这对习惯了电风扇和空调的年轻人来说，实在难以忍受。再加上他们受教育程度较高，不愿终生从事农业。年轻人不愿种地也与农村的发展潜力有关。我国农村基础设施相对薄弱，缺乏充分的教育医疗资源。

大城市可以提供充足的就业机会，这导致年轻劳动力大规模外流。如果农村也有充足的发展机会，让年轻人可以在本地就业和创业，那么回归农村种地的人就会更多。

3. 老龄化严重，农村缺乏劳动力

目前我国60岁以上老年人已占农村人口的三分之一。大量年轻力壮的劳动力进城打工，农村只剩下老人和妇女。老年人体力不支，难以承担繁重的农活。

农村严重的人口老龄化也从侧面导致了土地撂荒。目前我国农村空巢老人数量巨大，仅2017年就达到5000万。这些留守老人原本依靠子女赡养，现在子女离开农

村，他们的生活就成问题。而农村又缺乏完善的养老设施，老人们的身心健康也容易出现问题。如果能改善农村环境，吸引更多年轻人回流，老龄化问题也会减轻，农村劳动力短缺的状态就不会如此严重。

由此可见，种地不赚钱，年轻人不愿干农活，老龄化导致农村缺乏劳动力，这些才是土地撂荒的根本原因。

二、农村经济社会发展关键在人

我国是一个农业大国，农村经济发展状况直接关系到国民经济发展和社会稳定。农业离不开农民，没有一定数量和质量的农业人才，农业安全就是一句空话。

（一）没有劳动力，三个“谈不上”

农村经济社会发展，说到底，关键在人。没有人，没有劳动力，粮食安全谈不上，现代农业谈不上，乡村振兴也谈不上，还会影响传统农耕文化的保护和传承。

1. 没有劳动力，粮食安全谈不上

党的十九大报告明确提出，“确保国家粮食安全，把中国人的饭碗牢牢端在自己手中。”要尽可能避免粮食生产出现大的波动，国家粮食安全影响整个国家经济社会的安全。没有一定数量和质量劳动力，粮食安全谈不上。

粮食安全是国家安全的重要基础。“洪范八政，食为政首”。粮食关乎国家命运，自古以来，粮食就被看作“政之本务”。马克思在《资本论》中指出：“最文明的民族也同最不发达的未开化的民族一样，必须先保证自己有食物，然后才能去照顾其他事情。”习近平总书记高度重视国家粮食安全，一再重申我国人口众多的基本国情，并反复强调要确保重要农产品特别是粮食供给，这是我国实施乡村振兴战略的首要前提。

粮食安全是国家富强的保障。“一粒粮食能救一个国家，也可以绊倒一个国家。”一个国家只有实现粮食基本自给，才有能力掌控和维护好经济社会发展大局。粮食安全是维护国家安全的重要支撑，是我们国家立足于世界民族之林的重要保障。

2. 没有劳动力，现代农业谈不上

农业现代化是用现代科学技术来武装农业，用现代科学管理方法来管理农业，是实现高度集约化经营和高度社会化的农业。而农业现代化能否实现主要取决于农村劳动力素质的提高和大量合格人才的培养。没有一定数量和质量的农业人才，就无法利用现代科学技术、现代工业提供的生产资料和科学管理方法来实现农业的现代化。

提高农村劳动力素质是实现农业现代化的关键。农业现代化是以科学技术为先导的，而科学技术只有被劳动者掌握和应用，才能形成现实的生产力，才能推动农业现代

化的实现。随着科学技术的不断发展，农用材料日益增多，常见的化肥、农药、助长剂等品种不断增长；农作物的优良品种不断更新换代；农业劳动工具不断机械化、智能化；对农业生产的经营管理也不断系统化、现代化。劳动资料和经营管理的现代化，就要求有一定科学技术的劳动者与之相适应，只有这样，才能形成现代的生产力。劳动者又是生产力诸因素中最活跃、最具有决定性意义的因素。因此，只有提高农村劳动力素质，把他们培养成既有较高的科学文化素质和先进劳动技能的劳动者，又有现代科学管理知识的劳动者，才能同现代的劳动资料和经营管理相适应，大力发展生产力，实现农业现代化。

提高农村劳动力素质是加速农业现代化建设的重要条件。现阶段我国农村单一型的农业小生产主体变化不大，产业结构和生产结构还需调整，自然经济占比较大。要建立合理的产业结构和生产结构，发展商品经济，必须提高农村劳动力素质，使他们能够接受科技成果并在生产中加以应用。因为科技的推广和应用，必然带来新兴产业的兴起和发展，改变原有的产业结构，促使原有产业进行重大调整，使产业结构和生产结构向多样化、系统化和合理化的方向发展。这又必然伴随着生产领域的扩大、社会分工和专业化的发展，从而带来交换规模、范围的扩大；各产业间的不断联系，又必然使经济发展冲破地域、部门的界限，这样必然促进商品经济的发展，而商品经济的充分发展，是实现我国农业现代化的重要条件。

3．没有劳动力，乡村振兴谈不上

乡村振兴战略是新时代党中央着眼党和国家事业全局，对“三农”工作做出的重大决策部署，是顺应了亿万农民对美好生活的向往，具有广泛的现实需求和深刻的时代必然性。

实施乡村振兴战略的关键是人才的振兴。千秋基业，人才为本。人才聚集，乡村振兴才有底气。乡村振兴不仅要关注高精尖的农技、管理人才，也要重视“土专家、田秀才”等乡土人才。既要“筑巢引凤”引进外来人才，也要就地孵化本土人才，推动资本、技术等资源流向乡村建设，让乡村成为乡土人才干事创业的乐园。

实施乡村振兴战略的主体是亿万农民。亿万农民的积极性、主动性能否被充分调动起来，他们的创造精神能否充分发挥出来，直接关系到乡村振兴战略能否顺利实施。从农村现实出发，尊重农民意愿，尊重基层实践，农民心劲足了，乡村振兴的群众基础就会更加坚实。激活农民自力更生的创造动力，燃起群众干事创业的实干热情，形成农民自主、农村自富、农业自强的强大合力和良好氛围，以主人翁意识、主人翁姿态，去建设美丽家乡、叙写美好乡情，乡村振兴才会更加圆满、更加扎实、更加有力。

（二）传承农耕文化离不开人

农耕文化是在农业生产实践活动中所创造出来的与农业有关的物质文化和精神文化的总和，是中国劳动人民几千年生产生活的智慧结晶。源远流长的农耕文化是中华文化之根，如今仍然渗透在乡村生活的方方面面。保护、传承和利用好传统的农耕文化、人文精神与和谐理念，不仅在维系生物多样性、改善和保护生态环境、保障食品安全、促进资源可持续利用、传承民族文化、保护独特乡村景观、推动宜居乡村旅游方面具有重要价值，而且对保持和传承民族特色、地方特色、传统特色，丰富文化生活与促进社会和谐等方面都发挥着十分重要的基础作用。因此，农耕文化的传承和保护，更离不开人。

（三）千秋基业人才为先

人才资源是第一资源，农业农村人才是强农的根本，是我国人才队伍的重要组成部分。国内外农村发展的历史证明，作为农村建设的主体，农民知识化进程的快慢，在很大程度上决定着农业和农村现代化发展的步伐，决定着科技兴农战略目标的实现，决定着社会主义新农村建设的成败。只有加强农业农村人才队伍建设，才能加快农业科技进步，切实转变农业发展方式，确保现代农业发展具有坚实基础。

农业院校是培养农业人才的摇篮，是培养农业创新型人才的主体。因此，农业院校在认识到任务的艰巨性以后，要积极主动地发挥主体作用，特别是对创新农业人才的培养是摆在我们面前亟待研究解决的重要课题。

关于“谁来种地”这个问题，实际上不是没地种，而是愿不愿意种地、会不会种地、什么人来种地、怎样种地的问题。充分调动人的积极性，解决好“人”这个核心问题，关键还在于人才的培养，只有加快构建职业农民队伍，形成一支高素质农业生产经营者队伍，充分调动队伍成员的积极性，让农业成为有奔头的产业，让农民成为体面的职业，让农村成为安居乐业的美丽家园，“未来谁来种地”的难题才能找到答案，才能为农业现代化和农业持续健康发展提供坚实基础和保障。

三、高素质农民的培育

2015年农业部提出，培育高素质农民是一项基础性工程、创新性工作，要大抓特抓、坚持不懈。应对农业后继乏人问题的挑战，必须在稳定提高农业比较效益的基础上，大力培育种养大户、家庭农场、专业合作社等各类新型农业经营主体，让更多的农民成为高素质农民。2019年，农业农村部在此基础上，又提出大力培养高素质农民是新时代的新任务和新课题。

（一）高素质农民的含义

高素质农民是指具有爱农业爱农村的深厚情怀，具有引领现代农业生产技能的科学文化素质，具有先进的经营管理能力，以农业生产、经营或服务作为主要职业，以农业收入作为主要生活来源，居住在农村或集镇的农业从业人员。

（二）高素质农民的特征

高素质农民是市场主体，充分地进入市场，利用一切可能选择使报酬最大化，一般具有较大经营规模和较高收入水平；高素质农民具有高度的稳定性，把务农作为终身职业，且后继有人；高素质农民具有高度的社会责任感和现代观念，不仅有文化、懂技术、会经营，还要求其行为对生态、环境、社会和后人承担责任。

（三）高素质农民应具备的基本素质

高素质农民要有新观念，开拓创新观念、法律观念、诚信观念等；要有新素质，科技素质、文化素质、道德素质、心理素质、身体素质等；要有新能力，发展农业产业化能力、农村工业化能力、合作组织能力、特色农业能力等。

（四）高素质农民的基本类型

1．生产经营型高素质农民

生产经营型高素质农民是指以农业为职业，具有丰富的农业生产经验和技术，有一定的资金投入能力，占有一定的资源，直接从事农业商品化、规模化、集约化生产经营的农业生产的群体。比如，从事园艺、鲜活食品、经济作物、创汇农业等附加值较高的农业生产的群体。

2．专业技能型高素质农民

专业技能型高素质农民是指具有一定的农业专业技术技能，在拥有一定规模的农业企业、专业合作社、专业种养大户、家庭农场等新型农业经营主体中从事农业职业岗位工作，并以此为主要收入来源的农业劳动力。比如，农业岗位工人、农业雇员等专业化技能岗位的从业者。

3．社会服务型高素质农民

社会服务型高素质农民是指掌握一定农业服务技能，以从事农业产前、产中和产后服务为主要收入来源的现代农业社会化服务人员群体。比如，各类农产品经纪人、农业机械手等专业化服务岗位的从业者。

（五）高素质农民的重要作用

随着传统小农生产加快向社会化大生产转变，现代农业对能够掌握应用现代农业科技、能够操作使用现代农业物质装备的高素质农民需求更加迫切。随着较大规模生产的种养大户和家庭农场逐渐增多，农业生产加快向产前、产后延伸，分工分业成为发展趋势，具有先进耕作技术和经营管理技术，拥有较强市场经营能力，善于学习先进科学文化知识的高素质农民成为发展现代农业的现实需求。培育高素质农民就是培育现代农业的现实和未来。

四、未来种地靠我们，争做传承“三农”人

近年来，中央和地方各级政府非常重视高素质农民培育，不断加大培训力度、不断健全农村创新创业“双创”促进机制，培养更多高素质农民，支持农民工返乡创业，进一步采取措施鼓励高校毕业生、退役军人、科技人员到农村施展才华，充分发挥传帮带的作用，以实际行动带领更多农民实现脱贫致富。依据国家发展改革委统计，目

前，有近两千万高素质农民在全国经营家庭农场、农民专业合作社、农业企业等各类新型农业主体，大批高素质农民已活跃在农业生产经营一线。

（一）农业是一个感恩的产业

农业是一个集技术、经济、政治和国家安全于一体，伴随和支撑着整个人类进化史，并随社会发展与进步越来越表现为多功能性的永恒的魅力产业。搞农业来不得半点弄虚作假，农产品只要生产出来，就能看出好坏，只要付出就有回报，是个感恩的产业。

（二）农业是永恒的朝阳产业

农业的基础地位不能动摇，因为农业是人类社会衣食之源、生存之本，是工业及其他非物质部门存在与发展的必要条件。随着工业化的发展，农业创造高附加价值的功能已被其他产业（特别是工业产业）所取代，但农业的“生存保障性”不会被其他产业所取代。

人类命运共同体要求人与自然要和谐共处，社会要持续发展，不可能没有农业。大都市可以没有农村，但不能没有农业，没有农业的城市是没有活力和不完整的城市。随着社会的发展，农业的重要地位越来越被人们所认识：生态学家研究认为，城市周边的水稻生产，其生态功能是经济功能的3倍，农业生产可以作为城市的“空调”；地震学家指出，都市农业对城市防震避险有着不可忽视的作用；医学家研究认为，目前的城市病大多与缺乏农业和绿地有关。这些足以证明，社会发展即使完全实现了工业化、全面达到了小康社会，仍不可缺少农业，农业仍要继续发展。农业发展与社会现代化建设的关系应是经济发展上的相互促进，资源配置上的优势互补，就业空间上的互动拓展，生态保护上的协调提升，功能发挥上的整合升华。社会越是实现全社会现代化，农业发展越是要提高发展方式的转变。

三农学思

随着城市化进程的加速和人口结构的变化，传统农业劳动力短缺的问题日益凸显。老一辈农民逐渐老去，而年轻一代往往更倾向于选择城市就业，导致农村“空心化”、农业“后继无人”的现象愈发严重。如何在保证粮食安全、促进农业现代化的同时，吸引并留住青年人才投身农业？作为农林类专业学生，必须努力学习专业知识，掌握现代农业技术和管理理念，同时积极关注农业政策动态和市场变化，为将来投身农业、服务“三农”做好充分准备。

思维拓展

1. 试述“未来谁来种地”这一问题产生的背景。
2. 高素质农民有哪些重要作用？

项目十六 “大国三农”永续发展

项目导航

“大国三农”永续发展，是我国经济社会持续健康发展的关键所在，要求我们不仅要关注农业生产的现代化和效率提升，更要注重农民的健康营养、生活福祉的持续改善和农村社会的全面进步。在推进这一进程中，我们必须坚持生态优先、绿色发展的原则，保护好农村生态环境，实现农业可持续发展。同时，我们还应深化农村改革，激发农村发展活力，推动城乡融合发展。只有这样，我们才能确保“大国三农”永续发展，为构建社会主义现代化强国奠定坚实基础。本项目主要介绍营养健康的意义、作用机制以及未来农业绿色发展的新方向。

学习目标

知识目标

❶ 了解营养健康的意义、作用机制。

❷ 了解未来农业绿色发展的新方向。

能力目标

❶ 能够通过营养健康的作用机制了解学习营养干预手段。

❷ 能够在农业绿色发展过程中不断探索新技术、新模式、新业态，为农业绿色永续发展贡献新思路、新方案。

素养目标

树立尊重自然、顺应自然、保护自然的生态文明理念，增强对农业绿色永续发展的责任感和使命感。

项目重点

营养健康的意义；未来农业绿色发展的新方向。

项目内容

一、大健康时代的大国探索——成就生命

我国自古以来就重视农耕，重视饮食安全和膳食养生。在获取营养和追求健康的道路上积极主动地探索和创新，引领我国走向当今的大健康时代。而在当今百年未有之大

变局的形势下，我国需要对未来的一切挑战做好准备。

（一）健康：关乎过去、现在与未来

现代医学研究表明，营养素缺乏与失衡是影响人类健康的重要因素。从直立行走到发明工具，从茹毛饮血到用火烹饪，从播种谷物到圈养牲畜，人类的祖先一次又一次地突破自然资源的限制，勇敢地、不懈地、智慧地追求更加富足的营养。而营养正是驱动人类进化、创造和发展的源动力。近现代以来，农业和工业的巨大突破，带来了数量充足、种类丰富的食物供给。但是，追求高热量的生物本能，以及对味蕾刺激和方便快捷的过度依赖，使得人们极易形成不良的饮食模式。当人体不再匮缺膳食营养，当过剩与失衡成了日益普遍的现象，更多的健康问题开始凸显。

1．健康已成为制约当今社会发展的关键因素

据世界卫生组织2020年调查显示，目前全球健康人群仅占5%，亚健康人群高达75%。我国目前的亚健康人群超过世界平均水平，长期的营养失衡导致的慢性非传染性疾病持续上升，肥胖症、糖尿病和高血压的患病率分别高达11.9%、9.7%和25.2%。营养是生命之源，随着时代的进步与社会发展，营养不良与营养过剩问题在全球范围内同时存在，二者对健康的伤害都不容忽视，尤其是个别营养素缺乏造成的隐性饥饿更为可怕。最常见的有缺铁、缺碘、缺锌、缺维生素A和维生素D。与推荐摄入量相比，我国有90%以上的人群钙摄入量不足，50%以上的人群锌摄入量不足。全国6~24个月龄婴幼儿中，超过一半的婴幼儿缺铁，20%的婴幼儿缺乏叶酸，这些营养问题在贫困地区特别是部分偏远贫困地区更加严重。一边是营养素的缺乏和失衡，一边是持续走高的慢性病的患病率。营养与健康的问题就像救护车车顶上的红蓝灯交织闪烁着，向世人发起警示。

2．健康已成为新时代人类追求的重要目标

国际市场政治经济形势随时变化，气候变化造成的天灾频繁，我国要稳定供应14亿人的食物，保障每个人的合理营养，这是一个永恒的挑战，而我们的目标不止于此。让人口质量更高，让孩子更强壮，让老人更长寿，是全面建成小康社会的必然追求。这需要农业生产、食品加工和营养概率的紧密结合，需要饮食观念的改变，更需要强大的科技的助力。推进营养学基础与应用研究，加强农业与食品加工新品种、新工艺、新技术的研发。探求人类营养与健康的更多样化的未来，是完成伟大复兴中国梦的实际需求，是值得当今青年学子去努力的方向。

（二）营养：生命发展的源动力

生命的产生离不开营养素，生命的维系也需要营养素，有没有营养，取决于每个机体此时此刻的营养素需求。营养素是维持正常生命活动所必须摄入的食物成分，每个营养素既有它各自特殊的功能，又构成了一个合理而科学的体系。营养素经过人体的消化吸收和利用，实现保障机体生长发育、调节生理活动的使命。而完成这一使命的连续动

态过程，就叫营养。

关于生命是如何起源的问题，人类一直在不断探索。无机物和有机物形成了生命，同时也是生命的营养物质。生物体最基本的特征是新陈代谢，而新陈代谢是物质的合成与分解，生命过程就是物质的演变过程。从单细胞生物到高等动植物，从水生到陆生，生态各异，所需的养料和摄取养料的方式也不尽相同。植物通过叶、根等从外界吸取二氧化碳、水等无机化合物，利用自身的叶绿素合成生命活动所需的有机物质，如蛋白质、脂质和碳水化合物等，称之为自养型生物。动物无法直接利用外界的无机物合成自身生命所需的有机物，必须从自养型生物或其他同类生物获取养料，动物通过代谢过程将摄取的物质转变成自身所需的蛋白质、脂质、碳水化合物等有机物，称之为异养型生物。人类是异养型生物。

根据机体构成，将人类所需的营养素分为蛋白质、脂类、碳水化合物、矿物质、维生素、水和膳食纤维七大类。蛋白质是生命的物质基础，也是生命活动的主要承担者。脂类能够为人体供给和储存能量并提供必需脂肪酸，具有维持体温、保护机体器官的功能。碳水化合物通过消化分解为葡萄糖和其他单糖，然后经过代谢为机体提供能量。丰富多样的矿物质为机体提供各种调节因子，并维持酸碱平衡和渗透压。维生素调节机体各类物质代谢，维持机体各项功能正常运转。水是机体内各项生化反应、新陈代谢的最重要参与者，同时是营养素和代谢废物的运输者、体温的调节者。膳食纤维可以调节血糖，维持肠道健康蠕动，预防和治疗某些疾病。各种营养素的发现，促进了营养科学的进步和发展。

伴随各种营养素的发现，人类更加了解自己身体的组成及运行机制，也更加明白了赖以生存的营养本质。营养与健康不仅是生命的保障，也是生物进化和社会发展的动力。很早以前，我们的祖先就认识到了营养的重要性，熟知食物搭配与荤素平衡对人体健康的益处。社会发展到今天，仍面临一个问题：什么食物有营养，什么食物没有营养？食物究竟有没有营养取决于每个机体此时此刻各自的营养素需求。例如，碳水化合物是人们需要的能量来源，但含糖饮料对糖尿病患者来说不利。维生素E能保护细胞膜免受自由基的攻击，维持细胞膜正常的结构和功能。但长期过量服用维生素E却可能引发血栓和胃肠道功能的紊乱。由于每个人对营养素的吸收、合成、转运、代谢等存在一定的差异，对营养素的需求不同，因此精准化、个性化的营养调控尤为重要。《黄帝内经》中提到，应尽量按照不同食物的寒热温凉、四气和辛甘酸苦咸五味与人的不同体质相对应，采取调和相宜之道使用，方能补精益气，健康长寿。这是中华民族古人的朴素营养观。

（三）营养与健康的基石：农牧业

农牧业的形成与发展，加快了人类繁衍生息的速度，也为现代社会的形成提供了营养保障。食物是营养物质的载体，食物要靠农牧业生产。农牧业是人类衣食之源、生存之本，是社会进步与发展的第一产业。我国是农业大国，第一产业为人民生活提供了粮、油、肉、蛋、奶等丰富的食物，同时对于促进我国社会进步与经济发展发挥了重要作用。

在原始社会，人类主要靠猎取和采食自然界中的动植物，当这种被动获取食物的方式不能满足需求后，古人开始了早期的作物的种植。后来人类发现了相对高产的谷物，他们获得了稳定的碳水化合物来源。另外，通过捕猎动物的驯养和繁育，满足了人类的肉食需求，从而获得更多的动物蛋白质。可以说，传统农牧业的形成与发展加快了人类繁衍生息的速度，也为现代社会的形成提供了物质基础。人类进入现代社会后，人口剧增，对粮食和营养的需求大大增加，这就要求现代农牧业为社会的发展提供充足的食物和营养。19世纪末到20世纪初，伴随第二次工业革命，机械化学、生物学的高速发展，农牧业科学与实践也进入了高速发展期。伴随着滴滴涕、合成氨等的陆续发明，化肥和农药开始大范围推广使用，大大提高了农作物产量。同时，细胞学、进化论、遗传学接连问世，农牧业杂交育种技术迅速发展，比如中国杂交水稻、美国双交玉米、墨西哥矮秆高产抗性小麦、菲律宾矮秆早熟高产水稻等陆续问世。科学家们充分挖掘了农作物高产的潜能，拥有了富足的农作物，也就有了更多的饲料。畜禽产业也得以蓬勃发展。人们通过长期选育，获得了优良的畜禽品种，并不断更新畜禽养殖技术，大大提高了肉、蛋、奶等畜产品的产量。在这个过程中，通过把大量物质和能量投入现代农牧业生产中，换取了更多的农产品。食物供给的总量和丰富程度达到了前所未有的水平。人均营养素得到了保障，蛋白质、维生素、矿物质等的摄入量大大提高。回望历史，富含营养素的食物的获取一直是制约人类繁荣发展的重要因素。

二、大健康时代的挑战与突破——营养健康产业

未来农业和食品加工业以营养健康为导向，而现代营养健康产业基于精准营养，使得治疗“未病”成为可能。农业的目的之一是提供人类营养与健康的原料。未来农牧业在保障数量供应基础上应向营养导向型发展。

（一）产业结构的改革与升级

目前，主要通过加大培育高附加值营养作物的力度，开展农牧业技术创新，构建农产品营养标准体系，挖掘食物的营养价值，实现农业供给侧结构性改革的目标，从源头全面提升农产品的营养特性。长期以来食品加工的目的是保障人们吃得好，在此基础上吃得健康是食品加工业的未来发展方向和追求。其中特殊医学用途配方食品在全球每年消费总额为600多亿元，并且每年以6%的速度在递增。随着现代医学的进步，人们逐渐意识到可以通过营养干预，降低亚健康和疾病发生的风险。早在唐朝，孙思邈就科学地将疾病分为未病、欲病、已病三个层次，认为上医医未病之病，中医医欲病之病，下医医已病之病。而今通过营养干预实现治未病，已成为国际社会的共识。

营养与健康食品产业不仅是满足人们对食物充足和品类多样化需求的产业，更担负着人类健康、民生保障、经济发展转型、社会可持续发展等新的历史使命。可以说，未病先防是现代营养与健康学的发展方向。为了实现人类健康，精准营养是比较有效的手段，精准营养指的是全面系统地针对不同个体和人群的健康，制定动态营养策略的方法，精准营养包含广泛的个体因素，包括遗传特征、饮食习惯、饮食的模式、昼夜节律、健康状况、社会经济、心理社会、食物环境、体育活动、微生物群等。具体而言，首先是在流行病学研究的基础上，借助于先进的分子诊断、线粒体诊断、单细胞测序、细胞与机体代谢、血生化分析、机体生理功能无损检测与大数据分析技术，评估人体未病和欲病。其次是运用分子营养学手段发现慢性病发生的机制，并通过调控肠道稳态，肌肉等组织的代谢，阻断亚健康的发生与发展。最后通过分析膳食、环境、毒素等对健康产生的作用机理，采用平衡膳食、合理运动与健康的生活方式等手段保障机体健康。譬如，针对高血压病人，可以根据其性别、年龄、身高、体重、血压变化规律，结合其营养吸收具体的情况，提出具有针对性的日常食谱，精确到每一类食物的摄入量，通过营养管理达到控制血压，维持机体健康的目的。

未来健康与营养的关系将不再只是一套通用的逻辑系统或者计算方法，而是一个个可以具体细化到个体与产品的准确而精密的数据。而那把能够解锁健康密码的钥匙就藏在人们的食物里。

（二）营养与健康产业的机遇

营养与健康领域，已成为各国争相占领的新型科研高地。我国也正在解决相关科学技术与人才培养等问题。人才是实现我国营养与健康产业发展的瓶颈。目前我国从事营养研究的专业人员不足，营养师的数量较少，尤其是营养与健康领域的高层次人才严重缺乏。为此，我国也投入了巨大的力量，多所高校建立了相应的学科和专业。2015年经教育部批复设立了我国首个营养与健康研究院及营养与健康直属性重点培养学科，充分发挥了农业、生物、食品、预防医学等学科的优势。重点开展营养与流行病，营养源与健康环境，营养健康及精准营养，健康工程四个学科方向的研究。我国的科研队伍正在积蓄中国实力，积跬步而至千里，营养健康的大国时代即将到来。

（三）营养与健康学科的发展

在实现伟大复兴中国梦的道路上，营养健康是关乎生命、关乎人民、关乎民族兴旺的永恒主题。目前我国已进入了全面小康，营养健康成为制约当今社会发展的关键因素。基于营养流行病学大数据、突破功能因子健康作用机制、解决功能基料高效制备与利用等共性关键技术，我国将实现调控营养健康产品的产业化，打破国外相关技术与产品的垄断，促进我国营养与健康产业高速发展。预计到2030年，我国主要健康指数将达到高收入国家的行列，人均预期寿命较目前再增加3岁，达到79岁。这是新的历史起点，也是新的时代使命。

三、一场深刻的农业革命——绿色共融

我国未来农业绿色发展的方向是要实现优质高产、绿色环保，最后真正实现绿色可持续的现代农业。我国的农业曾有过辉煌，目前，我国农业绿色发展仍然面临着巨大的挑战。

（一）面临的挑战

1. 农业投入比较高，但产量与品质不高

目前我国粮食产量只实现品种产量的50%~70%，农产品品质还需大幅度提高，所以农业绿色发展的另外一个目标就是要提质增效。与此同时，我国化肥和农药的消耗量占世界的30%左右，居全球之首。在高化肥、高农药投入量之下，没有实现相应的高产出，造成了资源浪费和环境污染，以很高的资源环境代价来保障足够的口粮供应，维持粮食安全，导致出现水体富营养化、土壤养分过剩等问题。

2. 畜牧业生产增幅较大，但出现了种养分离

种植业和养殖业严重分离，不利于资源的高效、可持续利用，对现代农业的发展会形成一定的制约，导致资源的浪费和生态环境的严重破坏。畜禽粪便不能及时地回到农田去，整个畜牧生产的效率较低，饲料消耗较高，废物排泄较高，环境的代价较高。因此，应基于区域资源禀赋，优化农牧生产结构和资源配置，实施绿色种养一体化工程，打造多元化种养结合模式，创建粪肥高效、循环利用的样板，这是农业绿色发展的必然出路，也是提高农业生产力和环境质量的主要途径。

3. 农产品不能满足人类营养健康和绿色发展的需求

过去人们做了很大的努力来解决温饱，现在开始追求营养健康。但目前我国农产品的营养品质难以达到要求。我国的农产品主要是以淀粉类的谷类为主，而含有更多微量元素的豆类、奶类等农产品的需求量远远超过了生产量。如果农产品中矿物质、维生素的含量比较低，那么人类的营养健康就会受到影响。因此在农业绿色生产过程中，要把提供多种营养物质的农产品作为主要目标开展。全球也面临着营养不良和营养过剩的双重挑战。世界卫生组织和联合国粮农组织把膳食中缺乏维生素、矿物质称为隐性饥饿。隐性饥饿很可怕，在平时自己感觉不到，只有达到一定的程度才被感知。目前全球约有20亿人在遭受隐性饥饿，缺乏必需的铁、维生素A等矿物质和维生素，因此生产出满足人民日益增长的营养健康需求的农产品是极大的挑战。

（二）未来发展的方向

在过去一百多年的农业历史发展过程中，尤其是绿色革命以后，农产品的产量大幅度提高。但籽粒农产品中微量元素的含量却下降了30%~50%。人们需要吃更多的农产品，才能获得像过去同等量的微量元素营养。人体缺锌、缺铁的现象非常普遍，因为主粮小麦、水稻籽粒中微量元素的含量相对较低，一般是10~30毫克/千克，而人类营养健

康需要40~60毫克/千克，粮食作物提供的微量元素只能占到人类需求的30%~50%。另外，农业生产过程中大量地使用氮肥造成土壤酸化后导致作物缺锌、缺钙、缺镁，农产品品质下降。因此，如何提升农业可持续发展能力，实现质量兴农、绿色兴农、科技兴农，是我国目前需要应对的一个重大挑战。在提高农业产量的同时，降低投入，尤其是降低化学品的投入，提高投入效率，减少环境污染，实现优质高产、绿色环保，真正实现绿色可持续的现代农业，是未来农业绿色发展的方向。

拓展阅读

《四千年的农夫》一书总结了中国从古代到20世纪初，我们勤劳智慧的中国人民在小块的土地上怎么生产足够的粮食，又不破坏土地，不破坏环境，能够与自然和谐相处的智慧。改革开放40多年来，我国农业取得了巨大的成就，粮食产量增加两倍，肉蛋奶产量增加近40倍，用占世界约9%的耕地成功地养活了世界五分之一的人口，创造了全球农业的奇迹。1978—2018年，我国粮食产量由3047.5亿千克增加至6579亿千克，成功解决了14亿人口的吃饭问题，做到了中国人的饭碗牢牢端在自己手上，实现了农业的绿色可持续发展。

四、拓展生态文明的路径——农业绿色发展

绿色发展的主旨是服务于人类需求与发展，绿色发展理论根植于中国“天人合一”的智慧，人类与自然只能共生、共处、共存、共融。绿色发展充分借鉴和超越了可持续发展，强调对生态环境的保护，绿色发展与可持续发展在思想上是一脉相承的。但是它扩展了可持续发展，把可持续发展扩展到了为人类营养健康来负责，为人类生态文明来负责，为全球的绿色发展、人类命运共同体负责。因此，绿色发展既是可持续发展的继承，也是可持续发展在中国的理论创新与发扬光大。习近平总书记指出“绿水青山就是金山银山”，过去讲既要绿水青山又要金山银山，实际上绿水青山就是金山银山。绿色农业不简单是一个绿色产品，实际上它也是一个绿色的生产过程、一个全产业链，甚至是全“三农”提质增效的一个具体的体系。

（一）农业绿色发展的要求与体现

绿色农业不仅要求最后的产品、生态环境是绿色的，而且要求投入品是绿色的、生产过程是绿色的、生产的产品是绿色的、最后的生态环境是绿色的、全产业链都是绿色的，整个“三农”都贯彻绿色理念。农业绿色发展不是单一目标，而是通过多目标的协同来实现。过去吃不饱的时候追求提高产量这一单一目标，但目前农业绿色发展，不仅要提高生产力，还要保护资源、保护环境，还要为子孙后代的可持续发展提供条

件。农业绿色发展的多目标可分成三个系统：食物系统、健康系统和环境系统。农业绿色发展有三大支柱：既要实现食品安全，又要保护生态环境，同时提高资源的可持续性。

农业绿色发展是针对农业全产业链以提质增效、产业融合、增强绿色经济、资源高效、环境友好的绿色发展。农业绿色发展的全产业链分成一个大系统、四个板块、五个交叉界面，通过大系统的思想在界面的交叉创新上突破农业绿色发展的关键问题。多学科交叉可以推进技术创新，全产业链的发展推动产业发展，把绿色产品、绿色环境、绿色生产过程结合起来，实现净土、碧水、蓝天的绿色繁荣，这就是农业绿色发展追求的目标。

农业绿色发展最后要体现在以下方面：农业的底色是绿色的，要实现生态稳定、环境优美、山水林田湖草和谐共生，农民生活、农业生产能够与生态环境和谐相处。

（二）农业绿色发展的特征属性与目标

农业绿色发展具有资源高效的基本特征。推进农业绿色发展，要依靠科技创新和劳动者素质提升土地产出率、资源利用率、劳动生产率，实现农业节本增效、节约增收。通过源头控制，控制化肥、农药、地膜、饲料添加剂的使用，大幅度提高土地产出率、提高资源利用率，实现农业的绿色发展。

农业绿色发展具有环境友好的内在属性，绿色发展归根结底是如何与自然和谐相处，实现环境支撑农业、农业保护环境这一目标。例如，稻田生产水稻提供粮食，同时稻田也是人工湿地，可以调节气候、消除污染、减少水灾。菜园是人工绿地，果园是人工园地，都市的生态之肺。近年来，农业快速发展的同时，生态环境也亮起了“红灯”，推进农业绿色发展，要从全局、全产业链、多系统的角度来推动绿色技术，培育可持续可循环的发展模式，降低环境压力，同时加快农业环境突出问题的治理，重显农业绿色这样的本色。

农业绿色发展的重要目标是保障粮食安全。推进农业绿色发展必须增加优质安全特色的农产品供给，由满足数量的需求转变到更注重质量的需求。转变农业发展方式推行绿色投入、绿色技术、绿色模式，构建低碳生态循环的绿色农业产业体系，追求绿色生态环境，加大绿色农产品供给，既可以满足人民群众消费升级的需要，也是农业绿色发展的必然趋势。

农业绿色发展的最终目标是保证当代人及后代的身体和精神健康，保证良好的人居环境，普及营养健康、膳食理念。未来农业绿色发展必须为人类提供足够的营养健康食品。农业绿色发展要将第一产业、第三产业融合推进，将农业发展中的生产、加工、储藏、运输、销售等各个环节连接起来，构成绿色生产、绿色产业、绿色产品、绿色消费的产业链。通过强化农业整个产业链的标准化、绿色化、生态化，推动农业的绿色发展，实现农业的提质增效，这是未来农业绿色发展的新方向。

典型案例

广西金穗科技小院香蕉产业从生产、运输、加工、观光旅游等全产业链推动绿色发展，在生产环节针对香蕉裂果、土壤酸化、商品率不高等“卡脖子”问题，研发产前的土壤健康综合调控技术。产中的养分综合管理技术和产后的花果期综合管控技术等绿色生产技术使香蕉的养分投入量减少了40%以上，养分利用效率提升30%，收益提高35%以上，生产的香蕉符合国家绿色食品A级标准，在收运环节设计无伤化采收技术，减轻香蕉果皮的擦伤，使香蕉商品率保持在95%以上，在加工环节创新并集成香蕉气调催熟技术、香蕉浆防褐变护色技术，提高香蕉浆的商品性，同时依托香蕉产业的发展，打造蕉海观光等乡村旅游项目，让游客体验农事的快乐，推动以香蕉为主体的第三产业的发展，实现了香蕉一、二、三产业的融合，并带动当地农民脱贫致富。

农业绿色发展是生态文明思想的体现，要把优质绿色农产品生产和供给放在重要位置，提升农业质量效益和竞争力，变绿色为效益，促进农民增收，真正体现绿水青山就是金山银山。农业绿色发展是引领生态文明建设的一个新路径。在统筹推进五位一体总体布局的战略高度，从农业发展的实际出发处理好绿色与发展之间的关系，加快创新体制机制，推动形成生产、生活、生态相协调发展的格局，走出一条空间优化、资源节约、环境友好、生态稳定的中国特色的农业绿色发展道路。

（三）农业绿色发展的愿景

进入21世纪，绿色发展受到全球广泛关注。世界农业发展一方面要提高粮食产量，满足不断增长的人口对粮食的需求；另一方面在增加粮食产量的同时，提高资源利用效率，降低农业生产带来的负面效应，如温室气体排放、土壤退化和生物多样性丧失等。因此，农业绿色发展不仅是我国的重大需求，也是全球实现农业和食物系统的可持续发展战略。农业绿色发展需要从污染防治、绿色转型、区域绿色发展三个方面持续推进。以农业绿色发展引领乡村振兴，推动乡村和农业多功能发展。世界许多国家都提出绿色发展战略，尤其是联合国在2015年提出2015—2030年全球可持续发展目标，标志着全球进入绿色发展新时代。随着联合国可持续发展议程的实施，全球都在推进可持续发展为核心的绿色发展行动。我国在2015年首次提出了绿色发展理念；2016年出台了《国家农业可持续发展试验示范区建设方案》；2017年颁发了《关于创新体制机制推进农业绿色发展的意见》；2018农业农村部发布了《农业绿色发展技术导则（2018—2030年）》。党的十九大把绿色发展作为五大发展理念之一。

农业绿色发展不仅仅是提供营养健康的食品，让农民增产增收，也不仅仅是提供一个美丽的乡村，而是希望农业绿色发展为实现中国梦提供基础。中国梦不仅仅是经济发展、生活富裕，而且要求人与环境、人与自然和谐相处，真正把新的生态文明观贯彻到日常生产、生活中去，实现生产、生活、生态三生融合，实现世界大同美好的理想。为实现农业绿色发展蓝图，我国采取“三步走”策略：第一步策略，减低污染，减量增效，促进绿色转型；第二步策略，持续增产，实现增产增效，推动绿色生产；第三步策略，提高农产品的质量，提高农业生产过程的质量，实现提质增效，绿色发展。通过这三步策略提质增效，实现绿色发展，使农业不但能够生产高质量的、高品质的、营养健康的农产品，而且能够保护生态环境，实现资源的可持续利用，让农业真正实现绿色发展。

研究证明，在农作物生产过程中通过科技手段完全可以实现将化肥的使用量降低30%以上保证产量不减，污染排放量可以减少50%以上。在畜牧业系统里可以通过精准饲喂、种养管理实现减量增效，可以减少污染排放25%以上，减少温室气体排放20%，畜牧业的产能提高30%以上。在畜牧业中通过适度的规模化以及生态草牧业的发展，降低土地面积的扩展与对谷物的依赖，通过畜肥粮绿色循环，实现种养一体化，是实现提质增效、农业绿色发展的关键环节。

推进农业绿色发展是一项艰巨的任务，需要政府、农民、行业教育工作者和研究人员的共同努力。需要从污染防治、绿色转型、区域绿色发展三个方面持续推进农业绿色发展，加强环境治理和绿色农产品供给，支撑特色优势产业做大做强，推进增产增收和生态环境安全，推动乡村和农业多功能发展，以农业绿色发展引领乡村振兴。

课堂思政

站在了时代变革的前沿，大健康产业与农业绿色可持续发展的融合，不仅是我们专业学习的核心议题，更是未来社会可持续发展的关键所在。

大健康产业不仅仅是医疗卫生的延伸，它是一个覆盖全生命周期、融合多种产业元素的庞大系统，其中农业作为基础，扮演着不可或缺的角色。农业不仅是食物的直接来源，其绿色可持续发展模式更是保障人类健康、维护生态平衡的重要基石。

大健康产业与农业绿色发展的深度融合，催生了众多新兴业态。比如，通过精准农业、智慧农业等技术的应用，可以实现对农田环境的实时监测与精准管理，提高资源利用效率；同时，结合食品加工、营养学、生物医药等学科知识，开发出具有特定健康功能的“农产品深加工”的产品，满足消费者日益增长的个性化健康需求。这种跨界融合不仅可以拓宽农业的发展空间，也为大健康产业注入了新的活力。

面对全球气候变化和资源环境约束加剧的挑战，农业绿色发展成为缓解这些问题的有效途径之一。通过推广节水灌溉、雨水收集利用、农业废弃物资源化利用等技术，可以有效减少农业生产对自然资源的依赖和破坏，促进农业与生态环境的和谐共生。这种发展模式不仅有利于保障国家粮食安全，更为实现全球气候治理目标贡献了中国智慧和中国方案。

三农学思

农林类专业学生肩负的责任与使命：努力学习专业知识，不断提升自己的综合素质和实践能力，致力于推动大健康产业与农业绿色可持续发展的深度融合，为实现人类健康、生态和谐、经济繁荣的美好愿景贡献自己的力量。

思维拓展

1．请思考未来“三农”发展方向是什么？

2．农业绿色发展的内涵是什么？

实践任务　开展“大国三农”主题诵读比赛

实践指引

实践目的

扩大“三农”的影响，提高朗诵水平，提升文学素养。

实施前奏

1.《过山农家》

过山农家

唐·顾况

板桥人渡泉声，茅檐日午鸡鸣。

莫嗔焙茶烟暗，却喜晒谷天晴。

2.《乡村四月》

乡村四月

宋·翁卷

绿遍山原白满川，子规声里雨如烟。

乡村四月闲人少，才了蚕桑又插田。

3.《农家》

农家

唐·颜仁郁

半夜呼儿趁晓耕，羸牛无力渐艰行。

时人不识农家苦，将谓田中谷自生。

实施步骤

1. 人员选取

任课教师通过随机选取的方式，选出3名同学组成组委会，负责策划此次活动。

组委会完成主持人、计时员、道具组、宣传组、场务等活动幕后人员选拔及分工。

2. 幕后人员分工

主持人完成开场白、串联词和结束语，并制作节目单；计时员和道具组一同完成道具租借、场地布置；宣传组制作宣传资料，呼吁广大学生报名参加活动，同时负责组织参赛者进行试音、彩排等；场务负责维护现场秩序，保障活动顺利进行。

3．活动实施

主持人进行开场白致辞，对本次活动、评委以及比赛规则进行简要介绍，并宣布参赛选手名单及顺序。任课教师针对“耕读传家”的理念进行评说，并说明此次活动的意义。参赛者上台表演，可以节选耕读相关文学作品的片段进行朗诵，也可以结合其他形式的表演来表达自己对“耕读中国”理念的解读。

4．点评和颁奖

评委点评后，每五个选手公布一次分数。根据最后的排名，为前5名选手颁发奖励。

实践小贴士

在聆听他人朗诵的时候，要保持安静。诵读时间不超过10分钟。所有同学要准时参加，严格遵守课堂纪律。

实践评价

<table>
<tr><td>我的收获</td><td colspan="3"></td></tr>
<tr><td>我的感悟</td><td colspan="3"></td></tr>
<tr><td>思考一下</td><td colspan="3">1．如何把耕读精神内化于心、外化于行？
2．耕读教育的意义是什么？
3．如何实现“耕读中国”的现代转型？</td></tr>
<tr><td rowspan="7">任课教师评价</td><td>序号</td><td>课程评价项目</td><td>教师评价</td></tr>
<tr><td>1</td><td>①紧扣主题，内容充实生动，有真情实意
②寓意深刻，富有感召力</td><td>非常符合
基本符合
不符合</td></tr>
<tr><td>2</td><td>①精神饱满，姿态得体大方
②感情饱满真挚
③表达自然
④能通过表情的变化反映朗诵的内涵</td><td>非常符合
基本符合
不符合</td></tr>
<tr><td>3</td><td>①吐字清晰
②声音洪亮
③正确把握朗诵节奏</td><td>非常符合
基本符合
不符合</td></tr>
<tr><td>4</td><td>①能正确把握朗诵内容
②声情并茂，朗诵富有韵味和表现力
③能与观众和评委产生共鸣</td><td>非常符合
基本符合
不符合</td></tr>
<tr><td colspan="3">教师综合评价</td></tr>
<tr><td colspan="3"></td></tr>
</table>

参考文献

［1］白阳，于文静．推进农田水利建设 保障粮食安全：国务院法制办负责人就《农田水利条例》答记者问［J］．新疆水利，2016（3）：7-9.

［2］本报评论员．高度关注明天“谁来种地”：四论始终把“三农”工作牢牢抓住紧紧抓好［N］．人民日报，2014-01-10（1）.

［3］卜志国，杜绍华，韩超杰，等．培养创新农业人才 为农村经济发展服务［J］．集团经济研究，2007（5）：94-95.

［4］蔡继明．乡村振兴离不开新型城镇化［J］．建筑设计管理，2018，35（4）：1-3.

［5］陈聪，董小红，林浩，等．守护好13亿人“舌尖上的安全”［J］．食品安全导刊，2017（Z2）：6-7.

［6］陈飞，丁跃元，李原园，等．华北地区地下水超采治理实践与思考［J］．南水北调与水利科技（中英文），2020，18（2）：191-198.

［7］陈志国，谭砚文，龙文军．传承农耕文明 助推乡村振兴：首届“农耕文明与乡村文化振兴学术研讨会”综述［J］．农业经济问题，2019（4）：140-144.

［8］方伶俐，邓小蕾．新型城镇化下农村空心村的影响与治理新路径：以湖北省为例［J］．经济研究导刊，2016（17）：34-35.

［9］高聪颖．略论农村社会治理模式的创新：以宁波市象山县“和村惠民四步法”为例［J］．宁波工程学院学报，2015，27（4）：77-82.

［10］龚骊．上海市粮食种植成本及收益情况调查报告［J］．统计科学与实践，2019（10）：31-34.

［11］韩顺琮．关于我国设施农业发展现状与对策的几点思考［J］．农业与技术，2016，36（24）：146.

［12］韩文龙，祝顺莲．农村居民收入分配制度的演变与启示［J］．四川省情，2018（12）：28-29.

［13］侯莉莉，戚宇．浅谈我国农产品质量安全近况及治理建议［J］．农业开发与装备，

2018（7）：146.
［14］胡松梅. 耕读教育教程［M］. 北京：北京理工大学出版社，2022.
［15］李有刚. 我国农业机械化事业发展现状［J］. 农业开发与装备，2015（5）：41.
［16］凌超. 新时代宝山乡村振兴之路［J］. 上海农村经济，2017（12）：18-19.
［17］刘晶. 适应结构变化的农民收入调查问题研究［D］. 兰州：兰州财经大学，2018.
［18］刘开瑞，蔡彧. 我国土地资源有效利用的路径探索：基于农村“空心村”现象［J］. 农村经济，2013（10）：24-27.
［19］刘妮娜，孙裴佩. 我国农业劳动力老龄化现状、原因及地区差异研究［J］. 老龄科学研究，2015，3（10）：21-28.
［20］刘奇. 大国三农 清华八讲［M］. 北京：中国发展出版社，2016.
［21］潘文轩，王付敏. 改革开放后农民收入增长的结构性特征及启示［J］. 西北农林科技大学学报（社会科学版），2018，18（3）：2-11.
［22］戚广振，高学栋. 新时代构建农村社会治理保障体系探索：以山东省费县农村社会治理保障体系为例［J］. 山东行政学院学报，2019（4）：8-14.
［23］宋洪远. 中国农村改革40年：回顾与思考［J］. 南京农业大学学报（社会科学版），2018，18（3）：1-11.
［24］宋晓平. 高等教育入学机会的城乡结构失衡问题研究［D］. 济南：山东大学，2012.
［25］宋旭明. 我国农村宅基地权利流转制度之变迁述评［J］. 中国发展观察，2014（2）：58-60.
［26］隋天宁. 诸城市农村社区化治理的现状、存在的问题及对策研究［D］. 济南：山东大学，2013.
［27］孙佳岩，谭迎春. 全省耕地连续17年实现占补平衡有余［N］. 黑龙江日报，2019-03-13（4）.
［28］唐娟莉，张云燕. 我国农民收入倍增现状分析与制度保障［J］. 山西农业大学学报（社会科学版），2018，17（1）：22-29.
［29］王菲，任中平. 农村基层治理的现实困境与改进路径［J］. 山西大同大学学报（社会科学版），2016，30（1）：9-13.
［30］王怀禹，张海波，张晓琪. “互联网+三农”背景下高职学生创业路径探究［J］. 卷宗，2017（32）：190.

［31］王辉．云南省区域经济差异与空间结构研究［D］．昆明：云南师范大学，2016.

［32］王新波．农村社会治理实践机制研究：基于M县S镇镇村重大事务“陪审团”制度的分析［J］．贵州省党校学报，2018（3）：98-107.

［33］王璇，姚航．农村“空心村”形成原因及治理对策［J］．党史博采（理论），2013（24）：49.

［34］魏华．大国三农［M］．北京：中国农业出版社，2020.

［35］温涛，何茜，王煜宇．改革开放40年中国农民收入增长的总体格局与未来展望［J］．西南大学学报（社会科学版），2018，44（4）：43-55.

［36］吴彬林．提升农民文化素质对脱贫攻坚的影响与建议［J］．乡村科技，2018（19）：20-22.

［37］谢芙蓉．关于山东省阳谷县阿城镇农村“空心村”情况的调研报告［J］．经营管理者，2014（9）：143.

［38］谢海洋，司玮，陈羚．我国食品安全监管问题探讨［J］．食品安全导刊，2018（24）：31.

［39］徐天敏．新型职业农民的内涵及特征研究［J］．农村经济与科技，2015，26（10）：186-188.

［40］姚士谋，张平宇，余成，等．中国新型城镇化理论与实践问题［J］．地理科学，2014，34（6）：641-647.

［41］叶超，高洋．新中国70年乡村发展与城镇化的政策演变及其态势［J］．经济地理，2019，39（10）：139-145.

［42］尹国彬．近年我国粮食产后损失评估及减损对策［J］．粮食与饲料工业，2017（3）：1-3.

［43］张开云，李倩，石虹霞，等．农村村社治理研究：基于“中山模式”的分析［J］．中南民族大学学报（人文社会科学版），2010，30（5）：94-100.

［44］张伟宾，汪三贵．扶贫政策、收入分配与中国农村减贫［J］．农业经济问题，2013，34（2）：66-75.

［45］张云华．中美农业基础竞争力对比与建议（上）［N］．中国经济时报，2017-05-09（A05）.

［46］张云华．中美农业基础竞争力对比与建议（下）［N］．中国经济时报，2017-05-10（A06）.

［47］郑维嵩．浅谈农产品质量安全生产与食品加工业现状问题［J］．吉林蔬菜，2018（6）

50-51.

［48］中共中央文献研究室. 十八大以来重要文献选编：上［M］. 北京：中央文献出版社，2014.

［49］中共中央宣传部. 习近平新时代中国特色社会主义思想三十讲［M］. 北京：学习出版社，2018.

［50］周晶. 探讨农产品质量安全问题［J］. 农家参谋，2018（21）：31.

［51］朱维维，郑峰. 新时代提高农民素质教育问题探索［J］. 齐齐哈尔大学学报（哲学社会科学版），2018（7）：1-2.